U0017826

LOVE
SKILLS

THE KEYS TO
UNLOCKING LASTING,
WHOLEHEARTED
LOVE

LINDA
CARROLL

愛的
技巧

琳達‧卡洛爾——著

◆

讓自己成為
命定之人
的16個方法

実瑠茜——譯

各界推薦

　　我們總以為愛情必須像童話故事或偶像劇般，好像只要碰到對的人，未來就能幸福快樂，卻在愛中失望後把挫敗歸咎於錯誤的對象。但我始終不相信「對的人」或「真命天子」的存在，因為這樣的期望暗暗忽略了：「愛其實需要靠持續的付出、努力與學習相愛而維持」。脫掉真愛的濾鏡後，你真的知道該如何學習如何愛人與被愛嗎？我想這本書可以成為你學習「愛」的入門指南。

——鄧善庭（諮商心理師）

　　我很喜愛這類從「源頭」角度來探討世事的書籍，並不僅是頭痛醫頭、腳痛醫腳、伴侶吵架就學溝通技巧。此刻的感情是甜蜜、孤單抑或衝突，皆誠實地反映了我們的內在狀態，伴侶是名演員，活靈活現地將我們內在的缺憾、匱乏與渴求演繹出來，端看我們要沿用舊有的創傷模式反應，還是創造出新的、更有建設性的行動，大幅度地決定了感情的發展走向，你是人生這場戲的導演。這本書，值得推薦給為愛情困惑的你，一起來打造屬於你的內在工程！

——蘇予昕（蘇予昕心理諮商所所長、暢銷作家）

這是一本結合了榮格心理學與正念、愛與性，以及理論與實作的親密關係大全，書中的每個章節都讓人驚豔，因為有太多隨手可用的技巧能幫助到讀者，例如把「但是」改成「還有」，以及善用每天四個時段的八分鐘。以後遇見關係議題的個案，本書都將成為我的第一指名。還請讀者們立刻翻開本書檢視你的愛情周期，找到此時的任務與挑戰。你一定會跟我一樣，覺得相見恨晚！

——**鐘穎**（心理學作家／愛智者書窩版主）

我要把這本書獻給我的家人，
他們每天都教導我全心去愛。
我還要將它獻給凱倫‧琳恩‧蘭道（Karen Lynn Randall），
在我寫作這本書的過程中，她都一直陪伴著我。

「因為我想要，我如是祈禱。」

——古希臘抒情詩人 莎芙（Sappho）

CONTENTS

序言

人們總是愛上彼此性格中最完美的部分。誰不是如此？所有人喜歡的都是另一個人最美好的部分。然而，這並不高明。真正聰明的做法在於，你是否可以接納對方的缺點？你能否坦然面對伴侶的缺點，並且說「我可以接受，我能因此有所收穫」？因為那些美麗、耀眼的優點將一直存在，但隱藏在它們背後的糟糕毛病可能會毀了你。

——伊莉莎白・吉兒伯特，《約定：帶著愛去旅行》

長久以來，世人都有這樣的觀念：「一見鍾情」或「找到命天子」是一段感情成功的關鍵。我很肯定，確實有些人曾經把最初的意亂情迷轉變成一段長久而圓滿的關係，但這也經常帶來災難。這是我的經驗談。

我在十一歲時遇見那個男孩——他有著一雙灰綠色眼睛，笑容是如此迷人，令我無法呼吸。我的心臟怦怦地跳個不停，才讓我想起自己還活著。那時，他為我取了一個特殊暱稱，直到今天，我都不好意思將它說出口。

你可能會想：「這本書不是應該很正經探討伴侶關係嗎？剛才那幾句話很像庸俗言情小說中會讀到的文字。」你的感覺並沒有錯，但十一歲的我確實經歷了這種強烈的感受。

我將他深埋在心底二十九年，甚至如今已過了六十年，我在寫他的事情時依然感受到些許渴望。或許在想起他時，我的大腦仍舊產生了某種化學反應，又或許我渴求的是他曾經帶給我的狂喜，彷彿可以永遠停留在這種狀態。

　　在過去那些日子裡，我聽到很多訴說「與真命天子相遇」的情歌，好萊塢電影中的愛侶總是迎來美好的結局。故事都是這樣結束的——兩個人找到自己的另一半，終於因此變得完整。

　　在八年級的某一天，我的老師潔曼修女要我們書寫關於一八九六年「育空淘金熱」時的礦工故事。那個時候，只要有某個人淘到黃金，就會立刻吸引成千上萬的人跟進，他們希望自己也能如此幸運，但多數人都空手而回。少數真的淘到金子的人則將財富（連同生命）揮霍殆盡。儘管如此，偶爾還是有人會淘到黃金！當時，我寫了一篇文章將淘金熱和尋找愛情進行比較，我認為找尋真命天子值得冒一切風險。因為愛情就如同珍貴的黃金，它是幸福的關鍵。結果，潔曼修女和藹但嚴厲地告訴我：「琳達，你要找的金子就在你的心裡。」

　　年輕的我從未聽說過這樣的事，真希望那時的我有足夠的情感智慧可以明白這句話。然而，我和朋友卻私下嘲笑說，年紀一大把的修女「根本不懂什麼是真愛」，我們並未了解她話裡的深意。

　　於是，我變成了一個「愛情癮君子」。那個綠眼男孩給我的感覺宛如毒品一般，它讓我臉紅心跳、欣喜若狂。但這樣的「真愛」發展得並不順利，即便我深信他就是我的「真命天子」，某天我赫然發現，他也為我最好的朋友取了一個暱稱。

　　接下來的二十五年，我不斷和不同的伴侶複製同樣的情境。我一直在尋找那個「對的人」，希望他能滿足我、令我感到開心，並且成為我的另一半。但這些感情全都來去匆匆。在明白發生什麼

事之前，我就已經開始聆聽悲傷的歌曲、閱讀心碎的詩篇。在一段關係結束後，等著我的永遠是另一段不愉快、不適合的感情。我以為那些化學反應是在暗示，我應該要和下一個人在一起，忽略了有很多徵兆都在示警，我所選擇的這些人並不合適。

在滿三十五歲的那個早上，我發覺自己站在一個重要的人生十字路口。我不希望往後的生命中再繼續談著不快樂的感情，因此開始接受心理治療。我研讀許多書籍，並回到研究所學習諮商與心理學。我下定決心，要找出自己在愛情中不斷失敗的根源。創立「意象關係治療」（Imago Relationship Therapy，簡稱IRT）的夫妻——漢瑞克斯博士（Dr. Harville Hendrix）和杭特博士（Dr. Helen LaKelly Hunt）告訴我，我們經常把「熟悉的愛」誤認為「真愛」。這或許是我學到最殘酷，卻也最寶貴的一課。當我們以為認識了一見如故的人時，這往往不是因為我們在另一世曾為伴侶，也不是因為星座配對而注定要在一起。這單純只是由於對方的依附風格、難以控制的憤怒，抑或是性格的其他部分和我們的父母親很類似而已。

有天我跟我的治療師說：「我發現沒有『真命天子』這種東西。」她卻回答：「噢，他確實存在。你要找的『那個人』不存在於外在世界，他就在你的心裡。」

我再度聽見潔曼修女當年的教誨。這一次，我沒有笑，因為我知道修女和治療師都是對的，但還是不明白要如何在心中找到這個「對的人」。

於是，我又展開了另一種追尋。過去的我是怎樣的人？我在世界各地旅行、學習各種哲學，同時也花很多時間觀照自我。我問自己很多問題：我是怎樣的人？是什麼造就了現在的我？我怎麼會沒發現自己就是那個「對的人」，反而四處外求？四十歲那年，我

參加了某個長達一星期的靜修活動，這項活動的名稱取得十分貼切：「『你』的人生意義是什麼」。這時我才明白，先前花費五年的時間向內探索，這幫助我「成為」一直在尋找的那個人。

一個月後，我和多年不見的老朋友提姆再次取得聯繫。那時的他和我一樣正在進行自我探索，我們重新發展出深刻而甜蜜的情誼。漸漸地，這段關係變得不只如此，我們花了很長一段時間才真正相信，彼此可以攜手共度一生。如今，我們已經在一起三十五年。

當然，儘管我們已經各自進行了很多「內在功課」，在成為伴侶之後，我們還是一再遭遇所有人都會面臨的困境，以及各式各樣的難題。即便如此，我們依舊沒有分開，甚至還為這段過程取了一個名字：「待在野馬背上」。我們之所以能維持緊密的關係，理由除了擁有深刻的情誼，都很喜歡狗、愛讀好書、對一切事物充滿熱情，以及具備淘氣的幽默感以外，是因為我們都抱持這樣的信念──愛情與婚姻不該用來逃避生活。我們應該透過一段穩定的關係成長、學習、探究，並挑戰自我。我們可以藉此更了解自己，同時更有挑戰性的是，練就包容、寬恕與道歉的藝術。伴侶關係使我們有機會練習「圓滿」，並且充分體驗這樣的奇妙狀態。

正因為如此，過去長年把感情裡的好與壞全都歸因於對方的我終於了解，愛情是一項內部工程。我們在伴侶關係中遇到的各種困難，多半源自於自己造的衝突、默默容忍的行為（這將導致我們心生怨懟），以及內心尚未被仔細檢視的部分。我們的親密關係健康與否，取決於我們如何面對自己的心魔，以及有多積極想改變與成長。

作為一位治療師，我發現客戶起初很難相信這些道理。當他們終於明白，愛情裡的一切好壞、醜陋和最美麗的面向都來自於自

己的內心時，他們會感受到某種解脫感。我們不必為他人的行為負責，同時也會因為在乎的人所造成的傷害而感到痛苦，但接下來發生的事情就得由我們自行承擔。在內心平靜的狀態下做出回應，而不是直接激烈地反應，將協助我們決定何時該原諒、何時該堅守底限，以及何時必須面對「我們亦是衝突來源」的事實。此外，保持平靜也能幫助我們記得，自己可以為一段感情帶來哪些美好與獨特優勢，並協助我們選擇一個也能察覺這些優點的伴侶。

前言

要成就美好的婚姻，和成就美好戀愛所需要的東西不見得相同。婚姻並非激情的聚會；婚姻是合夥經營一家平凡乏味的小公司，而這家公司通常都不賺錢。我這麼說是一種褒獎。

——節錄自蘿蕊‧葛莉布（Lori Gottlieb），
《嫁給他：找個夠好的男人就行了》

　　三十八年前，我在一家事務所進行諮商實習時發現了一件很重要的事。那時，我負責輔導一對夫妻，他們很愛對方，也為彼此付出許多心力，但總是為了財務管理的問題而爭吵。保羅認為錢能帶來快樂與自由，也就是購買他想要的跑車、最新的攀岩裝備，還有在最棒的餐廳享受美食。艾美最重視的則是財務安全，她希望過節儉的生活，同時盡量多存一點錢。他們對彼此的金錢觀感到恐懼：艾美很怕丈夫隨便開支票亂花錢，擔心兩人為未來存下的錢不夠多；保羅則覺得妻子試圖奪走他人生中的所有樂趣和冒險的機會。

　　他們不斷激烈爭執，對彼此的憤怒與指責已經變成比金錢觀差異更嚴重的問題。就連我這個新手治療師都看得出來，光是透過商量討論，是無法化解這兩人衝突的。

與此同時，我也在俄勒岡州立大學教授人際溝通技巧，才剛把「枕上對話」這個方法教給學生。在對話的過程裡，兩個人會談論他們之間的某一項差異。首先，他們會各自坐在一顆枕頭上，然後陳述自己的立場，接著，他們會移動到另一個人的枕頭上，並且從對方的觀點來談論同一個話題。這給了我一個靈感，也許保羅和艾美需要的不是傳統的伴侶治療，而是我所傳授的溝通基礎技巧呢？

　　於是在下一次諮商的時候，我建議他們夫妻試著練習「枕上對話」。我請他們先說出自己對金錢問題的想法、感受和擔憂，然後立場互換，並盡可能堅定地陳述對方的看法。接下來，我要他們思考，每種立場各有什麼恰當與不恰當之處。最後，我請他們雙方用言語肯定這兩種立場。

　　艾美和保羅都很樂意投入這項練習，在很短的時間內，我就發現他們有了非常大的進步。結婚十二年的他們第一次真正了解到，成為對方是什麼樣的感覺。儘管兩人還是沒有在金錢問題上達成共識，但雙方的僵持已經軟化，他們對待彼此的態度變得比較溫和，同時爭執也減少了。經過持續練習，這對夫妻學會怎麼分配金錢，再怎麼樣都會在最低限度上兼顧彼此的需求，並且對另一半的不同做法多了點寬容。即便他們的意見依舊存在分歧，還是能保有緊密的連結，簡而言之，他們正在培養並磨練自己的愛情技巧。

　　事實上，多數伴侶缺少的不是愛，而是在感覺受傷、沮喪，或抱持不同觀點時用同理心來進行溝通的能力。帶給我們痛苦的通常是我們處理差異的方式，而不是差異本身。

　　在工作領域裡，我們對增進溝通技巧並不陌生，但往往很少在愛情生活中練習。畢竟，我們多數人都是「墜入愛河」，而這樣的「墜落」不需要任何能力、計畫或練習，自然就會發生。一段感

情剛萌芽時，抽出時間相處、樂於取悅並聆聽對方、接納彼此的差異是一件很容易的事——這些都是構成一段健康關係的必要元素。但隨著時間流逝，熱戀期急遽增加的神經傳導物質「多巴胺」消退，我們就會開始用不同的方式感受彼此的差異。這些差異會變得越來越顯眼，令人感到痛苦，有時甚至無法克服。我們開始認為一切錯得離譜，覺得「不愛了」，並斷定自己選擇了錯誤的人。

我的教學重點（以及本書的核心）源自於「愛情周期模型」（Love Cycles model）。這套模型說明，我們的感情都會經歷幾個可預期的發展階段，每一個階段都有各自的挑戰。儘管起先感覺難以克服，但透過知識運用、練習和努力付出，我們通常都能度過這些挑戰。和一般人的認知相反，人與人不會相識、相戀、通過幾個考驗，然後就從此過著幸福快樂的日子，而伴侶之間的不滿與衝突也不見得會導致分手。根據愛情周期模型，一段持久的愛情會經歷五個階段：「融合」、「懷疑與否認」、「幻滅」、「決定」，以及「圓滿的愛」。

艾美和保羅已經困在「幻滅」階段很長一段時間，差點就要放棄這段婚姻。只是藉由幾項技巧，他們就得以重新找回對彼此的愛，並且讓這段關係進入另一個更愉快的階段。

融合

懷疑與否認

幻滅

決定

圓滿的愛

本書將教導你如何和對方維持緊密的連結，即便在你感到受傷、憤怒或疏離時也是如此。你不僅會獲得一套工具，幫助解決那些極為棘手的問題，同時你也將明白，兩個不完美的人要怎麼使感情變得圓滿。

關於髒碗盤的事

過去三十年來，一直擔任治療師與伴侶關係教練的我參加了無數訓練課程，也得到許多證照與文憑。然而，三十五年的婚姻才是我的主要知識來源（尤其是在涉及和愛情周期有關的事時）。

我和提姆剛開始這段感情時，完全沒有想到我們最喜歡對方的特質竟然會變成我們最執意要改變的部分。提姆具備強烈的道德感、努力活出富有意義的理想人生，而且穩重可靠，令我十分著迷。他則覺得不矯揉造作、對生命充滿熱情，同時對時間與金錢抱持隨興態度的我很吸引人。我們不知道最初這種奇妙的迷戀，是由於各種化學物質所導致的短暫狂喜，也不知道那時自己正處於愛情周期模型的第一個階段：融合。

就在我們再續前緣五年之後，提姆賣掉他的獸醫診所和小船，然後帶著一只打包得很整齊的行李箱（裡頭裝滿了衣服、書籍，還有兩座他祖母留下來的銀製燭台）來到我家。我們正式結為夫妻，並領養了夢想中的孩子──一隻我們取名為「席爾瓦」的阿拉斯加雪橇犬。我們以為，雙方將成為彼此的靈魂伴侶，並度過美妙的人生。

然而，結果並非如此。在很短的時間內，我就開始把他的穩重視為死板、明辨是非視為自以為是，而他的理想主義則成了無可救藥的天真。他也開始指責我衝動行事、對金錢不負責任，最糟糕

的時候，他甚至會把我的滿腔熱忱重新定義為「幼稚且不切實際的樂觀」。我們為了所有事情爭吵，從最開始的怎麼洗碗，一路吵到慶祝聖誕節的方式、如何花錢等。當時的我並不曉得，此時我們正進入愛情周期模型的第二個階段——權力爭奪。（這個階段也稱作「懷疑與否認」。）

我和提姆初次相遇時，我住在紐西蘭的一間舊農舍裡。我們在牧羊場上碰面，然後立刻自在地聊起天來，雙方感受到一見如故的熟悉感。他會熱切地邊說話邊跟著我走進廚房，有次看我洗了碗盤一會兒之後，他問為什麼我要「過度」清洗——在將碗盤放進洗碗機之前，我會先用熱水沖洗。我輕鬆地回說，就算是最好的洗碗機，也無法把碗盤上的食物殘渣全部清除乾淨。他聽完後笑著告訴我，我這麼做是在「浪費熱水」。

剛在一起時，我們都覺得對方「錯誤」的洗碗方式很可愛，會溫和地彼此取笑。然而，等我們開始同居、每天一起洗碗，兩人很快就變得惱怒、氣憤，堅持認為自己才是對的。這個問題或許感覺很微小，甚至是愚蠢，但很快就變成了一個大問題。起初，我們會冷靜地講道理、試圖說服彼此，但不久就變成羞辱對方。從洗碗的問題就可以看出，我們曾經很喜歡對方身上的某些特質，如今這些特質卻令我們抓狂。

有天晚上，幾位還不太熟的朋友來家裡作客，這個衝突已經演變到非解決不可的地步。在收拾好桌面之後，我和提姆開始將碗盤放進洗碗機裡，很快就陷入激烈爭吵，並且在客人面前惡言相向，甚至還要他們幫忙評評理誰才是對的。我們的態度都很強硬，而且自以為是，客人們看起來都很困擾的樣子。我們的問題已經與洗碗這件事無關，而是和我們在面對分歧時的激烈負面反應有關。在面臨衝突時，憤怒與責怪已經變成下意識的反應，我們甚至會在

外人面前表現出來。

　　爭執結束，我們轉頭離開，生氣又受傷，還開始思考這段感情是否是人生中最大的錯誤。這正是愛情周期第三個階段的典型徵兆——兩個人開始感到幻滅。此時，他們不再緊密地連結在一起，而是不斷感到失望。

　　好消息是，時至今日，我們其中一個人負責洗碗時，另一個人大多不會干涉對方的做法。要是我們又想為了這件事爭吵，最後通常都能一笑置之。我們依然覺得對方還是在用錯誤的方法洗碗，然而，我不會再把留有食物殘渣的乾碗盤拿給他看，只為了證明我是對的。他也不再把和浪費熱水有關的統計資料放在我的梳妝台上。

　　我們是怎麼達到這種境界的？在某次異常激烈的爭執之後，我仔細反省過事情何以演變至此。我想起當年諮商實習時認識的艾美和保羅，以及「枕上對話」這種簡單的練習對他們有何助益。就像艾美和保羅一樣，我和我老公也需要培養愛情技巧。

　　我告訴提姆這段故事，他明白我的意思，因為我們都不想失去對方，但又完全沒有頭緒該如何避免這些惱人的爭吵。於是，我們開始學習，就在此時進入了第四個階段——做出某個決定，好讓彼此不再痛苦。我們開始尋找新的關係藍圖，並捨棄舊有的準則。過去的我們很堅持，在面對歧異時一定要分出勝負（只要有人贏，就會有人輸）。

　　我和提姆參加了在全國各地舉行的「關係工作坊」。我們也參與蘿蕊・高登博士（Dr. Lori Gordon）在華盛頓特區開辦的、名為「親密關係經營技巧之實際應用」的著名心理教育課程。這門課程告訴我們，每對伴侶之間平均都有十個尚未解決的問題，而且雙方都不願意改變。擁有幸福感情的關鍵在於，學會怎麼處理衝突，藉此保有對彼此的愛與尊重。此外，我們也在「意象關係治療」

中，接受漢瑞克斯博士和杭特博士的訓練，學習如何藉由爭吵與分歧獲得療癒與成長。我們竭盡所能地從教育工作者、心理學家，還有從事跨領域教學的老師身上，學習怎麼讓一段關係有所成長，如何有效地處理差異，以及怎麼在看似不可能的情況下發掘同理心。

因為希望能分享所學到的一切，我設計了一門課程，囊括了從最優秀的老師那裡獲得的實用資訊、做法以及技能。在我和提姆學會如何因應我們之間的衝突、對彼此懷抱同情，最後得以愉快地相處（至少多數時候都是如此）之後，我們就開始將「愛情技巧」傳授給其他伴侶。過去二十五年來，我們所教授的這門課程是由多方汲取而成：我和諸多伴侶與個人的長年諮商經驗，我們在「人際關係治療法」（Interpersonal Therapy，簡稱IPT）先驅們身邊接受的訓練，還有來自古代神話、詩歌、音樂，以及各種靈性傳統的智慧——當然，這當中也包含我們在婚姻裡的切身體會。

開始教授「愛情技巧」課程的時候，我先是開辦長時間的工作坊，之後又額外在周末專為伴侶舉行研習會。目前則是在全國各地為伴侶與家庭提供為期兩天、結合愛情技巧訓練與心理教育的密集課程，同時也在網路上和來自全球的人士一起工作。能把自己具備的知識傳授給其他人，帶給我莫大的喜悅。我發現，這些教育與訓練可以讓人擺脫有害的行為模式，幫助他們找回一段美好的關係：兩個人彼此相愛、理解、同情，充滿了單純的樂趣。這樣的成果每每使我既驚奇又振奮。

對我和提姆來說，學習愛情技巧是一場非常浩大的工程，我們反覆練習、失敗，然後又重新嘗試。我們都很努力承擔起自身造就衝突的責任，原因包括堅持己見、因為往事而形成某些潛在的刺激因子（trigger），還有導致我們之間分歧加劇的那些性格特質。練習接納、學著在不開心時友善地對待對方，並且不再自以為是，

這些舉動對我們的感情產生了巨大的影響。我逐漸可以感覺到兩個人都變得柔軟，就像艾美和保羅那樣。我們的歧異依舊存在，但多數時候都能以開闊的心胸來面對衝突。

此外，我們也獲得另一項驚人的好處：在療癒並提升這段感情的過程中，我們逐漸成為更健康且完整的人。我們都變得更重視自己、不再那麼需要對方的肯定，同時也可以處理彼此之間的差異，卻不再覺得受到威脅，或者試圖證明對方是錯的。

漸漸地，我們的感情變得更自在而溫暖，令人驚訝的是，我們甚至得以找回第一階段的某些奇妙化學反應！與此同時，我們之間的「友誼」也變得更加深刻。持續用接納、寬容和幽默感來取代無止境的爭吵時，我們就進入了第五個階段——圓滿的愛。儘管無法一直身處這個階段，我們還是能不停地回到這個「重要基地」。

本書會把協助我們度過愛情周期前幾階段的絕佳技巧傳授給你。只要運用正確的工具，並抱持耐心、持續練習，你也可以一次又一次地達到這樣的境界。

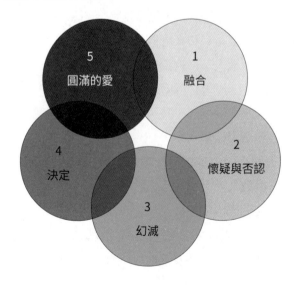

這是一門愛情速成課

在親密關係裡，你必須認清一件事實：你現在面臨的衝突或許永遠都不會消失。對於教養方式、怎麼花錢、哪裡是最棒的度假地點、清理浴室的標準方法等，你和伴侶可能永遠都有不同的看法。但好消息是，你們可以大幅改變處理這些差異的方法。若你擁有書中介紹的情感與人際溝通技巧，和伴侶之間的衝突所帶來的痛苦與傷害就會變得更少，你們之間的關係也能再次獲得成長。

《愛的技巧》是一本實作指南，將幫助你設計出一套工具，讓你得以創造並維繫一段美好的感情。你可以在閒暇時間，利用它來自修「愛情技巧」課程。請把它想成一套自我探索指南，你可以獨自運用或和你的伴侶一起使用。

本書提供豐富的資訊、活動、實作練習、自我評量，以及其他具體工具，協助你了解正身處愛情周期的哪一個階段。同時，也將幫助你培養自我覺察力、溝通與衝突管理技巧以及同理心。（你必須具備這些技能，才能順利度過愛情裡的風風雨雨。）

「自我覺察」是最關鍵的一項技能。首先，本書會協助你回答關於你自己，還有這段感情的重要問題，例如：「為什麼我會試圖改變伴侶身上某些起初我很著迷的特質？」「我們之間自在、美妙而刺激的性愛到哪兒去了？」「和其他人從頭開始是否可行？」「我的家族歷史與性格類型如何影響我對自己和他人的看法？」

接著，本書會為最常見的關係難題提供確切有效的解決方法——這些難題包括各種小困擾、難以突破的溝通僵局、背叛，還有看似無法化解的分歧。我將為這些問題給予明確的指引、使伴侶們得以繼續向前邁進，並探討如何最有效地應付爭執（包含在處理衝突前先建立正面連結有多重要）。此外，我也會提供幾種快速且經過深入研究的做法，讓伴侶們在這五個階段都能保有對彼此的愛，

同時也使這段關係有所成長。

這些課題多半都隱含這樣的重要訊息：你和伴侶之間的衝突不代表一切，你們不會一直處於難以忍受的狀態，總會有新的契機出現。一旦明白怎麼度過這些風暴，衝突可以帶來理解，甚至是親密感，讓你們的關係變得比以前更好。多數情況下，這段學習愛情技巧的過程都能使你在感情中找回最初的盼望，同時引領你在這條極具意義與挑戰性的道路上持續前進。

在你開始之前，請記得一個原則：不要讓這本書變成你們之間的另一個爭端。如果你邀請伴侶一同參與這趟旅程，請務必確保你們兩個人都同樣投入，若對方沒有意願修復這段關係，最後可能只會帶來更多傷害。

如果伴侶不願意配合，那就為你自己學習這項功課。我相信，一個人的成長往往可以讓兩個人都開始改變，就算情況並非如此，它也將使你成為最好最完整的自己。就如同前面提過的，自我覺察是最重要的部分，所有關係功課的首要步驟，都是更清楚察覺自身的種種不健康行為，也許是我們對某些事物的激烈反應、不願意原諒他人，又或是固執己見。一旦我們了解、並承認自己在各種關係挑戰中所扮演的角色，就能利用這種覺察，練習變得更溫柔體貼。

這樣的過程既不快速也不輕鬆。愛是一種強烈而充滿喜悅的感受，但練習愛一個人卻是很難的功課，必須花一輩子學習。當然，某些感情會面臨比較多挑戰。開始明白自身的需求時，有些人可能會發覺這段過程對自己所造成的改變，反而讓這段感情變得更疏遠。倘若發生這樣的狀況，這本書將幫助你繼續健康地向前邁進。

如何使用這本書

你可以獨自或和你的伴侶一起讀完本書，或者兩種方式並行也可以。雖然這是一本探討伴侶關係的書，但有很大一部分都得先由個人自行完成。畢竟，每一對伴侶都是由兩個不同的個體所組成，這兩個人都有自己的過往經驗、思考模式以及必須成長的部分。我們互有關聯，卻又各自獨立，我們並非彼此的「另一半」。你很快就會發現，明白這種「區別」是能全心去愛的重要關鍵。

如果你選擇和你的伴侶一起使用這本書，你們可以先完成個別練習，然後再和對方分享自己有何收穫，書裡有很多活動都會引導你們如何進行。你們可以各自有一本書，方便分頭閱讀，並有足夠的空間完成各項書寫練習。你們也可以選擇共用同一本書，然後把各自的答案寫在不同的筆記本上。當然，整本書中也有許多針對伴侶設計的實作練習。若你獨自學習這門課程，可以邀請伴侶一起參與，也可以自行瀏覽過一遍之後再繼續往下閱讀。

不管你正位居自我發展與關係旅程的哪一個階段，本書都好讀、容易理解、能引發共鳴。話雖如此，這項功課並不容易。在完成這些練習的過程裡（尤其是當你和你的伴侶一起進行練習時），你將被迫正視自身的真實情緒，以及過去的種種艱難經歷。因此，你必須誠實地面對自我，同時對自己懷抱耐心與同情。過程中有些人可能會變得比較脆弱，有些人則可能會覺得沮喪、觀念備受挑戰，甚至倍感威脅。請緩慢地進行練習，並且特別留意你和伴侶分別受到什麼樣的局限。

最重要的是，這本書無法取代心理治療，不能改善家庭暴力、嚴重的信任議題或心理創傷。如果你面臨的是憂鬱症、成癮行為、外遇、心理創傷或虐待，請隨時尋求專業人士的協助。

當你內心平靜、樂於成長與學習時，是使用這本書的最佳時

機。然而，當你在感情裡遭遇困難，或是希望在一段大致令人滿意的關係裡解決潛在問題與阻礙，它也很有幫助。有些人可能是單純因為好奇，他們想要了解何謂「圓滿的愛」，有些人則可能會努力鑽研愛情周期模型，藉此更有意識地維繫一段重要關係。

本書沒有所謂的「正確使用方法」。你可以自行選擇特別感興趣的部分深入鑽研、跳過某些章節，或經常重讀同一頁的說明，因為它確實對你有所幫助。若你不喜歡或不能理解某個段落，請繼續往下閱讀其他部分。

最後，請記得，本書裡所囊括的各項指引都只是我的建議而已，這些是以我幾十年來的經驗累積，還有接受過的訓練作為基礎，但並不是一門科學（愛情向來都不是一種科學）。儘管所有感情都可能會經歷相同的周期，每一段關係都獨一無二，而身處這段關係的人也不停變化。對某些人能發揮功用的技巧並非適用於所有人，在某些時候很管用的某些技巧也並非總是得以發揮效果。請選擇那些能為你們的心帶來正向改變的實作練習，其餘的部分可以留待愛情季節轉換時再來進行。

追尋圓滿

除了探究怎麼找回和伴侶之間的親密感之外，我們也會探討要成為完整的個體會遇到哪些阻礙，以及如何突破這些阻礙。為了在最後一起達到「圓滿的愛」這樣的境界，我們每個人都必須先獨自展開這趟自我探索之旅。

在閱讀這本書的時候請不要忘記，我們來到這個世界上，是為了成為更完整的自己。即便親密關係可以促使我們變成完整的人，但無論有多愛對方，我們和自己之間的連結才是最重要的。這

並非自我感覺良好或放縱，而是決心成為最好的人。以探討「脆弱」聞名的研究者布芮尼‧布朗博士是這樣定義「圓滿」：有勇氣容許自身的不完美、接受自己生命裡的一切遭遇都是正確的安排（不管它們有多艱難）、培養對自己和他人的同理心，以及真誠地和周遭的人連結在一起。本書中所有關於愛情的教學都是以「養成」並「強化」這些特質作為基礎。

　　事實上，對美好關係的追尋和個人對圓滿的追求有著密不可分的關係。「歐米加學院」創辦人伊莉莎白‧萊瑟（Elizabeth Lesser）在她的著作《破碎重生》裡告訴我們：「當再也沒有什麼東西可以失去時，我們就會找到真實自我──那個豐足無缺的自我。此時，我們不再需要透過他人來定義自己，或讓自己變得圓滿；我們只希望能在旅途中彼此相伴。」

用不同的方式去愛

　　幾十年前大眾開始談論「靈魂伴侶」這個概念時，無條件的愛就被視為一種永恆不變，而不是不斷變化的狀態。我有許多客戶都忍不住懷疑感情問題是否源自於他們並非總是「愛著」自己的伴侶，他們有時會感覺無趣、惱怒或者極度厭煩。因為不了解一段關係通常會經歷什麼樣的發展，很多人在感情裡面臨衝突、權力爭奪，並且感到不愉快時，都會覺得自己搞砸了一切。

　　愛情周期模型會協助我們把這些困難當成長久關係當中的季節更迭，都是自然會發生的事。我樂觀地相信，我們有些人已經逐漸抱持更仁慈與寬容的心態，同時也以更貼近現實的角度，來看待一段健康的關係應該是什麼模樣。它並非線性發展，而是會反覆循環，愛上一個人絕對不等同於「從此過著幸福快樂的日子」。身為

自然界的一分子，我們也同樣會經歷季節轉換、更新，以及白天與黑夜。請務必記得，每次暫時迷失方向，或是在互動過程中遭遇困難時，無法用最好的一面做出回應，只是在提醒我們「我們都只是普通人」。我們都有機會治癒自身舊有的傷痛、在精神與情感上獲得成長，並且成為最好的自己。

　　跟隨這本書的指引，我們可以學會怎麼不被這些無可避免的感情困擾擊垮，同時盡可能地讓這段關係變得美好、充實且令人喜悅。

1

我在哪裡──我想位居何處？

當伴侶懂得一起面對焦慮時，他們就會大幅成長。這意味著，學會容忍成長焦慮，而不是試圖掌控對方，或者為了不要相互威脅而向彼此屈服。

──美國伴侶治療師艾琳・巴德（Ellyn Bader）

二〇一八年於加州「伴侶座談會」上的發言

　　在開始學習任何新的愛情技巧之前，得先明白你到底為什麼要這麼做。在改善伴侶關係的過程中，你的終極目標是什麼？

　　在愛情周期模型裡，「圓滿的愛」是最後一個階段，然而這趟旅程不存在真正的終點，若想維持一段恆久的愛，就要持續探索。所有伴侶都會反覆經歷這五個階段，在每一個循環當中都必須一起持續學習與成長。然而，當我們來到第五個階段時，這段關係會處於最健康也最富足的狀態。儘管不會一直身處這個階段，但是每次落入前幾個階段時，我們還是可以設法用更從容的方式，重新達到這樣的境界。同時，我們也能在這個階段待比較長的時間。

　　「圓滿的愛」不只是為某個人付出所有。這樣的愛源自於你「個人」的圓滿，以及對伴侶圓滿狀態的充分認可。圓滿的愛有三

個構成要素：正念自我覺察、關係經營能力，以及關係滋養與照顧。

你必須先了解，在邁向這種境界的旅程中自己此時此刻正位居何處，以下這項測驗將幫助你理解「圓滿的愛」的三個要素，以及你對每一個要素有多嫻熟。

在這本書的最後，我會要求你重新進行這項測驗，我想，屆時你將會對自己所學到的一切感到驚訝。如果你願意仔細思考書裡提到的各種觀念，並努力完成大多數的實作練習，我敢確信等讀完這本書，你會發覺自己產生了非常大的變化。

「圓滿的愛」測驗

這項練習必須獨自完成。若你和伴侶一起進行測驗，請在兩個人都完成之後互相分享測驗結果。

請根據下列定義，就各個項目以1～5分為你自己評分。在完成每一個部分後，將你的得分加總，以便得出該部分的總分。

這項測驗實用與否，取決於你對自己有多坦白，以及你的自我覺察有多清楚，所以請盡量誠實作答。

1＝我從未如此。
2＝我很少如此。
3＝我有時如此。
4＝我經常如此。
5＝我幾乎總是如此。

正念自我覺察

潛意識若沒有進入意識層面，它就會主導你的人生，進而成為你所謂的「命運」。

——瑞士心理學家、分析心理學派創始人榮格

「正念」是指藉由冥想的方式專注於當下、不帶任何批判，自我覺察則是指體察內心的各種思緒與感受，並進行反思。「正念自我覺察」使你得以容忍自我反省所帶來的不自在，將激烈的反應轉變成單純的回應，同時培養「自我照顧」的習慣，讓你得以保有自身的圓滿。處於正念覺察的狀態意味著了解自我，並且努力成為最好的自己。

分數

1. 我不常因為一點小事就變得情緒激動。

2. 我知道自己性格中的哪些部分是種「挑戰」，同時我已經學會接納它們，而不會做出有害的行為。

3. 我感到難過時，能夠對自己懷抱悲憫之心。我不會在情緒低落時責備自己。

4. 我持續用各種方法保持正念。

5. 除了我的伴侶以外，我也很重視和其他人之間的關係；我有一群可以付出與接受回報的對象。

6. 我很喜歡自己的幽默感，並且經常自我解嘲。

7. 表現出脆弱的一面不會令我感覺羞愧或難為情，不過我會選擇要在誰面前展現這些弱點——我會在適當且能提供支持的人面前，將它們表現出來。

8. 我時常反省自己；我會思考，為什麼我會有這些想

法、感受,以及行為。　　　　　　　　　　　 ＿＿＿＿

9. 我很重視寬宏大量的特質,同時也努力培養寬大的
   胸襟。　　　　　　　　　　　　　　　　　　 ＿＿＿＿

10. 我了解過去的經歷對我目前的生活造成了什麼影
    響。　　　　　　　　　　　　　　　　　　　 ＿＿＿＿

11. 獨處和待在其他人身邊同樣使我感到自在。　　 ＿＿＿＿

12. 我覺得,我的生活和我所重視的價值觀很接近。 ＿＿＿＿

13. 我非常在乎我的伴侶,但也同時明白,我的幸福主
    要取決於我和自己之間的關係。　　　　　　　 ＿＿＿＿

14. 我大致了解自己的性格組成:我內向或外向、我的
    下意識防禦機制有哪些、我會融入(或避開)什麼
    樣的環境,以及什麼因素會激勵我(或令我感到退
    卻)。　　　　　　　　　　　　　　　　　　 ＿＿＿＿

15. 我優先重視自己的身心健康。　　　　　　　　 ＿＿＿＿

　　　　　　　　　　　　　　　　　　　　總分 ＿＿＿＿

關係經營能力

　　關係經營能力是指能運用某些技巧來化解衝突,以及表達
愛、感謝與同情。最重要的是,它包含了傳達正面與負面情緒的能
力,而你可以藉此提升這段感情。想分享你心裡柔軟而深情的感
受,並且在表達負面情緒的同時,依舊保有緊密的連結,需要一定
的技巧。此外,關係經營能力也包括可以坦然接納伴侶的種種感受
和好壞情緒。

1. 我可以輕鬆地使用「第一人稱陳述」。　　　　　　＿＿＿＿＿

2. 我能為自己在感情困擾中扮演的角色負起責任。　＿＿＿＿＿

3. 在聽別人說話時，我能懷抱同理心。　　　　　　＿＿＿＿＿

4. 我不會用別人的言語或行為來引發問題或爭吵（我不會嘮叨、挑釁或糾纏不休）。　　　　　　　　＿＿＿＿＿

5. 在評斷某個人的言行之前，我會先試圖了解他的觀點為何。　　　　　　　　　　　　　　　　　＿＿＿＿＿

6. 在面臨衝突時，我會想辦法修復我和他人之間的關係。　　　　　　　　　　　　　　　　　　　＿＿＿＿＿

7. 我不覺得自己都是對的，而我也願意承認這一點。＿＿＿＿＿

8. 我能自在地在親近的人面前展現出脆弱的一面。　＿＿＿＿＿

9. 我已經設立健康而明確的界限（這些界限不會太過嚴苛）。　　　　　　　　　　　　　　　　　＿＿＿＿＿

10. 我懂得怎麼用不批評的方式抱怨。　　　　　　　＿＿＿＿＿

11. 我願意原諒與道歉。　　　　　　　　　　　　　＿＿＿＿＿

12. 我能察覺他人的非言語暗示。　　　　　　　　　＿＿＿＿＿

13. 我經常練習專心聆聽，同時也很少打斷別人，因為我真的很想知道他們要說些什麼。　　　　　　＿＿＿＿＿

14. 我知道自己的肢體語言和臉部表情會帶給別人什麼樣的印象。　　　　　　　　　　　　　　　　＿＿＿＿＿

15. 當我對某件事升起防衛心時會有所察覺，並且有意識地讓自己平靜下來。如此一來，我就可以進行經過深思熟慮的良性對話。　　　　　　　　＿＿＿＿＿

　　　　　　　　　　　　　　　　　　總分　＿＿＿＿＿

關係滋養與照顧

當你願意花心思滋養與照顧一段感情時，會特別騰出時間和對方談天、嘗試新事物、為生活增添樂趣、表示感謝、表達親密，並且在遭遇無可避免的阻礙時，尋求專業人士的輔導。

分數

1. 我和我的伴侶擁有類似的價值觀，對於其他價值觀差異，我們也都予以尊重。 ＿＿＿＿＿

2. 雖然我們過去曾經激烈爭吵，但也因為這些爭執而有所收穫，並持續探索「如何良性、有效地爭吵」。 ＿＿＿＿＿

3. 我的愛不會因為我和伴侶之間的分歧而減少。 ＿＿＿＿＿

4. 我希望我能用最溫柔而成熟的一面來對待，並回應我的伴侶。 ＿＿＿＿＿

5. 有些時候，我的伴侶透露的事比我多（或少）。這讓我感覺有點不自在，但我也了解我們是兩個不同的人，所以沒有關係。 ＿＿＿＿＿

6. 當我的伴侶跟我說實話時，我會很感謝他（即便我不見得想聽到那些話）。我知道，只有在我們之間有重要問題需要修正時，我的伴侶才會對這段感情提出負面看法。 ＿＿＿＿＿

7. 我明白，我們必須盡早針對兩人的問題進行有效溝通。我不會掩蓋事實或心懷怨懟。 ＿＿＿＿＿

8. 我們很恩愛，經常牽手、親吻，還有擁抱。 ＿＿＿＿＿

9. 我可以期望我的伴侶時常聆聽我遇到的問題，並提供協助——我的伴侶從來不會無緣無故把我拒之門外，而且也會承諾盡快給我答覆。 ＿＿＿＿＿

10. 我每天都會花心思經營我們的感情，無論是給我的伴侶一個熱情的親吻與擁抱、誠摯地說聲「我愛你」、表達感謝、刻意為對方騰出專屬時間，還是用其他方式讓伴侶知道他（她）對我具有特殊意義。 _____

11. 儘管我們的性生活可能不像剛開始約會時那樣，我們都依舊堅持在房事上保有熱情與新鮮感。同時，我們也會將自己的性愛需求與喜好告訴對方。 _____

12. 我們都很重視面對面交流，而不是用電子郵件或簡訊取代。 _____

13. 「享受樂趣」是這段感情很重要的一部分，我們喜歡一起嘗試新事物。 _____

14. 我和我的伴侶都試圖了解，並說出對方偏好的「愛情語言」。（這些愛情語言包含真心的禮物、珍貴的高品質相處時光、肯定的言語、服務行為，以及肢體接觸。） _____

15. 我們經常一起嬉笑玩鬧，但戲弄對方或針對某個已知的敏感話題開玩笑是不被允許的。若我們逾越了這條界線，我們都會向對方道歉。 _____

總分 _____

思考

　　總分最高者，就是你已經相當熟練的部分。請在下方依照分數高低，排列這三項技能：正念自我覺察、關係經營能力、關係滋養與照顧。好消息是，這些技能都可以持續學習，即便是你拿到最高分的部分，也能持續精進。

#1:

#2:

#3:

　　閱讀整本書的時候，請記得這些測驗結果。書裡的每一項實作練習都將幫助你強化這三種特質當中的某一項或好幾項。

　　接下來，讓我們來進一步了解愛情周期模型。

2

愛情周期

想獲得圓滿的愛，我們就必須先成為完整的人（即便我們得暫時假裝如此）。

——雪兒‧史翠德，《暗黑中，望見最美麗的小事》

　　我們很容易在小說、電影、電視節目以及其他媒體中看到浪漫的愛情故事，就斷定每一段親密關係都會這樣發展：兩個人浪漫邂逅、瘋狂熱戀、遭遇一連串的小考驗與磨練，最後就此過著幸福快樂的日子。這樣的故事令人感到欣慰，但真實人生並非如此。事實上，愛情是一趟沒有終點的旅程。我們不該期待自己哪天能夠回顧感情中所克服的種種阻礙，然後大聲歡呼：「太好了，我們已經到達終點了！我們成功了！」不管你現在位居何處，永遠都有另一個困難在等著你。

　　即便如此，我們還是可以應付這些困難。要維持一段長久的關係，了解這些阻礙並有效地回應它們，是很重要的一件事。

　　根據愛情周期模型，一段親密關係會經歷五個階段：融合、懷疑與否認、幻滅、決定，以及圓滿的愛。這些階段並非通往最終結局的墊腳石，而是如同四季般不停地循環。無論夏天有多麼風光

明媚，涼爽的秋風終將帶來冷冽的冬天。同樣的道理，再嚴酷的冬天總會結束，並迎來清新而美好的春天。

儘管大家會以不同的方式經歷愛情周期，這些技能與藍圖對每個人都很有幫助。「圓滿的愛」這樣的境界並非一蹴可幾，然而我確實看過一些人，他們擁有高度自我覺察與豐富的人生智慧，並且在這種狀態下開始一段感情。他們已經經歷過很多次愛情周期的循環，因此懂得如何更快速地度過前幾個階段。我們所有人都能達到這樣的境界。我們將學習怎麼更從容、優雅以及仁慈地度過那些艱難的階段，同時也會設法在「圓滿的愛」這個富足的階段待上比較長的時間（甚至還可以重新找回第一階段美妙的感官刺激）。

第一階段：融合

在希臘神話中，愛神丘比特負責掌管愛、慾望與激情。他把身上的箭浸泡在特殊的「愛情魔藥」裡，被這種箭射中的人會瘋狂愛上視線所及的第一個人。事實證明，這個故事精準反映出那些激起並保持熱戀火花的化學物質在我們的大腦裡發生了什麼變化。一九七九年，美國心理學家譚諾芙（Dorothy Tennov）創造出「痴戀」（limerence）這個詞，用來描述熱戀期的心理狀態。此時，我們的大腦內充滿了各種荷爾蒙與化學物質，包括會帶來愉悅的多巴胺與內啡肽（endorphin）、具有催情效果的苯基乙胺（phenylethylamine，巧克力中也含有這種化學物質），以及能提升同理心、促使人們建立緊密連結的催產素（oxytocin）。

「融合」指的是令一對伴侶神魂顛倒、心醉神迷的最初階段，我們通常會把這個階段的激情與化學反應，和所謂的愛情連結在一起。那是一種因為伴侶所產生的「全然的喜悅」，我們被對方

的性格與人生故事深深吸引，無比興奮，同時在性愛上極為親密。我們覺得自己找到了那個「完美的伴侶」——也就是這個對象不僅感覺和我們異常相似，也完全符合心目中理想伴侶的條件。如果讓自己沉溺在這種愉悅的迷戀狀態，我們就會被感性主導。

伴侶們在這個階段總是想要待在一起，如果無法長期待在彼此身邊，也會希望能經常和對方交流。他們也相信兩個人的愛可以克服任何人生挑戰。就像剛出生的嬰兒和母親相互融合、無法分辨彼此之間的差異，同時這位新手媽媽也會不斷關注她的孩子，身處熱戀期的情侶亦是如此。這時，他們之間的各種界限因此消融，這樣的「一體感」非常強烈，而且勝過一切。

你是否曾經注意到，愛情周期的第一階段也使你對自己更有自信？這個奇妙的人出現在你的人生中，似乎能讓你展現出最好的一面。你不曾如此自然、風趣、溫暖、性感，以及心胸開放！你對這個嶄新的自己感到驚奇，整個人都閃閃發亮。

有些伴侶或許會跳過這個迷戀的階段，在沒有火花的情況下建立起一段美好且彼此關愛的關係。對於多數體驗過「融合」階段的伴侶而言，這種強烈的痴迷可能會持續幾個月到幾年不等。我可以肯定的是，要將最初因為化學反應所引發的熱戀，轉變成那種成熟、堅定、可以持續一輩子的感情，不是一件容易的事。

第二階段：懷疑與否認

有些伴侶心中的懷疑如同潮水般緩慢地升起，有些則是宛如強烈閃電般突然來襲，無論如何，它都會出現，同時使伴侶們了解他們並非「完美」的一對。在這個階段，他們逐漸意識到兩人之間的差異比原先以為的還要多。一旦開始察覺這樣的懷疑就會感到焦

慮，並試圖否認它的存在，即便伴侶們承認這些差異，他們也會告訴自己它們終究會消失，或者根本就沒什麼大不了。

當這一切顯現出來時，「融合」階段的神奇魔力就會逐漸消退。你們不再覺得兩個人必須時時刻刻黏在一起、不再對彼此著迷，也不再願意竭盡所能地取悅對方。你們可能會開始表現出更挑剔、易怒或是不吸引人的一面，其中一方（或雙方）也許會開始流露些許不滿，而且只有透過下意識的防禦機制甚至是報復手段才能獲得抒解。漸漸地，兩個人之間的愛開始變得乏味、爭執更加頻繁。此外，「獨處時光」也不再那麼難以忍受，而是有助於自己恢復精力。你們做愛的次數可能會因此減少，或者至少變得不那麼激情。此時，熱戀的新鮮感正逐漸退去，大腦內的「愛情化學物質」跟著消退。

這時期的伴侶們會忍不住心想「這原本是一件非常簡單的事」、「為什麼他（她）不能和我抱持相同的看法」以及最讓人感到不安的──「我是否選了錯的人？」當然有可能是你真的和不合適的人在一起，然而也可能只是第二個階段中，某些情緒的自然展現。雖然幻想破滅很痛苦，它也使我們得以發展出真實且持久的愛，這正是愛情的巨大矛盾。在熱戀期結束之後，我們可以學習如何克服各種困難，藉此讓這段關係變得更緊密，而非毀了它。

我把這個時期稱作「沉默階段」，因為這是伴侶們很少直接溝通的一段時期。我們會發覺自己努力掩蓋這些差異，並且害怕和伴侶提及，更不用說在我們的朋友和家人面前提起。我們之所以保持沉默，是因為不想承認這段感情沒有自己原先想的那麼完美。

第三階段：幻滅

「幻滅」階段是愛情裡的冬天，對某些伴侶來說，感覺就像是一段感情已經走到了盡頭。此時，這段關係裡的權力爭奪會澈底浮現，那些一直被掩蓋的問題也會變得十分顯眼。有些人會不斷處於焦躁、警戒的狀態，而且只要受到一點點刺激，就會隨時進入戰鬥模式。有些人則可能會默默變得疏遠，不再花費這麼多心力維繫這段感情，改為專注在其他事情上。他們開始各過各的生活、越來越少和對方分享真正重要的事，「相敬如賓」。

最初那熱烈的愛情彷彿已經是很久以前的事了。「我」會重新顯現出來，因為和之前融為一體的「我們」相比，這種狀態感覺安全許多。我們的腦海裡甚至會浮現出某些悲觀的想法，例如會跟其他人說「我不確定是否還愛對方」、「我先生變成了一個我不認識的人」、「我根本不該結這個婚」。就算沒有用這麼戲劇化的方式來表達兩個人之間的差異，我們還是會感覺和伴侶漸行漸遠。

有些伴侶可能不會在愛情周期的第三個階段質疑彼此的付出，但是會認為這顯示有什麼地方必須被改變，抑或是他們原本的習慣已經不符合現況。這些跡象可能是某些人生轉變所帶來的結果，比方說我們到了三十、四十或五十幾歲時，自然會與二十幾歲時的自己有所不同，而這種轉變會在一段感情中造成紛亂，甚至帶來強烈的疏離感。

無論「幻滅」階段是什麼模樣，這段時期裡人生似乎一陳不變到令人不快的地步。我們一再重複同樣的爭吵，或者完全不和對方溝通任何重要的事、盡可能避免麻煩。過去我們看到伴侶最好的一面（他很理性且充滿自信），如今我們看見的卻是他最糟糕的那一面（他控制慾非常強，而且不了解自己的情緒）。我們甚至還會看到自己身上某些不吸引人的特質，然後轉頭怪罪到伴侶身上。我們心裡

充滿各種負面情緒，可能會表現出不健康的行為，如說謊、背叛、性犯罪等，對伴侶和自己造成嚴重的傷害。此外，我們也許會發覺自己對舊情人、現任同事，甚至是那個可愛的外送員產生幻想。

第四階段：決定

最後，你終於瀕臨臨界點。幾乎每一段感情都會遭遇所謂的「瓶頸」，在這個階段，伴侶之間的種種差異、挑戰，還有消極態度似乎都叫人難以忍受。

很多伴侶都會決定是要留下來或離開。此時你已經筋疲力竭，情緒崩潰（大哭、大吼大叫，或甩門離家幾個小時）是很常見的事。你和伴侶會展現出自我保護的行為與情緒，例如情感封閉、疏離以及漠不關心，你甚至會發覺向朋友家人說出「我無法再這樣繼續下去了」之類的話。你們很少（甚至不再）做愛，或者只有在爭吵結束後才會親熱。你可能會覺得已經準備好和另一個人展開一段迷人的戀情，看著其他伴侶過得幸福美滿，更顯得這段感情已經沒救了。比起繼續待在這段失衡、讓人耗盡精力的關係裡，你越來越覺得單身是更好的選擇。

有些伴侶面臨的決定並非離開與否。這個階段之所以稱為「決定」，是因為某種做法不再管用，而且已經到了急需改變的時候。你接下來採取的行動很有可能會決定，這段感情是因此獲得成長，並朝新的方向邁進，抑或是你向現況屈服。

一段關係變得如此疏離，許多伴侶都會決定分開。有些人選擇各過各的生活、形同沒有交集的平行線，例如兩個人仍同住一個屋簷下，卻不再從彼此身上尋求親密感、情感支持、有意義的性愛或個人成長，「相敬如賓」成為互動模式。有些伴侶則順其自然地

接受這樣的生活，他們會一起出席家族活動，甚至相互支持，但並不想變得更親密。也有些伴侶只是保持原狀，他們一再爭吵同樣的事情，卻不願意改變或離開。

即使成功擺脫這段看似無法挽救的感情，如果沒有充分探索這個階段的艱難課題依舊是種錯誤。只要仍不了解自己怎麼造就關係裡的衝突，我們下次還是很有可能會和同樣的人在一起，並且上演類似的故事。此外，努力從這個階段的各種體驗中學習，也能使我們在不責怪對方、不心懷怨懟的狀況下離開這段感情。我們甚至可以變得更寬容、擁有更高的情感智慧，同時也變得更圓滿。

我會為身處此一階段的夫妻諮商，若是兩個人都受了很多傷害、有很多殘局需要收拾，有時候我會建議他們不妨當作「這段婚姻已經結束」。等他們想了一下之後，我會接著說：「那你們覺得，保留行得通的部分，並改變那些不適用或從一開始就不健康的做法，以此開始一段新的婚姻如何？」

如果雙方都決定澈底接納彼此為這段感情所做的努力，並且治癒這些傷痛，這樣的決定就會帶領他們進入愛情周期的第五個階段。

第五階段：圓滿的愛

想到達「圓滿的愛」這個階段，必須付出最大的努力——真正的個體化[1]、自我探索，還有接納伴侶和我們本身的不完美。在

---

1. Individuation，又譯為「自性化」或「個體轉化」，其概念是由心理學家榮格所提出，意指個人追求獨特自我特質、逐漸發揮潛能的過程。經過這段過程，一個人不僅活得更像自己，也更加獨立自主。

這個階段，我們明白沒有所謂「完美的伴侶」，承認兩個人之間的差異無可避免，以及自己的行為會導致這段關係裡的各種挑戰。我們不再以責怪的方式看待問題，而是理解這些問題、為它們負起責任，同時勇敢地應付眼前的挑戰。承認並了解自身的不完美，我們也懂得接受伴侶的不完美，而不是徒勞無功地堅持要對方改變。

基本上，我們會接納不自在的感受，而不是逃避它。這意味著我們不再避開討論敏感艱難的話題，反而會以開闊的心胸來面對，就算對方的看法令我們倍感威脅，也懂得仔細聆聽。與此同時，我們也不再將獨處視作逃離對方的方法，而是明白獨處時光能有助恢復精力、有益身心健康，因此它也可以讓這段感情充滿活力。

至於性愛呢？它有時很美好，有時則進行得不太順利──對於那些不盡如人意的部分，我們學會聳聳肩、一笑置之。為了確保兩個人都能獲得滿足，我們雙方總是坦率地溝通。

最重要的是，「圓滿的愛」這個階段代表的不只是平靜而成熟地全然接納一切。相反地，它可能是一場刺激的冒險，從中我們得以找回「融合」階段的某些熱情與喜悅。儘管不見得能重拾第一階段由多巴胺所引發的狂喜，我們還是會再次一起玩耍──放鬆、大笑，並且充分享受彼此的陪伴。雙方可能會一起進行藝術創作、照料花圃、旅行、建立社群，以及用不同的方式分享工作與家庭生活，在努力使這段關係變得更成熟、緊密的過程中，將會發現伴侶和自己的不同面向，讓我們重新愛上彼此。

一旦知道如何自在地待在這個階段，就算又落入前幾階段，仍舊可以很快回到這種穩定的狀態，不必每次都從頭經歷每一個階段。儘管沒有人能一直身處圓滿的愛，我們還是可以在這個階段待上比較長的時間。

對於那些想在感情裡練習正念的人，愛情周期模型提供了具體的方法。它使我們得以察覺並面對內心深處對伴侶的各種想法與感受，同時接納愛情不停變化的本質。確定自己和伴侶正處於哪一個階段，你就可以先停下來深呼吸，再開始謹慎處理所面臨的關係挑戰。在下一章裡，我們將先透過測驗釐清自己目前位居何處。

3

在愛情周期裡，
你正身處哪一個階段？

浪漫的愛情會持續一段時間，讓兩個人緊緊相繫，然後它將逐漸消逝。於是，你們夢想中的婚姻彷彿在一夕之間成了最大的夢魘。」

——哈維爾・漢瑞克斯，
《讓婚姻相處變得更簡單》（Making Marriage Simple）

　　你和伴侶可能對於你們身處的階段有不同認知。請你了解，兩個人用不同的方式看待同一段感情，是很正常的一件事。

讓我們來釐清這件事

　　為了弄清楚你正在經歷愛情周期的哪一個階段，請進行以下測驗。

「愛情周期」測驗

　　這項練習必須獨自完成。若你是和伴侶一起進行測驗，請在你們各自完成測驗之後，再和對方互相分享測驗結果。

請根據下列定義，就各個項目以1～3分為你自己評分。

1＝這完全不符合我的狀況。
2＝這多少符合我的狀況。
3＝我的狀況正是如此。

第一階段：融合

分數

1. 我覺得自己似乎可以一直和伴侶待在一起。當他不在我的身旁時，我會非常想念他。

2. 我和伴侶可以聊上好幾個小時，而且不會覺得無聊。

3. 我會和伴侶分享某些關於自己的事（而且是很少告訴其他人的）。當我這麼做時，他不會加以閃躲。

4. 伴侶似乎接受我所有的缺點，而我對他也是如此。

5. 我們正在交往，這讓我睡得比較少，因為光是想到我的伴侶，就使我精力充沛！

6. 即便我們在一起的時間並不長，我還是覺得我們可能是完美的一對。

7. 在跟伴侶見面之前，我總是花比較長的時間打扮。我「必須」呈現出最好的樣貌。

8. 我們的性生活十分美妙。和所有前任伴侶相比，我們做愛的次數更頻繁，而且感覺更愉快。

9. 我的伴侶是如此迷人，我可以盯著看好幾個小時也不膩。

10. 不管我們做什麼，我們都樂在其中，即使只是採買雜貨或打掃家裡這種稀鬆平常的事也是如此。　＿＿＿＿＿＿

11. 我的伴侶讓我展現出慷慨大方的一面，我很樂意為對方花錢。　＿＿＿＿＿＿

12. 和我的伴侶在一起時，我很願意在性事上嘗試某些新花樣。　＿＿＿＿＿＿

13. 每當我們處於放鬆狀態時，我總是忍不住擁抱對方。　＿＿＿＿＿＿

14. 在伴侶的嗜好當中，有很多是我不曾嘗試過的事，但我也對它們很有興趣。　＿＿＿＿＿＿

15. 我們喜歡互相發送「性愛短訊」，以及帶有性暗示的訊息（即便平常的上班日也是如此）。　＿＿＿＿＿＿

16. 我跟朋友碰面的次數變少了，因為現在我比較重視愛情。　＿＿＿＿＿＿

17. 現在想到跟別人打情罵俏，我會有些罪惡感，而這是很少發生的情況。如果我過去曾經使用交友軟體，我會把它們刪除。　＿＿＿＿＿＿

18. 我想知道關於伴侶的「所有事」。　＿＿＿＿＿＿

19. 我會在腦海中重溫我們約會時的每一個片刻。　＿＿＿＿＿＿

20. 我很喜歡跟親近的家人朋友談論我的新伴侶。有時候，就連我的伴侶都得提醒我，要跟他們聊一下這段感情以外的事。　＿＿＿＿＿＿

總分 ＿＿＿＿＿＿

第二階段：懷疑與否認

分數

1. 我對伴侶變得更挑剔。就算我沒有直接說很生氣，
   我也很肯定自己的語氣和臉部表情透露了內心的不
   滿。　　　　　　　　　　　　　　　　　　　_____

2. 我的伴侶越來越常因為我「做自己」而批評我。　_____

3. 有時候，我需要一個人獨處，因為待在伴侶身旁可
   能會令我心煩意亂。　　　　　　　　　　　　　_____

4. 我沒有把我對伴侶的憂慮告訴朋友或家人。因為我
   很肯定，我們很快就會克服，沒有必要驚動大家。_____

5. 我應該要開始重新聯繫那些因為談戀愛而被冷落的
   朋友。　　　　　　　　　　　　　　　　　　　_____

6. 有時候我真的很想跟伴侶吵架，但接著會想起我們
   所擁有的快樂時光。於是決定說服自己，無論困擾
   我的事是什麼，都沒有「那麼」嚴重。　　　　_____

7. 當伴侶抱怨某件小事，例如某個地方被我弄亂，或
   是我忘了做某件事時，我往往會當成對我個人的侮
   辱。我感覺到漸漸開始起了防備心。　　　　　_____

8. 我的伴侶做的某些事實在很蠢。為什麼他不能理性
   一點，像我一樣？　　　　　　　　　　　　　_____

9. 有時候我會擔心我們太常爭吵，但是看到其他伴侶
   吵架，我就覺得好多了。我們沒有他們那麼悲慘。_____

10. 我們的性生活還算不錯，但我一直期待可以感受到
    之前那種熱情。　　　　　　　　　　　　　　_____

11. 我們沒有像以前那麼常發送「性愛短訊」，我們傳
    給彼此的簡訊連調情都稱不上。　　　　　　　_____

12. 有時候我會忍不住懷疑是否選錯了伴侶。但我知道,這只是自己腦中的小劇場。 _____

13. 我們之間的溝通不像以前那麼順暢。我覺得,現在我們必須向對方「仔細解釋自己的意思」,而不是憑直覺理解它們。 _____

14. 我越來越常思考關於「單身」的事,有時候甚至希望我就是如此。 _____

15. 我覺得我們的性需求不協調——伴侶比我更常想做愛,或者情況正好相反。 _____

16. 我不太會單純為了好玩而花很多錢在伴侶身上,現在我只有在特殊時刻才會這麼做。 _____

17. 現在我更有可能會跟其他人調情,這麼做只是為了好玩,順便「看看外面的世界是什麼樣子」。 _____

18. 我發現,如果伴侶因為某件我覺得沒什麼大不了的事感到不開心時,我很難給予安慰。 _____

19. 我還是覺得我的伴侶很吸引人,但不再令人難以抗拒。 _____

20. 我假裝對伴侶的嗜好感興趣,同時也有點擔心,我永遠都不會真正喜歡它們(即便我們一起從事這些活動)。 _____

總分 _____

第三階段：幻滅

1. 我們很少為彼此製造浪漫，不再安排晚上約會、準備驚喜禮物，或用其他方式向對方表達愛意。　　　　

2. 我很少覺得伴侶把我擺在第一位。　　　　

3. 現在我只需要確保「我自己」能感到安心、快樂（無論是否和伴侶在一起都是如此）。　　　　

4. 我們的感情裡都沒有新鮮事發生，生活互動單調乏味、千篇一律。快要把我搞瘋了！　　　　

5. 我沒有履行我的所有承諾，但這沒有什麼大不了的，是我的伴侶太愛計較。　　　　

6. 雖然這麼做會有罪惡感，但我還是想藉由出軌來獲得性愛上的刺激與新鮮感（哪怕只有一次也好）。　　　　

7. 我們只有在爭執結束之後，才會找回性愛的激情。　　　　

8. 我曾經偷看伴侶的手機、筆電、社群媒體帳號、電子郵件、抽屜、衣服口袋等，想看看會不會發現任何可疑的東西。　　　　

9. 我對這段感情盡心盡力，但我們過去的相處模式不再管用。我不知道該怎麼改變這一切。　　　　

10. 待在伴侶身旁使我非常緊張，覺得自己必須凡事小心翼翼。我感覺，似乎我做任何事都達不到對方的要求。　　　　

11. 我們一直為了同樣的事情吵架。每次以為我們終於搞定這個問題，它又會再度爆發。　　　　

12. 我們是截然不同的兩個人。我很驚訝剛在一起的時候，自己竟然沒有察覺這一點。

13. 我很少壓抑我對伴侶的批評。 ＿＿＿＿＿＿

14. 我不認為伴侶和我擁有相同的道德標準，所以我變
得看不起他。 ＿＿＿＿＿＿

15. 我開始懷疑這段感情能夠持續下去。 ＿＿＿＿＿＿

16. 我覺得自己還愛著伴侶，但又不是百分之百肯定。 ＿＿＿＿＿＿

17. 我把很多時間都花在重要的人事物上，卻很少和伴
侶分享，或將他納入其中。 ＿＿＿＿＿＿

18. 我開始和伴侶漸行漸遠。我們在擬定計畫時，都不
會把對方考慮進去。我們一起共度的時光只是便宜
行事，而沒有經過認真規劃。 ＿＿＿＿＿＿

19. 我們不再讚美對方。我想不起上一次伴侶說我很聰
明、迷人、性感、有趣是什麼時候的事。 ＿＿＿＿＿＿

20. 我們已經不太會跟對方說「我愛你」、「我想念
你」，還有「我想要你」。 ＿＿＿＿＿＿

總分 ＿＿＿＿＿＿

第四階段：決定

分數

1. 我已經因為我們之間的各種爭執而耗盡精力。 ＿＿＿＿＿＿

2. 我幾乎記不得我們為什麼會愛上彼此。 ＿＿＿＿＿＿

3. 我不能再繼續這樣下去，有什麼地方必須改變。 ＿＿＿＿＿＿

4. 只有在我們發生爭吵，或是我情緒崩潰時，我才會
對伴侶產生強烈的感受。 ＿＿＿＿＿＿

5. 我會跟朋友、家人，甚至是剛認識的人批評我的伴
侶。 ＿＿＿＿＿＿

6. 我認為繼續待在這段關係裡已經是弊大於利。　　　_____

7. 我會幻想單身生活，或是和另一個人發展出一段幸
　　福的感情。　　　_____

8. 我會在腦海中演練「分手談話」。　　　_____

9. 我從來沒有這麼孤單過（即便我仍舊身處一段感
　　情）。　　　_____

10. 有些時候，我甚至根本不「喜歡」對方。我不知
　　　道，這是否會變成一種新常態。

11. 多數事情我都寧可獨自或和朋友一起完成，也不要
　　　和伴侶一起進行，就連討論高額花費、職涯發展等
　　　要事也是如此。

12. 我不確定這段感情接下來會怎麼發展，老實說，我
　　　也不確定自己是否在意。無論如何，這一切都必須
　　　趕快發生。

13. 看到其他人的感情幸福美滿，我會感到難過。因為
　　　這提醒我，自己的感情既不幸福也不健康。

14. 我會忍不住挑伴侶的毛病。我從來不相信我的伴
　　　侶，甚至不確定對方是否值得我這麼做。

15. 我確實在乎我的伴侶，但有時候，我對分享彼此內
　　　心的感受沒有任何興趣。

16. 我覺得在這段感情裡失去了自我。我必須重新找回
　　　自己。

17. 我們甚至不再激烈爭執，雙方都已經完全放棄了。

18. 一起參加各種活動或社交聚會感覺只是種假象；在
　　　這些場合，我們通常會各自和不同的人對話。

19. 現在，我們之間的多數談話都只是閒聊（前提是如

果還有和對方交談的話）。 ＿＿＿＿＿

20. 我們家裡可以明顯感受到劍拔弩張的氣氛，這使我
心力交瘁。 ＿＿＿＿＿

總分 ＿＿＿＿＿

第五階段：圓滿的愛

分數

1. 我了解自己和伴侶是兩個不同的個體，以及我們必
須接納彼此的真實樣貌。 ＿＿＿＿＿

2. 我幾乎隨時都願意展開關於「我們」的艱難對話。 ＿＿＿＿＿

3. 當我們交談時，我會積極聆聽，並試圖理解對方的
觀點（儘管我並非完全同意這種看法）。 ＿＿＿＿＿

4. 我們之間的沉默不會帶來緊張，而它也不見得代表
我們存在著某個問題。 ＿＿＿＿＿

5. 我可以在伴侶身旁自在地做自己。 ＿＿＿＿＿

6. 我的自我價值感並非取決於這段感情。 ＿＿＿＿＿

7. 我承認過去可能對愛情太過理想化，但現在我明
白，所謂的愛不只是性、激情和新鮮感而已。愛也
是仁慈、陪伴，以及相互體諒。 ＿＿＿＿＿

8. 我知道，我們的感情還是會繼續出現各種高潮與低
潮。在未來的某一天，我們將再度發生爭吵，然而
如何處理爭執才是真正重要的事。 ＿＿＿＿＿

9. 我們曾經有過非常艱難的時期，現在的我明白正因
為有這些經驗，我們得以建立起更穩固的關係。 ＿＿＿＿＿

10. 我希望能用最美好而成熟的一面來對待，並回應我

的伴侶。

11. 即便我們沒有待在彼此身邊時，也不會覺得像是對
這段感情的一種威脅。

12. 我不會因為沒有立即收到伴侶的回覆而焦慮。我反
而會在看到他的回電，以及回傳的訊息或電子郵件
時感覺滿足，同時覺得和他緊密地連結在一起。

13. 這段感情不是我工作或社交之餘的消遣。

14. 和伴侶一起跟朋友見面，以及一同參加社交聚會，
令我感到自在。有時候，我們會在同一個場合和不
同人說話，但這麼做感覺完全沒有問題。

15. 我的伴侶總是會做出某些惹惱我的行為，但這不會
妨礙我欣賞他（他是很棒的人生伴侶）。現在，我
已經能妥善應付這些小煩擾。

16. 當我們之間出現某個問題時，我會試著了解自己本
身怎麼造就這個問題，而不會只偏重於對方做錯了
什麼。

17. 我們平時會自在地交流，並且逗對方開心。

18. 當我很喜歡，或是覺得某個新事物很有趣時，會跟
伴侶分享。但假如他不像我這麼感興趣，我也不會
因此生氣；反之亦然。

19. 我們很恩愛，雖然可能不像剛開始約會時那樣激
情，還是經常牽手、親吻和擁抱。

20. 我們會跟對方說「我愛你」，但不覺得自己只是基
於義務而這麼做。

總分 ＿＿＿＿＿＿

　　將每一個階段的得分加總，以便得出總分。你拿到最高分的部分，代表你目前可能正身處那個階段。如果在不同的部分獲得類似的分數，那麼也許你正位居某兩個階段之間。

第一階段	第二階段	第三階段	第四階段	第五階段

　　在知道自己目前身處哪一個階段之後，下一章將會引導你採取行動。

一對伴侶當中的兩個人是否可能身處不同階段？

　　請記得，伴侶們會各自經歷這些階段，像是其中一個人處於「融合」階段，另一個人或許正位居「懷疑與否認」階段。與此同時，他們也可能會在兩個相鄰的階段之間搖擺，例如由於不願意放棄對完美愛情的期待，所以在頭兩個階段「迷戀」與「懷疑」來回擺盪。至於那些抵達第五階段的人則可能會重新落入「融合」階段，然後再次經歷艱難的權力爭奪，直到重新達到「圓滿的愛」這樣的境界。

　　現在，你們必須讓這樣的討論保持正向。在談論你們所身處的愛情周期階段時，若任何一方感覺緊張或抗拒，請先暫時停止。在閱讀本書的過程裡，你將學到新的談話與聆聽技巧，等你更懂得該如何和對方分享時，就能重新針對這個話題展開討論。

4

要如何度過目前這個階段？

在真正的愛情裡，你希望獲得對方的優點。在浪漫的戀愛裡，你想得到的則是對方的人。

——瑪格麗特・安德森（Margaret Anderson），
藝文雜誌《小評論》創辦人

　　正念是我們能送給自己最棒的一份禮物。所謂的正念，是指溫柔覺察此時此刻的自己，包含生理、心理、情感以及精神層面。我們往往深陷於眼前的處境、自己對此有何感受，還有該怎麼改變它，導致我們沒能充分體察自身的狀態。結果，我們雖做出了反應，卻沒有真正意識到是什麼驅使自己做出這些選擇。當我們懂得體察自己的各種思緒、感受與體驗，而不做出反應、不試圖分析、批判或否定它們時，就不會對這些人生戲碼這麼執著，也不會沉溺在情緒裡。於是，我們更能暫時抽離出來，然後結合直覺、理性與感性，盡可能做出最明智的決定。

　　你已經知道自己正位居愛情周期的哪一個階段，本章將告訴你應該特別關注哪些地方，好安然度過。過程中你必須保持正念，同時為了避免做出激烈的反應，請緩慢進行練習。我會建議你遵循

以下步驟：

1. 閱讀前一章關於每一個階段的描述。
2. 瀏覽關於你當前階段的各項建議，接著在適用於自己的建議底下畫線或者圈起來。此外，你也應該閱讀和其他階段有關的建議，這樣移動到另一個階段時，你就能有所準備。如伴侶和你身處不同階段的話，你也能了解對方正在經歷哪些事。
3. 針對你畫線的部分，請思考一下如何將它們付諸實行。請先從那些對你最簡單的部分開始執行。
4. 之後，你可以再增加一些更具有挑戰性的項目，我稱之為「延伸任務」。

第一階段「融合」：不要只相信你的心

請特別注意，在這個階段你會幻想自己永遠幸福快樂。在所有階段裡，「融合」階段可能是最充滿狂喜與強烈感官刺激的時期，令人產生幸福感的各種神經化學物質急遽增加，可能會讓感性凌駕於理性判斷之上。大家在這個階段所面臨的主要問題在於，他們相信在衡量一段感情時，自己內心的感受是真實且持久的指標。他們會忽略各種警訊、差異，以及再簡單不過的邏輯。（就算他有七任老婆、不跟十一個孩子互動，而且無法保有穩定的工作也沒關係！我愛他，而且他已經有所改變了。他保證「我們」的感情將會天長地久。）

儘管所有媒體都大肆鼓吹「你只需要愛情」這樣的觀念，此時的你還是必須同時兼顧理性與感性。身處第一階段的你必須做到以下這些事：

1. **留意你高昂的情緒**。你當然可以盡情享受這個階段，因為它使戀愛變得無比愉悅、叫人心醉神迷。

   不需要放棄這些喜悅，你只需要當心自己目前正處於著迷狀態，請暫時從這種狀態抽離，並體察各種情緒與行為，問問自己它們是否客觀而理性。找一個你信賴的朋友，請他坦白說出對這段感情的看法。覺察是很重要的關鍵。（想培養這樣的正念覺察，書寫日誌是很好的一種方法。）

2. **不要做出任何長久的改變**。因為這時你的心理狀態並不理性，你可能會後悔搬家、訂婚或是和伴侶一起花大錢買某些東西。請先等一下（我會建議你先等一、兩年），直到這個階段的迷霧散去為止。

3. **告訴伴侶，在做重大決定時，你必須慎重考慮**。請密切注意對方的反應，你的伴侶會尊重你，還是強迫你往某個方向前進？

4. **積極探詢，這個人是否是最適合你的人**。用這種方式探究一段新感情，不代表你在破壞它，而這也不會讓你變得猶豫遲疑或冷漠無情。它只會使你變得堅定，同時幫助你做出對你們兩個人最好的長期決定。

延伸任務

1. **把你們可能不那麼契合的所有原因都寫下來**。關於這點有個提示：我們每個人都會把自身的困境帶到一段感情裡。若你無法辨別新戀人帶來哪些問題，就表示你已經被愛情沖昏了頭、無法做出任何理性的決定。

2. **客觀列出你的人生伴侶必須具備那些特質**。對你而言，在一段親密關係裡，擁有使命感、幽默、謙虛、忠誠，以及

懂得變通有多重要呢？願意為自己的行為負起責任，還有為了發展並培養圓滿的愛，願意和你一起進行某些情感功課又有多重要？進行這項任務時，請盡量保持堅定。你目前正在約會的這個人是否符合列出的這些特質？

3. **留意伴侶過去的感情史。**請仔細聆聽伴侶是怎麼談論他的家人和前任伴侶。同時也請注意，他如何處理衝突，以及承認（或者不承認）自己的錯誤。

4. **當其他人對你發出警告時，請特別當心。**不要因此升起防衛心，請盡可能以開闊的心胸來聆聽那些在乎你的人對這段感情有何看法。

第二階段「懷疑與否認」：不要讓恐懼擊垮你

從第一階段過渡至第二階段可能感覺像是天氣逐漸變冷，或是突然食物中毒。你已經來到權力爭奪的時期，就如同我的導師漢瑞克斯博士所言，「融合」階段感覺像是「我們兩個人合而為一」，而第二階段則像是「我們倆是一個整體，一切都必須聽我的」。但請不要恐慌，這不見得代表你們的感情不健康，而這也未必是感情的終點。迷戀狀態本來就不會永遠持續下去。雖然我們墜入愛河，我們卻不會自動擁有良好的關係，都必須為此下功夫。這一切需要我們懷抱耐心、努力練習，並且用心經營。身處第二階段的你必須做到以下這些事：

1. **明白一段感情經歷權力爭奪是很正常的事，同時它也不是愛情的終點。**研究顯示每一對伴侶都會遇到幾個無法解決的問題，他們能否因此成長的差異就在於如何「處理」這些問題。你們必須學會怎麼公平地爭吵、運用核心溝通

技巧（請參見第九～十二章），以及每天向對方表達關愛（請參見第十三章）。在面臨無可避免的權力爭奪時，這些方法可以協助你克服這樣的鬥爭。

到頭來，多數爭吵的重點都在於「兩個人的關係因此變得疏離」，而不在於實際引發爭吵的那個問題。舉例來說，你們其中一方想要住在都市裡，另一方則嚮往鄉村生活。從客觀的角度來看，雙方的意見確實存在分歧，但真正的痛苦其實源自於兩個人都非常堅持自己的立場，所以變得心胸狹窄、相互冷嘲熱諷。你們是只想贏過對方的競爭對手，而不是一起設法解決問題的隊友。你們必須先尊重並關心對方，否則「贏得」這場戰爭將毫無意義，而且只會帶來傷害。

與此同時，理解「健康的爭吵」和「不健康的控制行為」之間的差異，也是很重要的一件事。前者是指儘管我們對某件事抱持不同的觀點，例如怎麼洗碗、要對他人透露多少關於這段感情的事、要花多少時間待在一起或獨處，我們還是願意把對方的看法納入考慮。後者則是指我們堅持己見，而且不願意放棄掌控整個局面。

2. **持續用行動表示關愛**。這就像是把錢存進銀行一樣，當丘比特的魔法逐漸消失時，愛情的真正功課才正要開始。你必須經常和伴侶確認你們的感情狀況，持續表達愛意，即便在面臨衝突時也要放寬心胸、保持氣度。無論是再重大的爭執與分歧，也不要停止表達關懷與善意。

請想出三種表示友好的方法，即便在感覺失望或憤怒時，你還是可以繼續這麼做。比方說，幫伴侶的車子加滿油、在吃完晚餐後主動負責收拾桌面與碗盤，或是在早上

出門前真誠祝福對方有美好的一天。無論此時你對這段感情有何感受，都必須經常做這些事。

3. **了解你們的愛情語言。**根據暢銷書作家蓋瑞‧巧門博士的說法，在接收對方的愛時，每個人都有自己最喜歡的方式。這就是所謂的「愛之語」，總共有五種：獲得有形的禮物、珍貴的相處時光、肯定的言詞、服務行為、身體接觸。（第十三章會有更詳細的介紹。）請花點時間和伴侶一起找出你們各自最需要的愛之語，然後開始應用在日常互動上。倘若你的伴侶很重視「肯定的言詞」，那就特別告訴對方你有多欣賞與在乎他。如果你最想要的是珍貴的相處時光，請確認伴侶明白這一點，這樣對方就可以為約會投注更多心思。

   請回想一下這些時候：當你用自己的方式表達關愛（也許是送禮物，或傳簡訊、電子郵件給對方），結果卻不如預期，還有當伴侶用自己的方式向你示好（也許是洗衣服，或幫車子的輪胎打氣）時，你卻覺得不夠感動。我們不必對這種狀況做任何彌補，要做的只是溫柔、慈愛地察覺我們多數人給予的其實都是「自己想獲得的東西」，接著將之視為必須特別學習的事。

4. **請問問自己，你是否待在自己的「墊子」上。**做瑜伽時我們學會「待在自己的瑜伽墊上」有多重要，不需要在意其他人的姿勢有多麼優美或拙劣。這樣的觀念也能完美套用在感情上：當問題浮現出來時，不要憤怒地指責你的伴侶，而是要想辦法了解你自身的刺激因子為何，因為我們過往的經驗會自動觸發某些壓力反應。

1. **承認你自身的刺激因子。** 逐漸了解自己怎麼回應伴侶的各種行為，以及自己如何造就衝突之後，請和伴侶談談這些使你感到緊張的部分，同時把焦點放在你自身的體驗上。例如：「當你想要自己獨處時，我發現我覺得很受傷。我明白這對我來說是一個痛點。」向你的伴侶尋求協助，而不是開始批評他。

2. **承認在這段感情裡，你試圖用各種方式掌握權力。** 請思考一下，你會用哪些方式把自己的看法強加在伴侶身上、試圖讓他照你的意思去做，只因為你覺得其他觀點都很幼稚、無理，或者根本就是錯誤的。當贏過對方變得比公平地爭吵更重要時，你能承認這一點嗎？

第三階段「幻滅」：消除疑慮，並創造空間

在「融合」階段，我們的大腦只會注意到那些正面的部分，並且避開任何會引發質疑的事。相反地，在「幻滅」階段大腦則會特別關注這段感情的種種失望與不足。當某件事進展順利時，它只會直接略過，認定一切依舊糟糕透頂，這段感情即將走到盡頭。

和第一階段一樣，處於「幻滅」階段的你必須記得，自己正在經歷的並非事實的全貌。你得設法「去除眼前的迷霧」，同時在過程中溫柔地照顧自己。身處第三階段的你必須做到以下這些事：

1. **在堅持自己立場的同時，你也要照顧這段感情。** 不管再怎麼沮喪、疲憊，你現在應該要對這段關係付出更多心力，花時間提升自己的溝通與關係技巧。請試著換個角度思考——這些困難讓你和伴侶有機會培養同理心、增進對彼此的理

解，同時更緊密地連結。最重要的是，不要停止表達善意。比方說，結婚這幾年以來，先生每天早上都會幫我煮一杯拿鐵，有時他會拿咖啡給我並親我一下，有時是安靜地拿給我。他偶爾會把咖啡放在我的梳妝台，讓我伸手就可以拿到，無論如何，每天早上我都會有一杯拿鐵。

2. **停止隱藏問題。** 一再重複無效的爭吵令你感到惱怒，這是很自然的一件事。你寧可保持沉默，也不要再次和伴侶陷入激烈爭執。我們之所以逃避問題，通常不是因為漠不關心，而是因為害怕說出自己的想法會激起更深的敵意，然而，事實往往正好相反——問題越積越多，導致情況日益惡化。

   學會怎麼聆聽伴侶的抱怨，並說出自己的不滿，是極其重要的一件事。在一段健康的關係裡，不會有問題受到掩蓋，我們必須及時處理衝突，確保這些問題不會被埋藏起來，不斷鬱積，最後變成長久的怨恨。請特別留意第十三章中所提到的「日常體溫測量」（The Daily Temperature Reading，簡稱DTR）練習，這是一種簡單有效的方法，可以幫助你應付這些無可避免的煩擾。

延伸任務

1. **練習在不開心時表示愛意。** 你可以在感覺生氣，並意識到雙方必須談論某個問題的狀況下，和對方一起去吃晚餐、看電影嗎？試著牽起伴侶的手、表達感謝，或慶祝他取得某項成功，即便你們之間的權力爭奪尚未化解。

2. **設立界限，但不要關上心門。** 這個階段在和伴侶互動時，你往往會習慣採取防衛姿態：「因為『我』做了『這件

事』，你就火大了嗎？那『你』老是做『那件事』又該怎麼說？」不要試圖贏過你的伴侶，而要設法建立各種界限、在不緊閉心扉的情況下維護自己。這麼做會是什麼樣的感覺？你能否在拒絕某件事的同時，依舊保持友善？例如你可以說：「因為目前我們的關係很緊張，我無法自在地和你的同事一起吃晚餐。但我真的很希望能在你的新工作上支持你，所以在幾個月內、等我們克服這一切之後，我們再來談談這件事。」

3. **承認你所扮演的角色。**當你和伴侶之間的權力爭奪越演越烈時，請學著將注意力從對方的錯誤上移開，轉而關注自己如何造就這樣的衝突。你可以利用這段艱難的時期，學習在面臨衝突時用自我反省的方式來回應對方，例如：「我知道，我很敏感、容易覺得自己被拋棄，因此當你決定在星期六和你朋友吃午餐，而不是按照我們的原訂計畫一起出去走走時，我感覺更加難受。」你總是可以找出某個衝突和你自身的關聯，而非去否認伴侶在這當中所扮演的角色。

4. **保護自己。**請不要忘記，你會產生這些負面情緒都是有理由的，它們往往代表出了問題（無論這個問題嚴重與否）。如果你身處危險（例如伴侶會施以身體上的虐待），請立刻想辦法保護你自己和家人。不要害怕尋求協助。若你面臨的是成癮行為、尚未接受治療的憂鬱症，或是偷偷外遇等問題，絕對要尋求外界的支援。

第四階段「決定」：做好功課

你正站在重要的十字路口，如果一切沒有改變，你就得離開這段感情。不管是我或是其他書籍，都無法告訴你「正確」的決定是什麼。這樣的決定只會出現在你的心裡；在你花心思真正了解，這段關係究竟出了什麼問題之後，它才會浮現。你必須將直覺、理性與感性結合起來，以此做出最好的決定。

即便處於分手邊緣，我還是會鼓勵你，先停下來深呼吸，並且在分手前設法理解，到底是哪裡出了問題。有時候我們卡在彼此的權力爭奪，因此只要努力解決這點，就能修復關係。就算情況並非如此，花時間弄清楚發生了什麼事，未來你就不會再陷在同樣的感情裡，讓這些行不通且帶來痛苦的模式不停重演。

此外，你也可以圓滿地離開一段感情。我們所有人在分手過程中，都應該努力做到這一點。雖然從短期來看，責怪對方或許更能帶來滿足感，但忽略這一切自己也有責任，並在分手時傷害對方，長遠下來會使你犧牲自己的幸福。告別永遠是件很痛苦的事，但學會祝福你的伴侶，同時承認自己在分手的過程裡扮演什麼角色，將幫助你不再重蹈覆轍。（我們會在第十五章進一步探討何謂「圓滿的分手」。）身處第四階段的你必須做到以下這些事：

1. **優先重視自我照顧。**現在的你很脆弱，所以請好好照顧自己，甚至必須比平常花費更多心思，這是你目前的首要之務。

   好好吃飯、規律運動（哪怕只是散步也好）、冥想、禱告或參加藝術課程，也請重新投入令你感覺愉快的嗜好，像是聽音樂、閱讀，並且花時間和朋友相處。尋求治療師、人生教練或支援團體的協助。這些活動將幫助你脫離負面情境，同時重新找回活力。

2. **明白在這段感情惡化的過程中，你扮演了什麼樣的角色。**

我們都只是普通人，這意味著所有人都有某些不健康的行為模式與防禦機制，我們沒有注意到別人的痛苦，或自己給對方帶來了哪些困擾。有時只要你做出一個小改變，就會對這段關係產生正面影響。舉例來說，即便多數時候你都感到疏離，請試著用幾個字對伴侶所做的某件事表示感謝。

3. **放慢腳步**。不要讓衝動與下意識反應支配你。在做出反應之前，先給自己一點時間，這樣才能充分了解自身的渴望與需求。比方說，你之所以想離開伴侶，其實只是因為想逃離停滯不前的感情所帶來的痛苦，或是不想再為了同樣的事情不停進行權力爭奪。若你可以透過足夠的「休息時間」安撫自己並獲得些許平靜，就能開始評估這段陷入困境的感情是否還有辦法挽救。請保持覺知、謹慎思考。這段時間，你可以暫時離開、打電話給某個朋友、做點瑜伽（或其他運動）。

延伸任務

相信這段過程。如果不確定接下來該怎麼做，那就學著保持耐心。在結果變得顯而易見之前，請不要執著。與此同時，你只需要持續學習探索你的情緒、承認自己怎麼導致這些問題，以及辨識自身真實的渴望。答案終將浮現出來。

第五階段「圓滿的愛」：持續練習

我要恭喜你！來到這個階段，你和伴侶會處於極度富足的狀態，你們彼此關愛，並且緊密連結。這並不是說第五階段沒有任何挑戰。就像深刻的冥想覺察或美好的瑜伽課一樣，所謂的圓滿是一

種愉悅的體驗，而不是永恆不變的狀態。我們有時的確可以達到這樣的境界，但是對我們每個人而言，圓滿的愛都必須持續練習；它需要每天用心經營，同時透過各種選擇與行動，將它展現出來。身處第五階段的你必須做到以下這些事：

1. **練習、練習，再練習**。你在其他階段養成的所有技能——在現實中保持堅定、正視衝突、建立各種健康的界限，還有藉由學習關係功課來進行探索，都能使你持續往圓滿狀態邁進。

2. **滋養自己**。想身處圓滿的愛，除了滿足這段感情的各種需求以外，伴侶雙方都必須持續保有自身的完整。從很多方面來看，一段感情都能促進兩人的個人成長。請記得持續投注熱情、透過各種儀式自我照顧，以及進行自我探索與內在功課。你可以溫柔地鼓勵伴侶也這麼做，在人生的各個層面，你們都可以幫助彼此成為更好的自己。

3. **享受這趟旅程**。真情流露、幽默打趣，以及嬉笑玩鬧對處於這個階段的你很有幫助，你和伴侶一起持續學習與成長的時候，就可以盡情運用。請隨時準備好自我解嘲，每次我和提姆赫然發現又再度像以前一樣，為了「怎麼洗碗」這種荒謬的事爭吵，我們就會這麼做。對我們來說，差別在於現在這件事的擾人程度已經大幅降低。在第十六章裡，我們會進一步探討如何邁向圓滿的愛，我強烈建議你，花點時間研究這個部分。

4. **明白總是會有新的挑戰**。遇到困難不代表情況有什麼不對勁，人生就像是在走迷宮，即便身處圓滿狀態也是如此。這當中有許多蜿蜒曲折，當你以為已經接近中心點時，又會遭遇另一條意想不到的彎路。但有時候，你以為距離想去的地

方還很遙遠，那些障礙卻就此消失，你便順利抵達。

就如同在迷宮裡，我們可以和另一個人一起走其中一段路，但同時也必須自己前進；有時前方的路可以容納兩個人，有時只能讓一個人通過。想擁有圓滿的愛，我們不僅需要對這段感情付出心力，也得自己走這條路。

讓自己保持堅定與平靜

了解愛情周期的五個階段，以及如何度過其中痛苦且備受限制的階段，能協助你將一段良好的關係變得更美好。這套架構可以幫助所有人，不管是剛開始一段新感情、想避免以往犯過的某些錯誤的人，還是那些身處穩定關係，卻有某些衝突一直無法解決的人，都能從中獲益。它將使你重拾信任感、幽默感，還有當初讓你們在一起的那份親密感，同時使你明白就算發生再艱難的衝突，兩個人之間的愛也不必因此消失。事實上，你可以藉此讓關係變得更緊密、療癒自身舊有的傷痛、拓展同理心，並獲得深刻的啟發。

說到底，「愛情周期」這套哲學真正的重點在於，使我們持續往圓滿狀態邁進。在這段過程中，我們必須培養深刻的自我覺察與自我疼惜，並且願意面對心胸狹隘、冷漠，或支離破碎的自己，以免無法擁有寬大的胸襟、信任他人、展現脆弱，以及享受人生的喜樂。

在伴侶關係裡，圓滿也意味著理解兩個人之間的區別：明白你和伴侶是兩個不同的個體，並接受你無法控制另一個人的選擇。儘管有時覺得很親密，我們終究不是對方，就算是在一起幾十年的靈魂伴侶最後也會分開——若不是人生的種種挑戰使然，那就是死亡的來臨。這就表示，另一個人無法帶給我們真正的圓滿，它必須

來自我們的內心。

在接下來的章節裡，你將學會一些技能幫助你本身和親密關係發揮最大的潛能。此外，這些技能還有一項很重要的好處，那就是協助你將人生中的各種珍貴關係，尤其是你和自己的關係，維繫得更好。

5

我為什麼會變成今天這副模樣？

如果我們希望愛情能更持久，就必須更清楚了解家族傳統對我們的人生有何影響。早在童年時期，家族內部的各種強大力量就開始影響我們的理智與情感。終其一生，我們的思考、感受與行為模式都將深受控制。

——約翰·賈可布斯（John Jacobs），

美國精神科醫師、《關於婚姻，你必須知道的真相》作者

「我是誰？」可能是這個世界上最古老的問題。我們居住在洞穴裡的祖先將之寫在牆上，古老的歌謠中也從未缺席，希臘德爾菲阿波羅神廟的入口刻著這樣一句箴言：「認識你自己。」約莫兩千年後，英國劇作家與詩人莎士比亞則告訴我們：「最要緊的是，你必須忠於自己。」這趟自我探索之旅不僅讓哲學家與詩人反覆忖度、深思，也引發心理學家關於「人類性格究竟是由先天遺傳，還是由後天環境決定」的爭論。

對某些人而言，這個問題的答案很簡單，有次我讚美紐約一位計程車司機免費載遊民到診所看診的善舉時，他回答：「我生來就是如此。」至於相反的例子是，我的某位客戶回應太太，為什麼

他不想讓養的狗進入屋內，他說：「我從小學到的觀念就是這樣，狗就是應該要待在屋外。」

明白我們是怎樣的人，以及我們為何會變成這樣，是人際關係成功的關鍵。因為這些人際關係終究是一項內部工程。你的過往，還有形塑你的各種力量都會持續影響你如何去愛，以及將遭遇什麼樣的困境。當你對這些力量有所了解時，就可以開始設法改變那些造成阻礙的部分。

先天遺傳vs.後天環境

想建立一段健康的關係，不僅需要許多妥協與讓步，同時也必須設立並重視各種健康的界限。了解在我們的性格裡，有哪些是與生俱來的天性（先天遺傳），哪些則是我們從生活經驗中習得（後天環境），可以幫助我們變得更有彈性，並且更嫻熟地掌控那些難以改變的敏感特質。

我們的外表、性格，甚至像是慷慨大方、內向、善妒之類的人格特質，可能都含有遺傳的成分在內，至於其他特質則在某些環境裡逐漸養成。我們的性格是先天遺傳和後天環境彼此交互作用的結果，舉例來說，生性內向的孩子分別在尊重這種特質的家庭，和以此一特質為恥的家庭裡長大，前者比後者更懂得駕馭這項特質。

我就是如此

毫無疑問，我們性格組成的某些部分是天生的，我們確實「就是如此」。但是也必須特別留意我們如何陳述這句話。你是否對歌曲〈我就是如此〉（*That's Just the Way I Am*）耳熟能詳？在這首

歌裡，演唱者懷尼特告訴她的伴侶，她會情不自禁地向他表達愛意，即便他的朋友們就在附近。如果這樣的舉動令他感到難為情，他必須記得，她就是無法克制自己，一如她輕柔地唱道：「嗯，我就是如此。」

因此，就算伴侶感覺不自在，她也不容許他提出抗議。比方說，在和伴侶一板一眼的家人共進晚餐時，她親密地親吻他、大說她有多愛他——畢竟，她就是如此。

實作練習：「我就是如此！」

請從你身上舉出三個「我就是如此」的例子，可以是某些性格特質、下意識行為，或強烈的好惡。如果你和伴侶一起進行這項練習，請先自行完成，然後再和對方分享（當然，你也不一定要這麼做）。

列出來之後請思考一下，這些特質是你與生俱來的，還是在某個時間點養成的，請在旁邊分別寫上「先天」或「後天」。

現在，請再寫下你懂得用不同且對自己更有益的方式來駕馭的三項個人特質。舉例來說，你生來就缺乏耐心，而你已經設法增加耐心；也許你做事沒有章法，但你已經學會新的組織技巧，這些技巧可以協助你變得更有條理。又或許害羞的你已經培養了某些社交能力，得以克服這樣的性格。

理解自己的基本天性、探究我們如何被受過的教養影響，以及明白自己可以怎麼適應這一切，並藉由自我培育的方式成長，都是學習愛情技巧很重要的方法。

我們真正了解的是什麼？

　　很多人都認為自己是生來就很內向或外向。有些人確實天生就很有自信，而有些人則生性羞怯。有些人生來就很悲觀，有些人則每天早上起床時都覺得很愉快。有些人被稱作「天生的領導者」，有些人則從小就被視為「夢想家」。

　　然而，我們是會改變的。我們不再像小時候那樣怕黑，而在長大離家之後，會逐漸成為不一樣的自己；我們嘗試不同的穿著與飲食，甚至在身上刺青。某段時期我們曾經是某位歌手的狂粉，多年後再回顧，卻忍不住心想：「那時的我在想什麼啊？」接收到關於這個世界的新資訊，我們的價值觀也會跟著轉變。我們會改變飲食、習慣，或看待某些家族傳統的方式。我們會參加某場研討會或閱讀某個十分動人的故事，感受到心裡有某種東西發生改變，然後說這次體驗「顛覆了自己原有的想法」。

　　我們也許永遠都不會知道究竟如何變成今天這副模樣，這也一直會是我們人生中最大的謎題。但身而為人，還是可以去了解哪些過往歷史可能造就了我們目前的自我認知，並且運用這樣的知識來改變人生。

　　這段自我反省與分析的過程，是我們各種重要關係健康與否的關鍵。它經常會挑戰我們，要我們不停適應、調整和成長。清楚認識自己是很重要的步驟，包含我們現在是怎樣的人，還有為何會變成這樣。它使我們得以用最美好的一面來面對伴侶，同時建立起長久而圓滿的關係。

　　在本章和下一章裡有一連串的實作練習，這些練習將透過探索家族歷史，幫助你將「先天特性」和「後天教養」區分開來。你可以藉機了解自己想強化哪些優勢，以及設法克服哪些挑戰。你會先完成一些評量與練習，透過家族歷史來理解自己，讓你對「我是

誰」有更客觀的了解。同時，它們也會請你用不同的方式檢視家族故事，並且以不同的角度理解生命中影響你最深的人。你將重新審視，甚至重新定義那些你在童年時期內化的訊息——那些你曾經以為的「事情就是如此」。

接著會探索你的個人經歷，了解你擁有多少愛人的能力（和被愛的權利），以及依賴重要他人（和被他人依賴）的能力。這些經驗形塑了我們的依附風格，決定我們如何建立並維繫一段親密關係。明白過去的我們在哪些地方獲得照顧與支持，還有在哪些地方被忽略與受到傷害，是很重要的一件事。少了這樣的認知，長大成人的我們只會不斷複製同樣的故事。

此外，個人經歷也能協助我們理解，自己為什麼會對看似微不足道的事產生負面反應，例如伴侶忘了買菠菜。在某種程度上，我們認為這些小失誤代表我們不重要，而且沒有價值。我們所選擇的伴侶往往會讓我們展現出最脆弱的部分，但只要了解我們自身的刺激因子，並學會用不同的方式來管理心中關於自己的過往故事，我們就有可能得到療癒。

你在進行每一項練習時，請記得保持正念。對於自己過去、現在是怎樣的人，以及未來能成為怎樣的人，我們都有一些看法，與此同時也有許多盲點。對很多人來說，探究自己的過往會打破某些家族的基本規矩，例如：「不要太過深究」、「不要問東問西」、「凡事往好處想」。當你運用這些工具進行探索時，請記得正念源自於自我疼惜，而不是自我批判，這樣的批判包括你在深究那些碰不得的禁忌故事時責備自己。請緩慢地進行這一切，並對自己抱持耐心。

雖然我們對「我是誰」這個永恆問題有著諸多困惑，但我確實知道一件事，那就是人人都有能力決定問題的答案。無論我們的

「原廠設定」是什麼，還是可以做出有意識的改變，同時使自己獲得成長。從了解我們現在是怎樣的人，還有目前處於什麼樣的狀態開始，我們就能創造出新的自己。

實作練習：製作你的家族樹

若你不了解你的家族歷史，就等於什麼都不知道。你是一片樹葉，不曉得自己只是樹的一部分。

　　　　　　　　——麥可‧克萊頓，美國作家、電影編劇兼導演

　　想探索你的家族歷史，就要畫出家族樹。請在一張至少寬二十一公分、長二十八公分的紙上繪製圖表，你位於這張圖表的底端，而父母親則位於你的正上方，請用一條線將你和他們連接起來。在這張圖表中，每一個方格代表一個人，請在方格裡面寫上他們的名字。在代表你父母親的方格上方，寫上他們父母親、祖父母、所有兄弟姐妹，以及你父母親在這段婚姻之後的再婚對象或新伴侶的名字。請試著最少回溯三代。（如果你能找出更多資訊，也可以再往前追溯。）

　　以下是一組家族樹的基本範例：

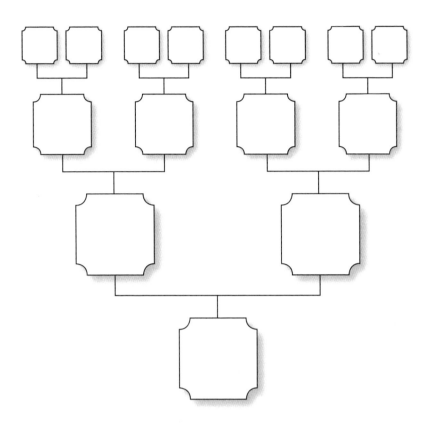

　你可以用正方形表示男性、圓形表示女性,以及用星形代表其他性別。在寫下伴侶的名字時,請一律把男性放在左側、女性放在右側。若這當中包含同性父母,請以某個特定符號來表示這樣的伴侶。若你有同性父母、養父母,或身處其他非傳統家庭結構,也請盡可能把你的親生父母囊括進來,因為這會讓你的家族樹有更多分支可供研究。所有的資訊都很寶貴,所有不同的父母都可能會在某種程度上造就現在的你。

　此外,你也可以在你的父母親下方加入你的兄弟姐妹、你們的配偶或伴侶,還有你們的所有孩子,藉此將家族樹向外擴展。

家譜圖

　　在成長的過程中，家族歷史對所有人的性格與行為產生深遠的影響。你可以利用家譜圖（genogram）來鑽研各家族成員之間的關係與連結，因為和家族樹相比，家譜圖呈現更多細節，對於了解舊有的家族模式很有幫助。雖然家譜圖是以家族樹的概念作為基礎，不過能使你用不同的方式來看待家族故事。它包含了更多家族成員的相關資訊（包括他們之間的關係、環境帶來的影響、關鍵事件、健康問題，還有他們的生活所遭遇的各種衝擊），可以進一步理解形塑你的各種性格與事件。根據家譜圖網站（網址：www.genopro.com）上的說法：

> 家譜圖中包含了家族樹裡的基本資料，例如每個人的姓名、性別、出生與死亡日期。其他資料可能還包括教育程度、職業、各項人生大事、慢性疾病、社交行為，以及家庭關係、情感關係與社交關係的特性。有些家譜圖甚至還包含家庭機能失衡的資訊，像是酗酒、憂鬱症、各種疾病、姻親衝突或生活狀況不佳。每張家譜圖之間可能會有很大的差異，因為對於可以囊括哪些類型的資料，並沒有一定的限制。

　　小時候，我們透過孩子的眼睛來觀察我們的家族，注意到哪個人會鼓勵我們，哪個人則不友善或無視我們的需求。在我們的眼中和口中，家族往往彷彿處於靜止不動的狀態，家譜圖提供更寬廣的動態觀點，不僅使我們了解所受教養背後的潛藏因素，也讓我們看見父母親和祖父母作為普通人的一面，我們更能明白他們曾經面臨哪些困難，以及有過哪些成就。因此，它們能協助我們依據某些故事來理解自己（在成長過程中，我們逐漸相信這些故事），這自

然會持續對我們的各種重要關係產生影響。

我的前客戶泰德的父親曾經做過許多「正確的事」。他是足球教練和家長教師協會成員，同時也是一位專業人士，經常把他的兒子帶到工作場合炫耀。在泰德的記憶裡，父親總是對他感到很自豪，但與此同時父親也顯得很冷漠，而且心事重重。泰德有時會看見他坐在客廳的椅子上發呆，這一坐往往就是好幾個小時，另外還有些時候，父親會一整天都沒有跟任何人說話。那時小小年紀的泰德只覺得，雖然父親會跟別人炫耀他這個孩子，但其實並不真的關心自己──泰德甚至認為父親不愛他。不過他也告訴我，記憶中父親不曾對他說過這樣的話。

儘管泰德認為對家族歷史很熟悉，「沒有什麼事需要了解」，我還是建議我們可以一起製作一張家譜圖。我們往前回溯了兩代，繪製出一張視覺化圖表，囊括了他家族的某些歷史事件，還有父母親和祖父母的某些個人特徵（請參見下一頁）。

我注意到在泰德出生之前，他的父親曾經在軍隊裡待了兩年。我問起這件事，泰德認為父親那時應該在東南亞的某個地方，但他從未提及這件事。在我們製作這張家譜圖的時候，泰德的父親已經去世，所以他改向母親詢問這兩年的事情。她表現出很緊張的樣子，並且無奈地說：「你爸爸認為，過去的事最好不要再提，我當然同意他的看法。他能活著回來，這樣就夠了。」

泰德轉而詢問叔叔，那一刻令他永生難忘──只見叔叔深吸了一口氣，然後說：「你爸那時被囚禁在越戰的戰俘營裡，他從未提起，我們也不曾問他當時發生了什麼事。但我們都明白，那很難受……你也知道，我們從來不談論那些艱難的事。」

叔叔遲疑了一下，接著說：「我們中間還有一個名叫威爾的兄弟，他三歲時在我爺爺奶奶農場的池塘裡淹死了。自從他的葬禮

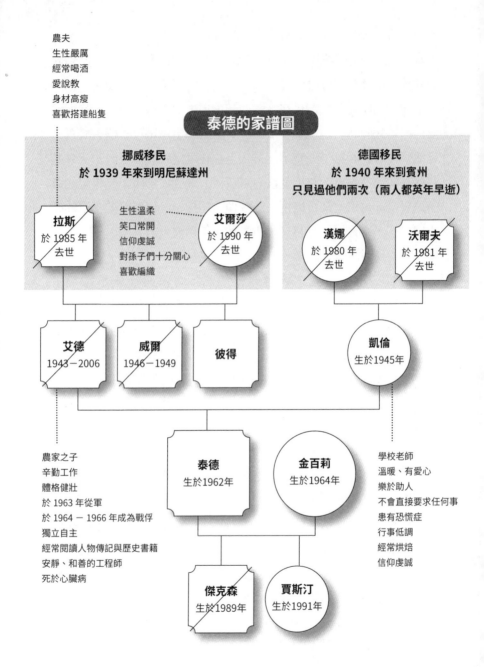

農夫
生性嚴厲
經常喝酒
愛說教
身材高瘦
喜歡搭建船隻

泰德的家譜圖

挪威移民
於 1939 年來到明尼蘇達州

德國移民
於 1940 年來到賓州
只見過他們兩次（兩人都英年早逝）

拉斯
於 1985 年
去世

生性溫柔
笑口常開
信仰虔誠
對孫子們十分關心
喜歡編織

艾爾莎
於 1990 年
去世

漢娜
於 1980 年
去世

沃爾夫
於 1981 年
去世

艾德
1943－2006

威爾
1946－1949

彼得

凱倫
生於1945年

農家之子
辛勤工作
體格健壯
於 1963 年從軍
於 1964－1966 成為戰俘
獨立自主
經常閱讀人物傳記與歷史書籍
安靜、和善的工程師
死於心臟病

泰德
生於1962年

金百莉
生於1964年

學校老師
溫暖、有愛心
樂於助人
不會直接要求任何事
患有恐慌症
行事低調
經常烘焙
信仰虔誠

傑克森
生於1989年

賈斯汀
生於1991年

過後，就沒有任何人再提起他。我還記得，他去世之後我母親哭了好幾個月。我父親對她說：『凱倫，還有很多工作等著你去做，而且我們兩個還活著的兒子也需要你的關心，過去的事就讓它過去吧。』」

泰德是一位醫師，擁有許多治療創傷後壓力症候群（post-traumatic stress disorder，簡稱PTSD）的第一手經驗，但他以前都不知道自己的父親也深受其苦。因為理解父親曾經承受的一切，泰德得以看見他強大的韌性，同時也有了新的體會──即便父親有著那些心魔，卻還是竭盡所能地愛著他的孩子。泰德很了解父親的出身背景，生長在明尼蘇達州某個由堅忍刻苦的挪威移民建立的農業聚落，對當地居民來說，情緒不是需要花心思面對的東西。他們總是有忙不完的工作要做，哪有時間精力去顧這些。泰德很驚訝從未聽說過這位早夭的叔叔，他試著想像，失去這個弟弟對身為長子的父親來說會是什麼樣的感覺。他的父親沒有能力面對自己內心的痛楚，身為來自農家的好孩子，他做了該做的事，並且把這些人生難題都放在心裡。

在研究母親的出身背景時，泰德也看到了類似的故事：外公外婆是定居在賓州的德國戰俘，他們在那裡開了一家鐘錶修理店。夫妻在店裡日以繼夜地工作，而他們所居住的公寓就在這家店的樓上。他還記得某次詢問母親，為什麼外公外婆當年要離開德國，她回答：「我們不會談那時候的事，泰德。我們必須過好現在的生活。」

由於這樣的成長背景，他的父母親都沒有能力面對他父親作為戰俘的那段經歷。他們在童年時被灌輸「不要回頭看」、「做好眼前的事」這樣的觀念，因此無法學習分享這一切。在父親去世之後，泰德想起母親曾經盯著父親年輕時的一張照片看，照片中的他

穿著一襲軍服，那是他們婚禮那一天拍攝的。「那是爸爸嗎？」泰德問道。

母親回答：「他不是你認識的那個爸爸。那個男人留在越南沒有回來。」

泰德追問這句話是什麼意思，她卻緊張地笑著說：「你就不要追問了，這沒什麼。我們來準備星期天聚餐時要吃的食物吧。」

對父母親的故事有了些許了解之後，泰德起了同情之心，但同情的對象除了父母親（以及他們沒有能力面對自己失去的一切），還有至今仍住在自己心裡的那個小孩。因為就像所有孩子一樣，泰德一直以為是「他」讓父親變得冷漠。這張家譜圖使他對故事中的每個人有更深的理解，並對他們懷抱同情。他也因此下定決心，不要讓他的孩子不了解他是怎樣的人，於是透過心理治療更深入鑽研他的各種童年經驗，並且學習怎麼察覺自身的情緒，然後再將它們說出來。

實作練習：製作你的家譜圖

你可以在網路上找到很多製作家譜圖的指導，我發現有兩個網站很實用，網址就列在下方供你參考。你家譜圖的複雜程度由你自己決定，而我會鼓勵你盡量把家族裡的主要人物，還有他們最重要的關係、職業、人生大事、性格特質，以及健康或行為問題都囊括進來。

你會需要最喜歡的筆、一杯茶或咖啡、能讓你想起某些故事的老照片，以及一個舒適的座位。請務必看一下照片的背面，因為當年拍照時候大家可能會把一些資訊寫下來。在製作家譜圖的過程中，請抱持開放的心態。

www.genopro.com/genogram

en.wikipedia.org/wiki/genogram

　在回答本章和下一章裡的問題時，請把你的家譜圖放在身邊，可以把發現的所有新資訊都加進這張歷史圖表中。在閱讀這些章節時可能逐漸明白，你的家族歷史如何影響你的人生觀、愛情觀，還有你的自我認知。

家族故事

　有些人會說不太了解自己的家族歷史。那些你「不知道」的部分立刻就告訴你，家族裡隱藏著某些祕密。有時候，父母親之所以沒能分享他們過去的歷史，是因為與原生家庭失去聯繫，或是事情令他們感到羞愧或悲傷。你馬上就能因此獲得關於某些家族規矩的資訊。

　如果你不了解自己的家族故事，也許還有其他人知道，比較年長的近親、遠親及你的撫養者（如果非親生父母的話），通常都能帶你找到了解這些故事的人。有很多人都會急切地想要訴說這些家族故事，尤其是在他們老年時期。請務必詢問直系親屬以外的人，這也對了解家族的重要歷史事件很有幫助，因為這影響了你以及前兩、三代所受的教養。移民、戰爭、經濟衰退、家庭財務危機、英年早逝（或早夭）、離婚、心理疾病以及取得大成就之類的事件，都可能會透過代代相傳的各種觀念與看法影響接下來的世代。

　對於自身根深柢固的信念，我們很多人都不曾加以質疑，這些金錢、家庭、忠誠的觀念透過世代相傳深植在我們的心中，感覺

就像「事實」一般無可撼動，而不是單純的看法。但許多觀念都是在和今天截然不同的情況下形成的，甚至可能曾經攸關生存，例如祖先因為遭受宗教或政治迫害，被迫逃離自己的國家。

某些隱藏信念代代相傳，然而和目前的客觀現實已經沒有什麼關係。這些觀念之所以一路承襲下來，只是因為「事情一直都是如此」，有些可能是關於日常瑣事的觀念。舉例來說，先生準備煮燉牛肉當晚餐，他習慣把牛肉的兩端都切掉，於是太太問道：「為什麼你要把肉的兩端切掉？」

「這道菜就是這樣做的。」

「才不是這樣！」她顯然被惹惱了：「你必須把整塊肉放進去，否則肉汁就會流失。」

「不，你得把肉的兩端切掉，因為通常都太柴了。這樣做才會讓燉肉變得更多汁。」先生反駁道。

先生後來去探望母親時，想起了這次爭執，於是問母親為何她在煮燉牛肉之前，都要把肉的兩端切除。她回答：「因為我的烤箱和煎鍋都很小，如果用其他方式煮的話，肉就會放不下。」

我們認定的「正確做法」原本多半是基於務實考量，如今已不符合現況，但我們往往會捍衛這些做法，卻不知道它們背後的真相是什麼。我們可能一直遵循他人所編寫的古老劇本而不自知，無論這些觀念看起來多麼微不足道（就像這個燉牛肉的例子一樣），還是可能會導致感情裡的權力爭奪。

了解家族三代歷史的目的在於，察覺形塑你種種信念與世界觀的諸多因素，並容許你做出不同的決定。你想要繼續保留，以及捨棄哪些家族劇本？當你和另一個人攜手共度一生時，對方也有屬於自己的一套信念與世界觀，理解這點就變得非常重要。

儘管在一個世紀以前，某些古老的家族規矩確實有其道理，

是特殊時空背景下的產物，但有很多早已過時。移民第二代通常會面臨「傳統家族規範」和「移入國社會規範」之間的衝突。比方說，你的家族當年是為了逃離宗教或政治迫害而移民，你就會學到必須特別留意自己說話的對象是誰，因為分享任何家族瑣事都可能對大家的生命造成威脅。若長輩曾經面臨餓死的風險，那麼花錢度假就顯得荒謬；若食物或住房很稀缺，對只能勉強餬口的家庭而言，養寵物就可能會剝奪他們的珍貴資源。

在探索家族歷史的下一個階段，你會探究前幾代的故事。有很多祖先都對你的自我認知產生了重大且無形的影響，往前回溯至少兩代能幫助你明白，家族所懷抱的某些理想、價值判斷、恐懼，以及強大韌性從何而來。

小時候有沒有玩過「傳話筒」的遊戲？遊戲過程裡，你會小聲將某個詞彙或簡短的故事告訴你隔壁的人，這個人再把他聽到的內容傳給下一個人……直到最後一個人把他所聽到的東西大聲說出來為止。最後這個人說出口的版本通常都和最初的訊息大相逕庭。家族歷史也是如此，你聽到的故事多半都和實際發生的事相去甚遠。

實作練習：你的家族故事

請回答下列和你家族有關的問題。為了將故事和人物明確連結在一起，請務必以你祖先和現有家族成員的名字作答。如果想要看起來花稍一點，可以針對這些故事在家族樹上用不同顏色的螢光筆或麥克筆進行標記。若你不知道某些問題的答案，可以考慮詢問家人、翻閱舊相簿，或是探索家族歷史的其他部分。

1. 你對祖先的出生地有多少了解？他們是否是其他國家的移民？為什麼要離開家鄉？是因為冒險、貧窮、宗教迫害、

機遇，還是因為愛情？他們的旅程會是什麼樣子？

2. 是否有人加入軍隊？是否曾經參戰？他們怎麼談論這樣的經驗，或者是幾乎不曾提及？

3. 經濟壓力對家族有何影響？經濟大蕭條以及之後的經濟衰退對他們造成了什麼樣的衝擊？家族裡是否有白手起家或傾家蕩產的故事？

4. 你是否有任何家族成員罹患嚴重的生理或心理疾病？是否有任何父母早逝，或是孩子早夭？你的家族如何面對這些死亡與人生難題？

5. 往前回溯兩代，家族中有哪些傑出人物和敗類？

6. 你的家族是否有某種宗教傳統？如果有的話，它是否帶來了正面影響、負面影響，抑或是其影響介於兩者之間？這種傳統是否隨著世代更迭而改變？

7. 在你的家族裡，是否有各種疾病、死亡、離婚、繼父母或領養孩子的問題？

8. 在追溯你的家族歷史時，是否還有其他獨特、不尋常、令人困擾，或振奮人心的部分？

實作練習：你的家族命題

在你的三代家譜圖中，有哪些重要主題？請列出和你的家族故事有關的部分，並且探究有哪些看法與觀念可能源自於這些人生經驗。在你目前的人生裡，這些主題是否正在上演？

常見的主題包含：

● 愛情（相愛、失戀、單相思、禁忌之愛、欠缺愛情）。

● 死亡與失去、悲傷與震驚、被留下來的人（通常是孩子）、面對與復原。

- 找尋真實自我（這通常意味著反抗傳統、決定離家，以及不願意遵循慣例）。
- 權力、金錢，以及面對得失；正直、墮落與剝削。
- 在饑荒、迫害、虐待、疾病中，或失去摯愛後存活下來。
- 勇敢面對逆境。
- 各種偏見、種族歧視、性別歧視或霸凌。
- 戰爭、遷徙、失業、生存。
- 疾病、憂鬱症、成癮行為、心理創傷、意外事件。
- 創造力、勇氣、韌性，以及排除萬難、努力活下去。

6

過去的故事

故事宛如羅盤與建築藍圖——我們依靠它們航行；我們根據它們，
為自己構築牢籠與庇護所。少了故事，我們將在廣大世界中迷途，
就像身處北極，在無邊無際的凍原與海冰之間迷失方向一樣。

——節錄自蕾貝嘉·索尼特，《遙遠的近旁》

　　美國劇作家威爾森（August Wilson）在舞台劇《圍籬》中，講
述一九五〇年代一位垃圾清運人員特洛伊的故事。特洛伊和妻子蘿
絲、兒子柯瑞住在賓州匹茲堡。柯瑞被大學的美式足球隊錄取，特
洛伊卻拒絕在同意書上簽字，父子因此發生爭執。柯瑞當面質問父
親，為什麼從未喜歡過自己，特洛伊回答：「喜歡你？到底是誰
說，我應該要喜歡你？有哪一條法律這樣規定嗎？」

　　在柯瑞的眼裡，他看到的是冷酷無情的父親，父親不喜歡
他、不信任他，甚至輕視他。這個年輕人心生怨恨，最後他們因
此打了起來。隨著故事的發展，我們發現，特洛伊曾經是位很有
天賦的棒球員，那時的他無法在棒球生涯上取得進展，因為直到
一九四七年以前，黑人球員都不得加入大聯盟。他的夢想不可能實
現，這令他傷心欲絕。

從特洛伊兒子的角度來看，他是個刻薄、愛潑冷水的父親，但仔細深究後就會明白，他不希望兒子像自己一樣經歷那種心碎。即便現在已經過了一個世代，黑人很有機會在美式足球領域獲得成就，特洛伊還是沒有理性思考，反而根據他過往的故事來做出反應。特洛伊的行為對他的兒子造成了傷害，他甚至沒有試圖理解目前的狀況。但倘若柯瑞能了解特洛伊反對他加入球隊的理由，他也許就會明白，父親的憤怒和那些喪氣話根本與他個人無關。

設法了解家族的各種優勢與困境，不僅可以幫助你理解過去所遭遇的某些痛苦事件，同時也能使你明白，那些曾經讓你以為自己出了什麼問題的訊息其實「完全與你無關」。你的家族成員心中有某些未化解的傷痛，它們才是這些痛苦事件的根源。你會在目前的感情裡繼續抱持這種想法，直到對它們有所察覺，然後就可以選擇改變這樣的模式。

假設柯瑞後來的結婚對象生來就不相信事情會順利發展，所以有天他興奮地分享自己有機會在工作上取得重要升遷，她的回應是：「嗯，不要抱太大的希望。」他會如何解讀這句話？他也許會心想：「因為她生性謹慎，我不會把這當成我自己的問題。」或者他會這樣想：「為什麼她不相信我？她不覺得我能做出任何正確的事。」最有可能的是，過往的歷史將他導向後者——把妻子的小心謹慎視為對他自我價值的再度打擊。

我們的家庭關係是我們最早的模範，教導我們怎麼和親近的人互動。如何去愛、與他人建立連結以及處理衝突，成了我們依循的藍圖，雖然我們不見得意識到這一點。我們也許會刻意改變自己的某些經歷，或者是不停複製，無論如何，很多人都在不知不覺中把所學到的各種健康、不健康的互動方式，傳遞給我們自己的家庭。

為了幫助你持續了解自己為何會變成今天這副模樣，以及不

想再讓哪些模式在感情裡不斷重演，所以本章會仔細探究你的童年經驗和參與其中的人。

找尋平衡點

作為一位治療師，在聽他人談論童年時，我都會特別注意兩種警訊：「這糟糕透頂」或「這完美無缺」。在這兩句話之後，我總是預期聽到「但同時……」這樣的字眼。換句話說，一個人的缺點可能同時也是他的優點，反之亦然。以下這些例句在描述家人時都使用了「但同時……」，用來表達更貼近現實的觀點：

「我父親對我很嚴厲，『但同時』他也是一位深受愛戴的校長。他對學生很溫柔，在家裡不會展現出這一面。」

「我母親不是特別溫柔，『但同時』她也非常有智慧。直到今天，她依舊在日常生活中給我很大的幫助。」

「我姐姐非常聰明，帶給我很多啟發，『但同時』我也在她的陰影下成長。」

「在認識的人當中，我阿嬤是最無私慈愛的人。『但與此同時』，要照顧她，並聽她陳述那些無止境的焦慮與擔憂，也是很令人厭煩的事。」

家譜圖讓我們得以用更客觀的角度來看待家族成員犯過的錯誤，因為他們都是複雜的人類，而我們的童年也不完美。這麼做就能充分理解自身的優勢與困境。

仔細研究你的父母親

現在，你必須仔細研究這兩個影響你最深的人。

實作練習：了解你的父母親

　　請回答下列和你父母親有關的問題。就像前一章一樣，如果你不知道某些問題的答案，可以考慮詢問其他家人。談論這些事可以帶來很大的啟發，同時也能使你和這些談話對象之間的關係變得更緊密。若你有同性父母、養父母、祖父母參與養育，或父母親身分不明的情況，抑或是在成長過程中，有其他人扮演家長的角色，為了忠實反映你的家庭狀況，你可以自行調整這些問題。

1. 你的父母親是怎麼認識的？他們之間是否曾經有過浪漫的故事，故事裡充滿了愛與希望？你對這一切有多少了解？
2. 當你出生時，你父母親的人生中發生了什麼事？
3. 在你之前，你的父母親是否已經有了其他孩子，或者你排行老大？以這樣的排行長大是什麼感覺？
4. 你覺得你的父親會說，他人生中最大的喜悅與失望分別是什麼？
5. 你覺得你的母親會說，她人生中最大的喜悅與失望分別是什麼？
6. 在爭吵結束後，你的父母親會如何向對方表達愛意、和好，以及試圖說服對方？
7. 他們沒有待在一起時，是否會提及彼此？
8. 你從母親身上學到最重要的事是什麼，以及你對她有什麼期待？
9. 你從父親身上學到最重要的事是什麼，以及你對他有什麼期待？
10. 看到你父母親之間的關係，讓你對愛情產生了什麼樣的想法？

兄弟姐妹的影響

手足關係對一個人「自我概念」的影響往往比親子關係來得更大。舉例來說，莎拉有個大她一歲半的姐姐——茱莉。茱莉不太喜歡莎拉，甚至可以說是很明顯地忽視這個妹妹。莎拉一直設法討好姐姐，但從來沒有成功過，茱莉不僅無視於莎拉不斷示好，還把莎拉送給她的小禮物隨便丟掉。莎拉認定這全都是自己的問題，因為茱莉在各方面似乎都比她優秀——更漂亮、更聰明、更受歡迎，而她的排斥似乎更突顯了莎拉的不足。

因此，莎拉經常覺得沒有自信，同時也渴望她的朋友、導師，還有一般的女性長輩能接納她。每當有女性想跟莎拉交朋友，或在工作上稱讚她，她都不相信她們是真心的。她不停懷疑自己，並且自我孤立。

有一天，已經四十幾歲的莎拉在拜訪姐姐時鼓足勇氣，和她談起她們共同的家族歷史，令人驚訝的是，茱莉竟然很歡迎這樣的對話。莎拉詢問茱莉對她們的童年有何記憶時，茱莉說小時候她一直很沮喪，所以很少回想那時候的事。莎拉沒有讓話題就此打住，提到以前覺得自己被排斥，以及她認為姐姐不太喜歡自己。茱莉說她一直覺得莎拉很快樂，是個自由自在、富有冒險精神的孩子，因此很嫉妒，這個回答讓莎拉非常震驚。

莎拉來找我接受治療時，她告訴我：「在某種程度上，我曾經堅信的人生故事根本就不是真的。」

實作練習：兄弟姐妹之間的互動

如果你有兄弟姐妹（包含同父異母或同母異父的兄弟姐妹，以及領養的兄弟姐妹），請回答下列和他們有關的問題：

1. 在你的人生中，你的兄弟姐妹有多重要？他們為何很重要

（或不那麼重要）？請描述一下小時候和每個兄弟姐妹之間的關係。

2. 在這些兄弟姐妹之間，是否曾經有任何特殊合作關係或衝突，這樣的合作或衝突對你產生了某種影響？

3. 當你或兄弟姐妹需要幫助時，你做了些什麼事？你的父母親（或你的兄弟姐妹）又是如何面對孩子們的求助？

4. 若你沒有兄弟姐妹，請描述一下，身為獨生子女對人生有何影響。請務必列出你作為獨生子女的各種優勢與挑戰。

那些我們告訴自己的故事

就像莎拉一樣，我們所有人都會告訴自己某些故事，例如我們是怎樣的人、別人怎麼看待我們，以及為什麼會發生某些事。這些故事有很多都變成了我們的人生故事，我們會不斷重播同樣的場景，同時根據自己對童年經驗的詮釋來填補故事裡的空白。此外，也會依據自身過往的歷史來解讀新的人生經驗，並且將不符合這套論述的資訊刪除。

我在大學教授人際溝通技巧時，都會先要求學生寫下他們對以下這件事的解讀：

你走在學校附近的一條街上，看見某位高中同學正朝你走來。當你抬起頭、正準備對他微笑時，卻發現他就這樣穿過馬路，完全沒有注視你，這是因為……

然後，我會請他們完成這個故事。大家的答案總是天差地遠──這個人就這樣穿過馬路是因為：

「她從一開始就沒有喜歡過我。」

「高中時，他一直都是個勢利眼。」

「她很沮喪。」

「他剛發現自己得了不治之症。」

很少人會回答「她沒有看到我」或「我不知道」。身為人類，我們會急切地想要弄懂發生在周遭的事。為了做到這一點，我們會自行填空，總是試著藉由某套論述來理解我們的人生；我們會持續在心裡編織，並修改這個故事。

我們還小的時候會試圖找理由解釋各種痛苦事件，而且通常會為此責備自己。然後，長大成人的我們依舊抱持這樣的想法，並不停對自己發送這些訊息：

「我比不上○○。」

「我的需求異於常人。」

「我的需求不重要。」

「我只有孤單一人。」

「我出了某種問題。」

「我無法把事情做對。」

「犯錯很危險。」

事實是，這些痛苦事件與我們個人無關；父親的憤怒、母親的焦慮，或是姐妹的排斥並不是我們造成的，但我們往往「感覺」就是如此。這些故事對我們的人生與各種人際關係產生了深遠的影響。它們影響我們如何看待這個世界，以及做出各種決定，像是從怎麼花錢，到如何實現（或放棄）我們的夢想。同時，這些故事也會大幅影響我們和伴侶的互動方式。

小時候的莎拉在姐姐茉莉旁邊覺得自己像個隱形人，長大後的她在兩年制的社區學院教生物學；她不僅是一位十分稱職的老師，同時也非常受歡迎。她的伴侶山姆也在同一個領域擔任教職，有一年他贏得了「年度教師」的獎項。在其他人面前，莎拉表現出

對山姆的成就感到以引為傲,但她卻暗自告訴自己,這表示她永遠都只是第二名。

保持正念的態度可以幫助我們留意自己如何透過童年的有色眼鏡,來解釋那些令人痛苦、失望,甚至是開心的事。若你正在經歷困境,並發覺自己正在自我貶低時,請想辦法這樣做:

1. 注意這種說法背後的故事。
2. 接納這個故事,然後帶著好奇心去觀察它、不帶任何批判。
3. 當你在告訴自己這個故事時,請把它勾起的情緒寫下來。
4. 最後,請問問自己,你能否用其他說法來解釋為什麼會發生這件事,或者某個人為何會用某種方式回應你。

愛與連結

二十多年前,內布拉斯加大學和阿拉巴馬大學的研究人員發現,強而有力的家庭具備六項關鍵特質。他們發覺這些家庭裡的人都:

- 經常表達感謝與愛意。
- 對彼此十分忠誠。
- 會一起度過有意義的時光。
- 能有效地應付壓力與各種危機。
- 擁有共同的價值觀與道德觀,並且在精神上感到幸福。
- 具備積極有效且相互尊重的溝通模式。

實作練習:各種表達愛意與施加控制的模式

請看一下上述六項特質,然後以1～5分為各項特質評分,藉

此衡量在你的原生家庭裡，這些特質孰強孰弱（1分最弱、5分最強）。

我在下面另外列出一些問題，可以協助你針對各種表達愛意與施加控制的模式做進一步探究。在回答這些問題時，請盡量保持公平、客觀。重點不在於你是否喜歡某些家庭成員、在成長的過程中遇到某些問題，或贊同他們做過的每件事。真正重要的是，你可以藉這個機會，客觀檢視你在童年時期習得的那些行為模式與處世方式；它們可能會對你目前的親密關係有所幫助或造成阻礙。

1. 你的家庭成員是否會透過言語、禮物、肢體接觸，或其他方式向彼此表示愛意？請描述一下，他們如何這麼做（或不這麼做）。

2. 他們是否對彼此信守承諾，並且在遭遇困難與取得成功時都相互支持？請舉出幾個他們彼此支持（或不支持）的例子。

3. 當待在比較大的族群裡時，他們是否會表現出團結一致的樣子？若是如此，請描述一下，那時的他們身處哪種群體（例如包含其他親屬在內的大家族、教會團體，以及大型社交圈），還有他們怎麼和這些族群中的人互動？如果他們只顧自己的事，而不融入這些群體，請形容一下那是什麼感覺。

4. 他們如何面對無可避免的困難、危機與損失？他們是否曾經尋求外界的支援（像是治療師、宗教領袖、其他長輩或指導者的協助）？

5. 在你的家庭裡，他們怎麼看待某些價值觀、道德觀，還有各種人生謎題？你的家庭是否信仰某種宗教？你的家人如何面對死亡之類的人生難題？（我要再次提醒，問題重點

不在於你是否認同或參與這種宗教。）

6. 你的家庭是否重視溝通？你的家人是否鼓勵你擁有自己的看法，並表達出來？請描述一下，他們怎麼表達情緒、應付衝突，以及對彼此表示愛意（或者他們如何不這麼做）。

7. 你的家庭成員怎麼面對道歉與原諒的問題？他們是否會在沒有直接處理某些問題的情況下，怨恨、埋怨彼此？或者他們會用更坦率的方式來因應無可避免的衝突？請描述一下，你的父親和母親各自如何處理這些問題。

8. 你從你的家庭承襲了哪些優勢？

9. 在你目前的人際關係中，你希望改變哪些部分，以及要怎麼做出這些改變？

依附的力量

接下來，我要告訴你三個真實故事。

故事1：有個女人和四歲左右的兒子坐在公園長椅上。兒子看見地上有朵玫瑰，他將玫瑰拾起後遞給他的母親。她笑著接過玫瑰，並且向他道謝，接著她說：「可是為什麼你從來沒有說過你愛我？」

在「表達愛意」這件事上，這個男孩學到了些什麼？

故事2：有一家人在餐廳裡用餐。他們的三歲女兒把長頸鹿玩偶丟到地上，然後哭了起來，很顯然她累了在鬧脾氣。她的母

親將長頸鹿撿起來、拍掉上面的灰塵，再把它交還給她。小女孩繼續哭，並再次把它丟到地上，母親又把它撿了起來。這一次，這個孩子則使盡全力、大聲哭喊。此時，她的父親漲紅了臉，拍桌大吼：「不准哭，否則我會讓你更想哭！」當她哭得更凶時，父親粗魯地抓起小女孩夾在他的手臂下方，然後奪門而出。

在「面對惱人情緒」這件事上，這個孩子學到了些什麼？

故事3：七歲男孩很希望在二年級時，能讓某位特定的老師擔任導師。為了達成他的願望，母親竭盡所能，甚至還寫了一封信給校長。等到開學第一天，男孩非常沮喪地回到家，因為他的導師人選不如預期，而且所有同學都說這位是全校最凶的老師。母親勃然大怒，氣得在廚房裡直跺腳，然後打電話給朋友們，抱怨她繳了多少稅給政府，以及她的權利如何受到損害，因為她的兒子得到一位糟糕的老師。接著，有鄰居跑來他們家串門子，兩個女人就這樣一直聊到晚餐前，她們拼命感嘆「世風日下，人心不古」。這段期間沒有任何人跟男孩說話，直到他問母親：「『世風日下，人心不古』是什麼意思？」結果，他的母親厲聲說道：「管好你自己的事，你自己出去玩吧。」完全沒有人提及他對這位老師的感受。

在「支持他人」這件事上，這個男孩學到了些什麼？

如果你問故事中的這些父母親，他們是否愛自己的孩子，他們都會回答：「當然愛啊。」他們幫孩子買汽車安全座椅、帶他們去看牙醫，並且想盡辦法買他們最想要的腳踏車當生日禮物。但我

要再次重申，愛只是一種感覺，想擁有健康的關係則必須具備一套技巧。這些父母親都確實感受到自己對孩子的愛，但他們沒有人展現任何技巧。他們都竭盡所能地給予孩子關懷，而他們過去很有可能也是以這種方式獲得關愛。

有技巧的愛則不相同。擁有關愛技巧的父母親懂得在孩子感覺心煩時，幫助他們平靜下來；當孩子感到憤怒時，他們不會跟著生氣，同時也不會用自己的痛苦來壓抑孩子的痛苦。換句話說，他們已經具備相當高的情感智慧（我們將會在第十二章進一步探討這個部分）。

實作練習：你的故事

請回想幾個關於你自己的真實故事。

一個艱難的故事：請用一段話來描述某段痛苦且充滿掙扎的家庭經驗。從這件事可以看出，你的父母親（或其中一人）在感到苦惱時怎麼回應你。

一個開心的故事：請用一段話來描述某段正面的家庭經驗。請把焦點放在可以顯示你自身的優點、韌性，同時使獲得支持的你覺得被愛與理解的事件上。

依附風格：孤島、浪潮與船錨

在心理學裡，所謂的「依附理論」（attachment theory），是指我們目前的人際關係反映出，我們在嬰兒時期的主要照顧者以何種方式表達他們的愛。這套理論是由心理學家鮑比（John Bowlby）和愛因斯沃斯（Mary Ainsworth）在二十世紀末提出，並加以擴展。它將人類的主要依附關係分成三種「風格」：逃避型依附、焦慮型依附，以及安全型依附。就我個人而言，我很喜歡心理治療師

史丹・塔特金（Stan Tatkin）在他的著作《大腦依戀障礙》中對這三種風格的描述。在他的書裡，他最先用「孤島」、「浪潮」，以及「船錨」來形容世界上的這三種人。

孤島指的是那些有著「逃避型依附風格」的人。在年幼時期，他們的照顧者通常沒有空，或無法回應他們的需求。在成年之後，孤島型的人往往自給自足，而且活在自己的世界裡。孤島型的人具有以下特徵：

- 伴侶常覺得他們很冷漠、無法回應自己的情感需求。
- 當他們感到苦惱時，不會尋求協助。
- 當他們的伴侶索求過度時，他們會感到不知所措，因此疏遠對方。

浪潮指的是那些有著「焦慮型依附風格」的人。在成長的過程中，他們的照顧者通常並不固定，所以他們永遠無法真正知道，在某個特定時刻支持系統是否會待在身邊，或者自己能否獲得支援。在長大成人之後，浪潮型的人會變成這樣：

- 在感情的汪洋大海中四處尋找能讓他們緊緊抓住，並幫助他們上岸的一塊浮木。
- 伴侶可能會覺得他們對親密感「需索無度」，他們往往想要的比對方能給的還要多。
- 在感情裡不停地追逐。他們一直在注意伴侶是否正在閃躲，或沒有回應他們，然後就開始在對方身後追趕，並且向對方索討他們想要的親密連結。

船錨指的是那些有著「安全型依附風格」的人。在成長的過程中，他們擁有充滿關愛且留意自身需求的固定照顧者。船錨型的

人具有以下特徵：

- 他們不僅可以給予自己安全感，同時也能提供對方親密感。
- 可靠，能與他人合作無間。他們受到追逐時，不會覺得自己被侵犯；他們獨處時，也不會覺得被拋棄。
- 他們既可以讓自己平靜下來，也能從別人身上獲得安慰。

然而，在之後關於依附風格臨床分類的一篇文章裡，塔特金指出：

我們多數人都不會完全符合某種類別或分類。用《大腦依戀障礙》這本書中的術語來看，你可以把自己想成「像船錨一般」、「像孤島一般」，或「像浪潮一般」。這樣的「相似性」應該被理解為某種暫時的狀態，而不是永恆不變的特質，例如：「我昨晚表現得像浪潮一般」、「你有時表現得像孤島一般」，抑或是「在這段關係裡，我往往表現得比以前更像船錨」。

我希望這種觀念可以釐清「我是怎樣的人」這樣的問題——我認為，我們通常都處於某種「像○○一般」的狀態。

你追我跑

在親密關係裡，孤島型的人會避免和對方緊密地連結，而浪潮型的人則會拚命尋求這一點。這兩種人在一起時，就會上演「你追我跑」的戲碼：浪潮型的人總是努力接近他們的伴侶、避免自己被拋棄，這會驅使孤島型的人下意識閃躲，以免自己被對方吞沒。這種疏遠的舉動則會令浪潮型的人感到更孤單，於是繼續追趕。若這對伴侶缺乏覺察，這樣的追逐就會日趨激烈，同時雙方也會變得

越來越痛苦。

不過，好消息是，我們原有的依附風格並非我們最終的命運。只要努力培養覺察能力、增進關係經營技巧，伴侶雙方都能變成船錨型的人，他們不僅可以更安心依附彼此，也更能給予自己安全感。在探討衝突的第十五章裡，你會明白這種現象為什麼被視為一種「迴圈」，以及要如何擺脫「你追我跑」的循環。

實作練習：你的依附風格

雖然網路上有許多測驗能幫你判定自己的依附風格為何，不過也有很多人憑直覺就知道自己屬於哪一種。請回答下列問題：

1. 在這三種依附風格當中，哪一種最符合你的狀況？對你而言，這種依附風格有哪些特質感覺最熟悉？

2. 在成長的過程裡，當你感覺難過、害怕或憤怒時，你是否都會向你父母親中的一人尋求安慰？他又是怎麼回應你的需求？

3. 你是否覺得，擁有自己的需求，並且在其他人面前表現出脆弱的一面是可以被接受的行為？你會用哪些方式給予，以及獲得關愛？它們是否同樣使你感到安心、自在？

4. 你能否描述一下，在你的各種重要關係裡「你追我跑」的戲碼如何上演？在這些關係當中，是否有一方比較需要親密感，而另一方則比較需要獨立自主，因此導致某種不平衡的狀態？

5. 你可以培養哪些技能，協助自己成為一個船錨型的人？

思考

你從以上探討依附風格的部分學到了哪五件事？請寫下來。

共同練習：分享家族故事

你和伴侶都完成第五章和第六章的實作練習之後，請找一個雙方都有空，而且不會被打擾的時間。請先商量好你們要在這項練習上花多少時間，然後請努力完成。

請面對面坐著，然後向對方訴說你的家族故事——從最早的那一代一路講到父母親這一代。若你是聆聽者，請務必在不分析、不批評的狀況下聆聽，並做出回應。請特別留意你們的家族故事有哪些相似與相異之處。在這些故事當中，有哪些重要主題，還有你們的家族成員怎麼應付各種常見的人生困境。

你們可以用很多種方式來分享個自的家族歷史：

- 朗讀給對方聽、用比較輕鬆的方式陳述，或者將它畫出來。

- 在分享家譜圖與家族故事時，可以把它們當成以自己為主角的偉大小說作品，讓這段過程變得更有趣。在這些故事當中，有哪些角色很難相處，而你們所面臨的種種挑戰又是如何形成的？誰給了你們很大的幫助，鼓勵你們、相信你們，並且支持你們？你們曾經遭遇那些重大衝突，以及怎麼試圖化解這些衝突？

- 用神話或童話故事的形式把你們的故事說出來，比方說，可以這樣開頭：「很久以前，有個孩子出生在海邊的一座城市裡……」在講述這些故事時，不要把自己當成故事的主角。你們是「人類普世」故事的訴說者，這些故事充滿了愛與困難、勝利與掙扎，以及絕望與希望。有時候，以不同的方式說故事，有助於用不一樣的角度來看待。

我們的過去如何在今天重演：從意象觀點來看伴侶關係

　　「意象關係治療」是指一九八〇年，由漢瑞克斯博士和杭特博士所建立的一套伴侶治療模式。這套治療模式是以這樣的概念作為基礎：你在童年時期的種種經驗與感受，會在成年之後的親密關係裡再度顯現出來[2]。舉例來說，若小時候經常被父母親忽視、指責或羞辱，長大成人之後，你很有可能也會經常覺得伴侶用同樣的方式回應你。

　　然而，當你努力挖掘這些童年創傷時，如果再次被這些過往的傷痛（而不是感情裡實際發生的事情）刺激到，你就會開始發覺這一點。最重要的是，你的伴侶也可以學著察覺這些「激痛點」（trigger point），表現出更多同理心，並盡可能地避免戳到你的這些痛點。當然，你也會學習如何對伴侶這麼做。

實作練習：了解你的「形象配對」（Imago Match）

　　這項練習借自漢瑞克斯博士和杭特博士的意象關係測驗（已經取得他們的同意）。

　　請在以下這個圓圈中填入資訊：在圓圈的左側（a）列出這些人（包括你的父母親、重要手足，以及其他小時候影響你很深的人）的所有正面性格特質。請把這些人的正面特質都放在一起，不需要個別分類。請用一些簡單的形容詞或詞彙來形容這些特質，例如「聰明伶俐」、「溫柔友善」、「信仰虔誠」、「富有耐心」、「充滿創造力」、「充滿熱情」、「總是陪伴著我」、「穩重可靠」等。

　　在圓圈的右側（b）列出他們所有的負面性格特質。這些特質可能包含了「內心充滿矛盾」、「放蕩」、「粗暴」、「易怒」、「古怪」、「容易緊張」、「對他人卑躬屈膝」、「小氣吝嗇」等。請記

得，一個人的缺點通常是因為他的某項優點做得太過頭所導致，能察覺這項特質比了解它怎麼影響你更重要。

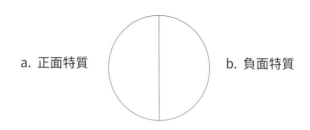

a. 正面特質　　　　　　　　　　b. 負面特質

請在圓圈中最好的三項特質底下畫線，並將最糟糕的三項特質圈出來。接著，請完成下列問題：

- c. 小時候的我最想得到，卻沒有獲得的東西是？
- d. 小時候的我一再出現什麼樣的負面感受或想法？
- e. 請列出童年時一直令你感到沮喪的事，還有你怎麼回應這些事。

範例：

令我感到沮喪的事	我的回應
我的母親很憂鬱。	我試圖安慰她，並且不要惹她生氣。
我的哥哥忽視我。	我成了愛捉弄他的討厭鬼。
覺得自己不如哥哥、姐姐。	被迫接受自己不如人、經常拿自己和別人比較、不會直接與人競爭。
我的母親過度保護子女。	把事情藏在心裡、變得守口如瓶。

---

2. 根據「意象關係治療」的理論，個人在童年時期所塑造出來的父母「形象」（Imago），會在成年之後成為選擇配偶的基準。在「意象關係治療」中，伴侶雙方會藉由療癒自身的童年創傷與未竟事務，使伴侶關係獲得改善。

令我感到沮喪的事	我的回應
我的父親很獨裁。	遵守規定卻心懷怨懟、痛恨權威。
家庭生活很混亂。	在這個世界尋找規則與明確的定義。
小時候經常覺得自己被指責。	總是覺得別人會批評自己（即便沒有人這麼做），而且很快就把一切都當成別人的錯。

實作練習：你的「未竟事務」

請用前面意象關係測驗的答案來完成下列問題：

1. 我這一生一直在尋找擁有這些特質的人（請填入a的答案）。
2. 當我和這樣的人在一起時，這些特質讓我感到困擾（請填入b的答案）。
3. 我希望這個人可以給我（請填入c的答案）。
4. 當我的需求沒有獲得滿足時，我會覺得（請填入d的答案）。
5. 因此，我經常用這種方式回應（請填入e的答案）。

分享

請和伴侶面對面坐著，然後輪流將你們的答案大聲唸出來。是否有任何事令你們感到熟悉？你們的「未竟事務」是否反映出這段感情的狀況？在這項練習裡，請注意不要批評或批判對方的反應。在分享的過程中，你們不只是在交換資訊而已，也是在學習如何使對方感覺安心。接納與同理心能帶來安全感，你們可以透過這些練習來培養這樣的技能。你們從這項練習裡發現了些什麼？

實作練習：重新建立你的伴侶形象

請找一張伴侶小時候的照片，這張照片要能展現出你最喜歡他的特質，比方說你的伴侶是否很逗趣、勇敢、充滿好奇心、富有冒險精神？把它擺在你每天都能看到的地方，不論是隨身攜帶的皮夾內、存在手機裡或貼在冰箱上都可以。你可以藉由這種方式了解你的伴侶，並保有你的同理心。你對伴侶那些基於童年經驗使然的激烈反應將因此減少。也請伴侶找一張你的照片，並且體驗同樣的過程。

因為這些模式多半存在於我們的潛意識裡，意象關係治療的目標在於，透過各種練習幫助我們察覺並理解這些模式，同時對伴侶和我們自己懷抱同理心。藉由「你的未竟事務」和「重新建立你的伴侶形象」這類帶來深刻啟發的練習，感情裡的權力爭奪也能讓兩個人逐步邁向更圓滿的愛。

九型人格：我現在是怎樣的人？

九型人格不是為了把你放進某種框架裡，而是要幫助你了解被何種框架局限，並且引導你跳脫其限制。

——戴爾·羅茲（Dale Rhodes），
諮詢機構「九型人格—波特蘭」管理者

　　前面已經探討了家族歷史，以及我們告訴自己的那些故事有何影響，要知道這些舊有的觀念雖然感覺像是事實，卻不見得正確。在清楚掌握過去如何影響我們之後，就能開始透過自身的性格來了解自己，這樣一來就可以繼續探索這些「人生大哉問」：「我是怎樣的人？」「我為何會做這些事？」「我為什麼和其他人如此不同？」「我為何和其他人如此相似？」

九型人格

　　人格分類系統對了解人與人之間的合理差異很有幫助。在進行「伴侶治療專訓」（couples retreat）時，經常會使用「梅爾—布雷格斯性格分類指標」[3]和「DISC性格測驗」[4]之類的分析，能使

伴侶們得以理解，為什麼每個人會對人生、衝突、怎麼解決問題，還有各種誘因做出不同（或類似）的反應。

對我而言，這些人格分類系統當中，九型人格（Enneagram）是最實用的一種，多年來一直在我的「愛情技巧」課程裡使用。在上過這門課許久之後，有很多伴侶和個案都跟我回報說，九型人格這項工具對他們有非常大的幫助。讓他們明白，兩個人之間的差異不僅很合理也很珍貴，並學到了很重要的一課：我們和伴侶之間存在各種差異，這件事本身並沒有錯。

九型人格以各種古老智慧作為基礎，並綜合來自基督教、伊斯蘭教、猶太教、希臘哲學，以及世俗思想家的靈性與哲學傳統。九型人格圖是九角星圖，將人類性格精闢地劃分為九種。

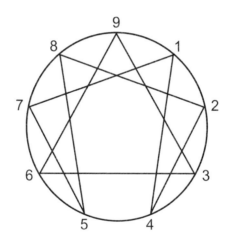

---

3. Myers-Briggs Type Indicator，簡稱MBTI，是根據心理學家榮格的理論所發展出來的人格分類模型，這項指標將人類性格區分為十六種類型。

4. DISC Assessment，由美國心理學家馬斯頓（William Moulton Marston）所創建的人格分類測驗，將人類性格分為「掌控型」（Dominance）、「影響型」（Influence）、「穩定型」（Steadiness）和「謹慎型」（Compliance）四種。

（「Enneagram」這個字源自於希臘文的「ennea」和「gram」，這兩個字分別意指「九」和「圖形」。）某些研究者認為，他們在四千年前的文本中就發現了關於九型人格的資料。從那時起，就有許多人用現代科學的方法進行廣泛研究，以此證明，九型人格測驗這項了解人類行為的工具既有效又準確。

這套系統將人類的思考、感受，還有感官體驗模式明確地區分為九種，並且直接以數字一到九來命名。這裡刻意使用「模式」這個詞，是因為每一種人格類型都不是各自獨立的「性格策略」（character strategy），而是同時涵蓋了好幾種。這九種類型全都互有關聯，我們的身上也都具備這九種類型的元素。儘管在這當中，有某一種類型是我們應付日常生活時的主要策略，我們往往會在面臨壓力時變成別種類型，在放鬆與健康成長的狀態下又變為另一種類型。比方說，在正常情況下，一個二型人會使用第二型的性格策略。他在面臨壓力時會變成第八型，在放鬆時則變為第四型。由此可見，你個人的九型人格類型是由這樣的「三點模式」所定義出來的。

我們常以為其他人都跟自己一樣，我們下意識認為所有人都用同樣的角度看待這個世界。所以發現某個很尊敬、很在乎的人，像是戀人、朋友、家族成員對事情抱持不同的看法，我們往往會感到很吃驚。這些分歧多半源自於一個沒有意識到的潛在核心問題：「為什麼你不是我？」

雖然我們確實知道這個問題很荒謬，在和他人相處時，還是經常覺得不滿，而且頻率出奇地高。「你為什麼不願意為我舉辦一場一百五十人參加的驚喜派對？如果你這麼做，我會非常開心。」「為什麼你不想跟我一樣，在這次旅行途中就開始規劃下一趟冒險之旅？」

所謂的圓滿代表的不只是找到完整的自己，同時也意味著原原本本地接納他人。我們必須明白這個既簡單又困難的事實──你不是我。

接納伴侶和自己有所區別，不僅能消除在面對歧異時的痛苦與憤怒，也可以讓各種重要關係變得更穩固。所有人都渴望自己的真實樣貌能被別人看見與肯定。在一段感情的初期，我們通常會覺得對方「非常了解我」，探索九型人格則讓你用更深刻的方式來重新「了解」對方。研究彼此的九型人格類型能協助你們理解雙方的世界觀、各種困境，以及你們為對方，還有廣大的世界帶來哪些美好。

在這樣的過程中，你們或許不會再那麼介意兩人之間的歧異，並且對這些差異變得更仁慈與寬容，同時也能更自在地自我解嘲。

實作練習：你的九型人格類型

你的九型人格類型可能很難判定，因為很多類型之間都有相似之處。不少書籍和網站都提供優質的測驗方法，因此可以得出最準確的結果，我建議你用它們來研究哪一種九型人格類型最符合你自身的狀況。請先進行其中一項（或多項）測驗，然後請伴侶也進行這些測驗，就算對方沒有一起閱讀這本書也無妨，因為了解彼此的人格類型對你們會有非常大的幫助。接著，請回答以下問題，你就能開始了解這套深奧的系統如何運作。

1. 九型人格測驗顯示，我是 _____ 型人。
2. 我做了不只一項測驗，其中某些測驗顯示，我也是 _____ 型人。
3. 這個類型感覺和我的狀況相符的地方是？

4. 這個類型感覺和我的狀況不符的地方是？
5. 根據九型人格測驗，我的伴侶是 _____ 型人。
6. 某些測驗顯示，我的伴侶也是 _____ 型人。
7. 這個類型感覺和我伴侶的狀況相符的地方是？
8. 這個類型感覺和我伴侶的狀況不符的地方是？
9. 到目前為止，我還注意到哪些事情？

運用和九型人格有關的知識

　　了解九型人格類型，並不是為了合理化自己的負面行為，藉口宣稱：「我們三型人就是這樣啊！」九型人格代表的不是我們永恆不變的特質，而是慣有傾向以及成長的潛力。九型人格的目的不在於把自己或伴侶放進某個框架裡，而在於辨別我們有哪些潛意識模式，並且學習怎麼擺脫這些限制。換句話說，九型人格的真正重點在於，讓你察覺並捨棄那些沒有幫助的行為，同時充分理解你的人格類型賦予哪些優勢與可能性。

　　我在後面列出關於每一種九型人格類型的簡短描述、我們的主要性格模式對我們的各種人際關係有何影響，以及伴侶雙方要如何避免那些沒有助益的模式。如果你想知道，特定的類型配對具備哪些優勢，以及會面臨哪些挑戰，我推薦你閱讀兩本書：《尋找靈魂伴侶：從九型人格解析人際關係》以及《性愛與九型人格》（*Sex and the Enneagram*）。此外，在專門探討性愛的第十四章中，我們也會再次借助九型人格的幫助，研究這會對我們的性生活造成什麼樣的影響。

第一型：理想主義者

這個類型又稱為「改革者」或「完美主義者」。

一型人具有崇高的道德標準、認真盡職、負責、值得信賴。他們會花心思使自己、周遭的人，還有這個世界變得更好，當他們處於最佳狀態時，能成為道德模範、做出正確的判斷，並努力朝他們的理想邁進。

然而，一型人也可能缺乏彈性、喜歡批評與控制（包含自己和他人，以及那些無法達到他們嚴苛標準的狀況在內）。他們經常自我批判、對各種批評很敏感，並且希望被當成「好人」看待，但他們那種「要求盡善盡美」的標準往往不可能達成。

給你的感情建議：身為一型人，明白你無法掌控別人的看法或行為是很重要的一件事。雖然伴侶和你抱持不同的觀點，但這些想法可能和你的看法一樣合理。你應該把注意力放在進行順利的地方，和伴侶一起享受當下。請試著對伴侶的不同意見懷抱同情與好奇心，而不是馬上做出防衛反應。你越能理解自己，並接受生命的不完美，就越容易接納別人的錯誤。

給伴侶的建議：若你和一型人在一起，必須盡可能協助伴侶學會將不完美視為人類很自然的一部分。請鼓勵一型人善待自己，並強化對方的優勢，也因為他們對批評很敏感，請特別留意，你可以抱怨伴侶的「某個行為」，但不要批評到個人。多逗伴侶開心，在他們嚴肅、吹毛求疵的外表底下，隱藏著一顆充滿幽默感、熱愛生命的心。當一型人允許自己放手時，就能把這一面表現出來。

第二型：給予者

這個類型又稱為「助人者」。二型人以人際關係為重心，把注意力放在別人身上。他們富有同理心，樂於提供支持與照顧，總是願意伸出援手，並將他們的愛表達出來。當他們處於最佳狀態時，會無私、忘我地付出。

然而，二型人之所以希望自己被視為慷慨大方、充滿關愛的人，是由於他們相信自己的價值取決於付出多少。因此，二型人可能會下意識地討好他人，有時甚至會因為堅持要提供協助而令人感到困擾。他們往往會忘記照顧自己，或承認自身的需求。

給你的感情建議：在照顧伴侶的同時，也請記得照顧自己。不要把你自身的需求擺在一旁，因為那些沒有好好照顧自己的人最終會在壓力下崩潰。請問問你的伴侶真正需要的是什麼，還有對你們兩個人而言，哪些行為「做得太過頭」。最後，請不要否認伴侶也有能力照顧你，在付出之餘，也請學習體會接受回報的喜悅。

給伴侶的建議：如果你和二型人在一起，請特別留意伴侶有何需求。二型人往往會為了照顧你而忽略自身的幸福。你必須溫柔地提醒對方「你」可以照顧自己，同時也鼓勵他們這樣做。請鼓勵伴侶多說「不」，並且對此予以稱讚。請經常感謝他們的關心、支持以及慷慨付出，同時不忘提醒你也非常在乎他們是怎樣的人、「他們自身」有什麼需求。

第三型：實踐者

這個類型又稱為「成就者」。三型人只在乎個人的成功與成就，他們目標導向、「幹勁」十足，而且不管從事任何事務通常都

能勝任。他們樂觀進取，最喜歡的詞彙是「完成」。他們處於最佳狀態時會追求真實，並在「行動」時懷抱一顆真誠的心，能鼓舞、感染身邊的人。

然而，三型人之所以注重地位與外在肯定，是因為深信成為一個成功且有效率的「行動者」才能讓自己變得有價值。這意味著，三型人可能是工作狂，不在意自己和他人的情緒，會過度迎合他人的期待。同時，他們也可能太過爭強好勝且自負虛榮。

給你的感情建議：請務必確保你沒有忽視伴侶的需求，因為你會為了達成自己的目標而不顧一切。此外，感情不是一種征服，其重點也不在於「表現」或成為「最好」的伴侶。不要為了營造美好的表象而掩蓋問題，請花點時間關心你自己的情緒，並用心和伴侶建立真誠的連結。你不必令伴侶印象深刻，只要做自己就好。理解你的優勢在於「接納自身的存在狀態」，而不在於「拚命做個不停」，這才是你真正要做的功課。

給伴侶的建議：如果你和三型人在一起，請鼓勵伴侶留意自身的情緒，盡量向你傾訴心情。你必須告訴三型人，你在乎的不只是他們完成了什麼事、有多忙碌，而是他們是怎樣的人。因為三型人往往會對自己的事業與成就十分憂慮，請提醒伴侶放慢腳步，並體會過程中的樂趣，而非執著於要完成某項任務。與此同時，也請讓對方知道，你對伴侶本身和其各種成就感到非常驕傲。

第四型：浪漫主義者

這個類型又稱為「自我者」。四型人情感極為豐富，經常自我反省，而且充滿創造力，能深切感受周遭的事物。他們會在感情

裡尋找深刻的意義。他們處於最佳狀態時具有強大的韌性，往往可以把自己遭遇的困境轉變成帶來啟發的音樂與藝術作品，以及充滿靈感、觸動人心的詞句。

自身的獨特性是四型人價值感的來源，但他們也可能很戲劇化，而且容易感到憂鬱。他們的內心充滿了某種渴望，經常注意自己所沒有的東西，像是某些錯失的機會，抑或是其他人看似更美好的感情。他們經常發覺自己很羨慕別人，同時也對自己感到失望。

給你的感情建議：你很有可能時常沉溺在自己的情緒裡。這不見得是件壞事，只要你經常從中抽離出來，並多加留意人生中順利的部分就好。請注意你是否又沉浸在某段悲傷的陳年往事中自怨自艾。你可能很擅長和伴侶分享心情，但也請抽空問問對方有什麼感覺。雖然伴侶不見得像你對情緒這麼敏感或感興趣，但你還是應該要關心一下對方的感受。在追尋與眾不同的過程中，請記得，所有的感情都會經歷「平凡」的階段，這並不代表你們之間出了什麼問題。

給伴侶的建議：四型人通常都非常在意自己的情感，所以請務必認可並尊重他們。要讓四型人明白你真的「懂」他們，就是不要輕視他們內心的那種渴望，但同時你也學會不把這件事太放在心上。當你懂得如何退一步思考，就會更欣賞伴侶的纖細敏感、創造力豐沛和誠摯情感。練習感恩對你們雙方都很有幫助。

第五型：觀察者

這個類型又稱為「探索者」。五型人理性、好奇心強，而且獨立自主。他們往往會抽離情感，從旁觀察，並選擇保有隱私，把

心力花在累積知識上。他們喜歡蒐集資訊與探索未知的領域，通常會成為不同領域的專家。當他們處於最佳狀態時，是富有遠見的先驅者，具備發明能力、冷靜，能深刻透澈地洞察一切事物。

在感受到壓力、覺得自己很脆弱時，他們害怕自身無助、無能的基本恐懼就會浮現出來。這就是為什麼五型人希望了解每件事，並且經常自我孤立的原因。五型人不會輕易察覺或表露他們的想法與情緒。

給你的感情建議：不要害怕和你的伴侶建立情感連結。你感覺不自在或不願意敞開心扉，不見得代表這麼做很危險。請強迫自己分享更多的個人體驗與感受，並學著察覺伴侶的情緒。

給伴侶的建議：你必須了解五型人需要私人空間，所以請不要對此耿耿於懷，而是容許對方一個人獨處。若伴侶選擇不把看法或需求表現出來，也請接納這一點。與此同時，請設法用一些巧妙的方式讓五型人明白，你很重視他們的感受，而且了解他們的內心對「彼此」都很有幫助。請特別留意伴侶如何表達關愛，別忘了，對方和你一樣擁有深刻的情感。

第六型：懷疑者

這個類型又稱為「忠誠者」。六型人對伴侶、朋友以及信念都非常忠實。他們溫暖、幽默風趣，而且值得信賴。他們誠實可靠、極其勇敢，同時也對他人抱有同樣的期待。此外，六型人也很小心翼翼，總是擔心事情會出錯、害怕受到威脅，所以往往會把注意力都放在對危險的感知上。這樣的危機意識可能會導致他們變得多疑、缺乏彈性，並且對權威抱持矛盾心態。從一方面來看，為了

感到安心，他們希望能相信某種權威，但從另一方面來看，他們又同時會質疑權威。他們會為了最糟糕的狀況預做準備，試圖藉此獲得安全感。

給你的感情建議：雖然你可能更容易感到不安，但是必須記得，所有人都會有不安全感。察覺你對伴侶產生懷疑時，請問問自己，這種懷疑只是下意識反應，還是因為某項實際證據使然。請竭盡所能地對你的擔憂與懷疑懷抱悲憫之心。你得賦予自己力量，並且相信自己的各種感受。外在世界沒有絕對的「安全」，而權威（也就是力量）必須來自你的內心！

給伴侶的建議：若你和六型人在一起，請言行一致，讓伴侶可以信賴。你得信守承諾，因為失信會使六型人陷入絕望。你必須了解他們往往多疑且猶豫不定，所以請充分說明你的各種行為與感受，甚至要做到比平常還要仔細的程度。不要因為伴侶的懷疑而感到慌張，你得學著理解這些懷疑從何而來，同時不見得要把它們放在心上。你應該要欣賞伴侶忠實可靠的特質。

第七型：享樂主義者

這個類型又稱為「熱情者」。七型人活力充沛、愛玩，而且生產力高。處於最佳狀態時，想像力豐富的他們腦海中有許多新奇、有趣的點子，可以為周遭的人帶來刺激與歡樂。

七型人相信人生存在無限的可能性，但身邊的人經常會讓他們的潛能受到限制。因此，七型人會拚命地尋求享樂、體驗各種令人感到興奮的事物，結果使他們自己，還有那些試圖跟上他們腳步的人都筋疲力竭。此外，他們也時常覺得焦慮，七型人對快樂的追

求往往是基於不要感受到這些焦慮。由於不斷追尋新的體驗與刺激，可能會導致他們衝動行事、注意力分散，然後因為總是活動滿檔而耗盡精力。

　　給你的感情建議：對你而言，靜不下來是很正常的一件事，因此不要認為自己渴望嘗試新事物就表示你和伴侶出了什麼問題。你可以思考一下怎麼在這段感情裡找回刺激感。同時也請記得，你的各種新奇點子和計畫或許會令伴侶感到焦慮。請安撫你的伴侶，這一切是你豐沛的創意使然，以及你並不期望所有的想法都會獲得實現。

　　給伴侶的建議：伴侶通常會在你們還沒結束目前的旅行時，就開始規劃下一趟冒險之旅，請不要因此感到驚訝！在面對層出不窮的點子時，請抱持耐心與興趣，但你不需要覺得自己必須「答應」對方的每一項計畫。此外，也請記得，無比樂觀的七型人可能會將自身的脆弱，以及對放慢腳步、感受自身情緒的恐懼隱藏起來。請給他們足夠的空間能自在表達自己的恐懼。

第八型：保護者

　　這個類型又稱為「挑戰型」。八型人強勢、霸氣，往往會領導並保護周遭的人。他們充滿自信、意志堅強，而且經常運用自己的優勢來捍衛社會正義，同時為弱勢者提供保護。當他們處於最佳狀態時，寬宏大量、勇敢、具有英雄氣概。

　　然而，他們也可能會利用這些優勢來掌控、脅迫他人，以及挑起衝突。由於相信這個世界是不公平的，所以會尋求權力，有時甚至到了不健康的程度。如果他們不小心地進行控制、維護，就會

擔心自己受到傷害，或是被其他人掌控。他們經常否認自身的局限，而且敢於冒險，因為他們似乎無所畏懼（他們有時也認為自己確實如此）。

給你的感情建議： 你必須記得，柔軟也具有力量。表露真實情緒，並讓他人看到你脆弱的一面，需要花費一番力氣。請練習留意你強勢的性格會帶來什麼影響，同時學習如何聰明運用這樣的力量。伴侶如果自行找出最適合自己的事物，請你學著認可並信任對方。請特別當心，你往往會冒險做某些別人覺得很可怕的事；有時候也請試著把主導權交給其他人。

給伴侶的建議： 八型人很喜歡保護人，可以使你感到安心。但請不要因為伴侶生性強硬，就一味順從或保持沉默，你必須捍衛自己，並堅持自己的立場。若他們太蠻橫霸道或咄咄逼人，請務必讓對方明白這些言行對你造成了什麼樣的影響。請保持冷靜，並且在說話時使用「第一人稱陳述」，這樣他們就不會覺得自己受到攻擊。你不必要八型人收斂自己，因為這可能會讓他們感覺壓力特別大，但你必須鼓勵他們變得柔軟一些。如果伴侶試圖控制你的行為，你可以明確地請對方停止。請不要忘記，在愛逞強的外表底下，他們其實也是很脆弱的人。請讓他們得以安心地把自己的弱點展現出來。

第九型：調解者

這個類型又稱為「和平者」。九型人非常在乎如何避免衝突，以及維持和諧。當他們處於最佳狀態時，能夠接納各種觀點，同時協助弭平難以化解的衝突。

儘管九型人通常都很穩定、隨和、願意配合他人，有時也會變得過度自滿、優柔寡斷，甚至頑固——也許是因為他們為了維持和平而委屈自己所導致。九型人往往會用一些微不足道的小事來安慰自己，而不會直接處理那些令人困擾的問題；當他們嘴巴上說「好」時，其實往往並不贊同。從根本上來看，他們害怕自己不被愛或重視，所以會逃避衝突、盡可能避免麻煩。

　　給你的感情建議：請記得，你不需要為了維持和平，而對伴侶所做的或想要的每件事表示贊同。若你不同意對方的言語或行為，甚至因此感到惱火，請大聲說出來。如果你總是掩蓋一切，只不過是將這些問題延後處理，讓兩人的關係日益緊張，最後反而一發不可收拾，對這段感情造成嚴重的傷害。從長期來看，承認並重視你自己的想法與感受，同時直接面對問題，才是真正能維持和諧的方法。

　　給伴侶的建議：你必須養成習慣，經常詢問九型人有什麼需求與渴望，因為他們可能不常表現出來。九型人很少直接坦承自己的憤怒情緒，所以當你感受到他們的固執或被動攻擊的行為[5]時，請直接開口詢問。請給伴侶足夠的空間得以將內心的不滿表達出來。他們能容納各式各樣的觀點，並且顧全大局，你應該要欣賞這一點。

---

5. passive aggression，「被動攻擊」是心理學名詞，意指不直接表達負面情緒，而是透過不回應、表面順從、語帶諷刺、抱怨、敷衍、拖延等方式，讓對方感到惱怒。

「九型人格是一種工具，讓我們得以接納他人的真實樣貌，而不是我們希望他們變成的那種模樣，也就是『如果他們成為那樣的人，我們的人生會變得好過』。」

——節錄自庫恩，《九型人格的成長練習》

　　下方列出的問題可以幫助你透過九型人格的角度來研究自己，還有你們的感情。若你和伴侶一起進行這項練習，請先自行完成，然後再相互分享答案。請記得，這份學習單的重點在於尊重每一種看法。請學著聆聽，但不要批評、批判，或者太介意另一種觀點。

1. 關於我的九型人格類型，我對生活中的什麼事情有新的理解？
2. 我可以為這段感情帶來哪些優勢？
3. 當我感受到壓力時，很難應付哪些行為模式？
4. 關於伴侶的九型人格類型，我對於他有什麼新的理解？
5. 對於伴侶的人格類型，我很欣賞哪些優點？
6. 伴侶的人格類型會為我帶來哪些挑戰？
7. 回想我們剛認識時，我受到兩人之間的哪項差異所吸引？
8. 我們的人格類型之間有著什麼樣的衝突？
9. 我們可以藉由哪種方式成為更好的隊友？

　　在一段感情裡，我們會抱持各種期待與假設，並認為伴侶也是用同樣的方式看待這個世界。了解彼此人格類型之間的差異可以減少這些令人困擾的假設，同時帶來啟發，使我們對彼此懷抱同情與好奇心。

沒有哪一種組合是比較幸運或注定失敗的，而九型人格也並非你們最終的命運。倘若兩個人心態健全，那麼任何組合都有其優勢與挑戰。兩個具備自我覺察力的人就是最適合在一起的人，所以你應該為自己學到這項功課而感到慶幸。在下一章裡，你將繼續增進對自己的認識，此外也會學習怎麼向他人展現你的真實自我。

8

自我探索與揭露

每次聽到有人說「如果愛情需要努力，一定是哪裡出了問題」，我都會覺得很擔心！愛情當然需要努力。讓兩個人住在同一個屋簷下，再給他們幾項工作、幾個孩子和一些姻親，哪怕他們再契合，要像童話故事那樣都會變得困難許多。「從此過著幸福快樂的日子」意味著不停地尋找──在混亂中找尋美好。

──亞歷山德拉‧所羅門博士（Dr. Alexandra Solomon），
美國心理學家與作家

　　四十五年前剛認識我先生提姆不久之後，我們去參加了某場派對。我已經不太記得派對的細節，只記得我們開始閒聊關於狗的話題，然後他要我多分享我那些愛犬的事，這真是個好話題。我對此印象深刻，內心深受觸動，因為這個男人「真的」有在聽我說話。於是我便將所有養過的狗狗的事情一股腦說了出來。

　　即便已經不記得當時他穿著什麼樣的衣服，或是我們坐在哪裡聊天，但我依然記得他向前探出身子、微微歪著頭，聚精會神地聆聽著，彷彿屋內沒有其他人一樣。他聽得越多，我就說得越多，同時我也變得更柔軟而脆弱。我不只跟他說了每隻狗的名字和品

種，我也由衷分享牠們對我有多重要。

最後，我轉而詢問提姆同樣的問題。他回答得很認真，而且充滿感情與深度。我發覺自己和他一樣專心聆聽，但也開始感覺很不自在，儘管我們是和其他人一起來到派對現場，還是可以明顯感受到我們之間的親密感。我們幾分鐘後便分開，回到各自的同伴身邊，然而那天晚上，我們之間顯然產生了「某種變化」。

等這種「變化」轉變成一段感情，又過了十年的光陰，最後變成一段婚姻。但那天晚上，我們已經種下親密關係的種子，後來每次碰面時，我們都能很快就開始一段深刻的對話。我們既提問又訴說，似乎都覺得對方是自己遇過最有魅力的人。

二〇一五年，《紐約時報》刊載了一篇名為〈如何快速與陌生人相愛〉的文章。作者卡特倫（Mandy Len Catron）提到一九九七年進行的一項實驗：將一群陌生人隨機配對，然後要他們問對方三十六個私人問題。在回答完這些問題之後，他們還必須彼此凝視整整四分鐘。根據該篇文章的說法，在這些受試者當中，有兩個人在六個月後結為夫妻。這位《紐約時報》的專欄作家自己也和某個剛認識的人嘗試了這項實驗，結果他們交往了兩年，於是這篇報導被視為墜入愛河的公式，迅速爆紅。

雖然我個人並不相信這種神奇的愛情公式，但對於這篇廣為人知的文章，我的看法是，進行這項實驗的心理學家艾倫博士（Dr. Arthur Aron）確實至少掌握了讓人萌生愛意的兩個重要元素：「自我揭露」與「深度聆聽」。在艾倫博士講述這項研究的一篇論文裡是這樣寫的：「同伴之間發展親密關係的關鍵模式在於，持續且逐漸深入地相互自我揭露。」

剛開始被某個人吸引時，我們會花很多時間「訴說」與「傾聽」。無論是最黑暗的回憶、對性愛的感受，還是對毛小孩恆久不

變的愛，我們都急切地想要「訴說」與「聆聽」，這就可以解釋為什麼和提姆的初次對話會讓我有些不自在。當我們逐漸了解彼此的內心，並開始信任對方時，這樣的柔軟帶來了某種親密感，而這正是建構愛情的關鍵之一。

遺憾的是，對許多伴侶而言，對話成了一種例行公事，而不是和對方的真誠連結。在一起一段時間之後，我們會覺得已經完全了解另一個人，自認為聽過某些故事無數次，於是便關上心門，不再聆聽與分享那些對我們真正重要的事情。

本章有三個主題：個人價值觀、自我觀照、眼神對望。三者將協助你們重新相互探索和自我探索。前兩個主題與其附加練習是為了幫助你揭露自身的某些新面向，促使你進一步思考「我是怎樣的人」這個核心問題。至於第三個主題是特別針對伴侶所設計的練習，讓你們可以體驗艾倫博士實驗中最奇妙且能創造驚人連結的部分。

當你在進行個別練習時，請抱持反省的心態，同時容許自己偶爾感到不自在。等到和對方分享的時候，請記得以下建議：

給說話者

1. 請放慢說話速度，並用簡短的句子進行陳述。你可能會覺得自己必須要滔滔不絕地講，但為了讓伴侶跟上你的思路，請盡可能簡明扼要。

2. 請和聆聽者保持緊密的連結、維持眼神交流，同時對聆聽者的參與表示感謝。

給聆聽者

1. 請記得，只有在作為聆聽者的你積極投入、給予熱烈反

應，自我揭露才能帶來親密感。

2. 請假設你之前從來沒有見過這位說話者，看看能否發現某件你原本不知道的事。

3. 在練習的這個部分，主角不是你，而是你的伴侶。請靜下心來，然後把注意力都放在對方身上。你必須維持眼神交流，同時確保伴侶明白，自己值得你全神貫注地聆聽。

4. 千萬不要打斷對方。一個小技巧是對每個人的分享設定時間限制，例如十五或二十分鐘。

請記得，深入你的內心，並和伴侶分享你的體驗，可以創造真正的親密感，不管你們在一起多久都是如此。請懷抱謙虛的態度、好奇心，以及開闊的心胸。

個人價值觀

和多數人一樣，我的家庭、身處的文化環境，還有接受的教育也灌輸了我各種價值觀。這些價值觀被當成每一個「好人」都擁有的觀念，世人有時會透過令人困惑的俗諺來進行解釋。像是我四年級的時候，每到星期五詹納神父都會在教室裡發表一段「簡短談話」，藉此警告我們可能會犯下哪些罪，比方說，我們不能有「壞念頭」，也不該對老師說謊或無禮。每當他結束長達十五分鐘的談話，都會起身並環顧教室裡的所有人，然後語帶威脅地說：「若是真的，那就承認吧。」[6]無論自己是否犯了這些罪，我都很擔心如

---

6. 原文為If the shoe fits, wear it. 這句英文諺語字面意思是「鞋子和腳就穿上」，用來比喻「若這是事實，那就承認吧」或「若這樣的批評很中肯，那就接受吧」。

果沒有懺悔，就是在否認某些事實，而且沒有說實話。這使我進退兩難。

我的父母親為了強化他們的價值觀，也制定了一些規範和獎勵方式，但我們從來沒有仔細討論過，任何一種價值觀對不同的人來說，都可能具有不同的涵義。隨著年紀漸長，我發現我和自身價值觀之間的關係很複雜，而且這樣的關係隨時可能會改變。我也開始遇到一些人，雖然他們宣稱和我有類似的價值觀，表現出來的行為卻和我完全相反。

我十七歲時，表姐即將在聖公宗教會舉行婚禮，想邀請我擔任伴娘。我非常興奮，還跟我們教區的神父談起這件事，可是他很明確告訴我，踏進任何非天主教堂都是「不被允許」的行為，即便是為了家族儀式也是如此。「那會是很嚴重的罪行。」他說道。這句話令我如鯁在喉，心臟開始怦怦地跳個不停，也覺得很想吐。

那一天剩下來的時間，我都在舊金山街上獨自散步，掙扎了幾個小時之後，我感受到自己的真實心聲浮現出來：我不會服從這位神父說的話，因為我對表姐的愛與忠誠才是最重要的事。在做出這個決定之後，我不再感到苦惱，開始平靜下來。我經歷了某種「價值衝突」，最後選擇了最符合真實自我的那項價值觀。

除了自己在童年時被灌輸的各種價值觀以外，我們也抱持著某些個人價值觀，這些價值觀反映出我們的獨特本性。當這兩套價值觀彼此衝突時（就像我所體驗到的那樣），我們也許必須把受過的教養放在一旁，才能發覺真實心聲。事實上，成為一個成年人最大的壓力莫過於，發現我們和家人擁有不同的道德標準。此外，這些個人價值觀也可能隨著時間改變。比方說，剛踏上一段新職涯的時候，我們可能更重視獲取工作或財務上的成功，而非談戀愛或成立家庭，但隨著年歲漸長，我們可能會翻轉這樣的優先順序。畢竟

人的一生中，總是不停地成長與改變。

說得更複雜一點，這些價值觀並非單一面向的觀念，「忠誠」、「正直」、「公平」之類的字眼可以用來形容很多種感受與行為，這裡有兩個例子。

柴克和貝拉都很愛護動物，而且喜歡照顧牠們。他們決定養雞，這樣就能獲得雞蛋，也可以了解這些有趣的生物。為了確保雞隻安全，貝拉希望晚上能用堅固的籠子把牠們關起來，然而，柴克卻覺得這些雞應該要自由地睡在後院裡。儘管有些雞已經被浣熊吃掉了，他還是不肯將牠們關籠。這對伴侶都認為對方罔顧動物的福祉。

葛芮絲和約瑟夫都同意，關心孩子，讓他們能為未來的人生做好準備很重要，但從未跟對方確認細節到底是什麼。等到他們有了孩子之後才發現，葛芮絲口中的「照顧與準備」代表一大堆才藝課，而約瑟夫則堅持應該要讓孩子們找尋自己的興趣，這樣他們才能培養創造力，並且變得獨立自主。

我們做出的每個決定都受到個人價值觀的影響。我們越了解自身最重要的倫理觀、道德觀和各種理想，就越能找到契合的人生伴侶。

你是否相信所謂的「家庭忠誠」？是否認為慷慨是種美德？這是否表示倘若你們其中一方有家庭成員是殘疾人士，你會提供他必要的支援（包含日常生活與財務上的）？對於無法保有穩定的工作的家庭成員又是如何？你能否接受這個人和你們同住一段時間？

除此之外，多數伴侶都很認真表示自己非常重視彼此的親密關係。但對其中一個人而言，「重視這段關係」的意思是竭盡所能學習怎麼讓這段感情獲得成長；對另一個人來說，「重視親密關係」則可能代表經常做愛、互相讚美，還有送禮物給對方。透過以

下幾項練習，你可以開始探索你自身的價值觀。

實作練習：探索你的價值觀

如果你是和伴侶一起進行以下練習，請先自行完成。兩個人都完成之後，請遵循以下說明，互相分享這些問題的答案，並討論你們共同／相異的價值觀對人生造成了什麼樣的影響。

下方所列出的價值觀，通常都是我們常誤以為大家共同擁有的，但其實每個人對這些價值觀的定義往往並不相同：

擁有成就	擁有名聲	樂觀
喜歡冒險	重視友誼	和平
真誠	快樂	玩樂
擁有威信	努力工作	得到樂趣
享有自主權	幫助他人	受人歡迎
保持平衡	誠實	具有使命感
美麗	懷抱希望	受到認可
勇敢	具有幽默感	擁有宗教信仰
敢於挑戰	能帶來影響	具備韌性
愉快	維持內在和諧	尊敬他人
參與社群	正直	負責
懷抱同情	喜悅	安全感
富有創造力	仁慈	自我尊重
充滿好奇心	具備領導能力	自然
意志堅定	樂於學習	值得信任
注重環保	愛	真實
喜歡探索	忠誠	財富

公平	能帶來改變	圓滿
充滿信心	心胸開闊	有智慧

請從上面這些價值觀中，圈出對你最重要的五項價值觀，然後按照後面表格的格式依序填入欄位，你當然也可以自行增加其他項目。請在每一項價值觀的右側，列出擁有這種價值觀的人可能會有哪些截然不同的行為，以下提供三個參考例子。

最重要的價值觀	和我一樣擁有這種價值觀的人可能會表現出的行為	和我一樣擁有這種價值觀的人也可能會有這樣的行為
教導孩子們喜歡音樂	要求他們上音樂課	時常帶他們去聽音樂會
維持良好的健康	注意飲食和運動	經常看醫生，還有吃很多營養品。
為這個世界帶來改變	仔細進行垃圾分類與回收，以及在可以開車時騎腳踏車。	加入公民團體，或為了某種理念創立非營利組織。

思考

1. 你能否回想起「被灌輸的價值觀」和「你的個人價值觀」相互牴觸的事件？有哪些價值觀彼此衝突？

2. 在你最重要的五項價值觀當中，何者是你在兒時習得，何者則是你自行發展出來的？

3. 請將這五項價值觀依照你堅信程度的排序。

分享

比較一下你們的結果，請特別留意你們有哪些相同與相異之處。請注意不要批評你的伴侶，或試圖證明你的價值觀才是「正確的」。請花點時間說明每一種價值觀對你們分別代表什麼意義。哪些詞彙對你們具有相同或不同的涵義？

後面列出的幾個句型可以協助你們進行分享。請輪流分享，並且記得聆聽者要做的事，是在不批評、不質疑、不打斷、不改變談話方向的狀況下聽對方說話。

- 仔細思考過自己的價值觀之後，我了解到……
- 我的價值觀令我感到驚訝的地方是……
- 我的五項重要價值觀源自於……（請列出你在何處習得每一項價值觀。）
- 我覺得自己所忠於的價值觀有……
- 為了更符合我的價值觀，我必須努力……
- 我可以藉由這三種方式開始這麼做……

在各自分享你們發現了些什麼之後，請繼續以下列方式進行討論：

1. 舉出一項共同價值觀，但是你們對此有著不同的理解。比方說，你們都很重視自我照顧，但其中一個人覺得這代表每天花時間運動、吃自己想吃的食物，另一個人則覺得，自我照顧代表吃無麩質飲食與純素食。

2. 你們有哪些不同的價值觀可能會（或已經）在這段感情裡帶來衝突？你們可以如何運用共同價值觀，來緩解這些相異價值觀所導致的壓力？舉例來說，你們其中一方可能很重視穩定性、希望一切可以預測，另一方則喜歡冒險與改

變。你們可以試著用不對感情穩定性造成威脅的方式，花點時間嘗試新事物。

3. 因為我們每個人都在獨一無二的家族系統中長大，每一段感情都是兩種不同文化的結合。當我們在一起時，就會創造出另一種新的文化。你們的共同價值觀能如何幫助你們建立，並鞏固你們的共同文化？比方說，你們兩個人都很重視為廣大族群服務，所以可以思考一下，你們要怎麼合作、一起讓這個世界變得更好。

馬可和彼得這對伴侶一直以為他們擁有類似的價值觀，直到開始同居才發現不是這麼一回事。馬可來自關係緊密的義大利大家族，家族成員會突然跑來串門子，或是在餐桌上「親切」地大聲談論每件事，爭吵時也總是很快上演戲劇化的大和解。彼得則來自一個嚴肅拘謹、謙恭有禮的德國家族，父母親不曾大聲嚷嚷，訪客只會在受到正式邀請時來訪，而任何公開爭吵都被視作沒有教養的行為。這兩個人差點因為這些不同的家族價值觀而分開。

馬可和彼得都十分重視這段感情，因此想盡辦法處理這樣的文化衝突。他們都承認非常在乎自己的家族，但同時也願意改變一些和家人的互動方式。馬可請家人在要來串門子之前先打電話告知，彼得則接受馬可會因為花太多時間和自己「極其死板」的父母親（馬可是這樣稱呼的）相處而感到不自在，於是改為自己頻繁地去探望他們。我們可以從彼此的相似處著手，然後運用彈性來縮小差異。

共同練習：文化衝突與重疊

請思考一下，你們的感情是否存在任何和彼得與馬可類似的

「文化衝突」。請利用以下模型來研究，你們的價值觀有哪些相異與重疊之處。

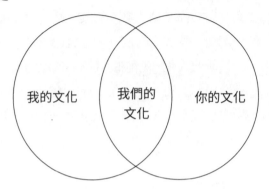

　　請在另一張紙上列出一些你的個人特質、價值觀或喜歡從事的活動，這些也就是「你的文化」。舉例來說，你可能重視個人自由、希望盡量節省開銷、以跑步當作運動，以及重視旅行與一個人獨處的時光。請你的伴侶也這麼做，例如他可能重視財務安全、熱愛社交、喜歡穿名牌服飾與使用最新的電子產品，還有以騎腳踏車當作運動。

　　接著，再一起列出那些已經形塑你們共同文化的事物，像是一起耕種後院的菜園、透過親自拜訪和電子郵件跟家人保持聯繫，以及一起去觀賞電影和戲劇。

　　再來，請看一下有哪些重要項目能移至你們的共同文化中。也許你們可以找一種兩人都喜歡的運動，然後一起去健身房。又或者一起運動並不是你們的優先考量，你們都能接受在不同的時間從事不同的運動。

　　接下來，請再看一下有哪些項目可能會導致衝突，例如花錢的方式，然後看看雙方能否做出某些妥協，這樣就可以把這些項目也移到你們的共同文化裡。

自我觀照

在現代社會裡，我們總是被驅使著向外尋求刺激，而沒有觀照自己的內心世界。我們所身處的文化環境強調「拚命做個不停」，這令我們無法體會「自身存在狀態」的美好。自我觀照能讓我們找回存在感，這樣的做法是正念生活的基礎。像是冥想、禱告與朝聖等靜觀方法，在歷史上各種心理、靈性與哲學傳統中被廣泛運用。它們使我們有能力探索我們的種種信念、價值觀，以及內心深處的真實心聲；它們提升我們的自我覺察力，同時也讓我們在和他人相處時變得更真誠。

有些人會發覺，瑜伽、舞蹈、太極拳之類的動態活動最適合他們。其他人則發現，正念冥想、禱告之類的專注做法，或是花時間接近大自然，能使他們更深入自己的內心。此外，集體靜觀體驗、讓自己沉浸在靈性與文化傳統裡，也是深刻自我覺察很好的方式。

接下來，我們將探討兩種深入內心世界的方法：日誌書寫與自我探問。你花越多時間進行這些練習，就會越明白，哪些感受、回應與反應源自於你的真實自我，而不是來自各種觀念與別人的規定。

日誌書寫

《自我探索》（*The Way In*）一書作者麗塔・賈可布斯（Rita D. Jacobs）在寫給我的一封電子郵件裡，清楚說明了日誌書寫能帶來哪些好處：「寫日誌是一種科學證實有效的方法，它可以讓你整理，並了解你的各種日常經驗、感受與想法。你不僅能因此更理解自己，同時許多研究也顯示，有寫日誌習慣的人可以維持更良好的身心健康。」

　　賈可布斯建議，你可以用宣示的句型開頭，以此列出一長串清單。這個清單能協助你了解內在自我，例如：「我希望這段感情能⋯⋯」或「我希望某個人能跟我說這五十件事⋯⋯」在鎖定目標之後，請用十分鐘的時間，盡可能寫下各種項目。十分鐘後，請重新審視這份清單，看看你能否找出某項貫穿其中的主題。若是有這樣的主題，下次你就能以此作為日誌的延伸，讓它變得更清楚。我在下方列出的參考題目示，你也可以思考一下：

- 我希望我的伴侶具備這些特質⋯⋯
- 六歲時的我認為愛情是⋯⋯
- 我希望六歲時的我能明白⋯⋯
- 十二歲時的我盼望⋯⋯
- 我希望十二歲時的我能明白⋯⋯
- 十八歲時的我認為愛情是⋯⋯
- 我希望十八歲時的我能明白⋯⋯
- 我目前的感情令我感到困惑的地方是⋯⋯
- 這段感情使我不開心的地方是⋯⋯
- 我的伴侶讓我很感謝的地方是⋯⋯

分享

　　如果你的伴侶也完成了這項練習，請輪流告訴對方，你們寫了些什麼。請記得，重點在於帶著好奇心聆聽、不帶任何批判，同時對彼此有新的理解。請務必談論以下幾點：

- 你們從這項練習學到了什麼。
- 某件令你們覺得驚訝的事。

- 某件令你們感到難過的事。
- 某件讓你們充滿希望的事。
- 因為進行這項練習而浮現的其他感受。

自我探問

在探索「我是怎樣的人」這樣的問題時，你很有可能會發現，你對自己的定義多半來自那些過往的故事，而這些故事源自於你的家族、同儕以及文化制約，也許根本就不是真的。要將這些部分層層剝開，就必須運用「自我探問」這種覺察方法，它能幫助我們開啟一段內在對話，藉此和存在於我們的外在身分、需求與渴望之外的「真實自我」交談。這種做法可以協助我們藉由面對過去的各種習慣與固有的回應方式，來理解自己的想法與感受，進而觸及核心自我。

為了了解這種方法如何運作，請思考一下「你是怎樣的人」這個看似簡單的問題。請找一個人問你這個問題，然後用最先浮現出來的答案作答——不能進行任何修改！在你回答完之後，這位提問者會說「謝謝你」，以此為這個想法作結。接著，他會一再重複這個問題。每次你回答完之後，提問者都會向你道謝，然後立刻重複這個問題。

前面幾個答案通常很快就會出現，它們往往反映出我們在生活中所扮演的主要角色。舉例來說：

提問者：「你是怎樣的人？」

回答者：「我是一位作家、母親、工廠工人，以及滑雪者。」

提問者：「謝謝你。你是怎樣的人？」

回答者：「我是一個女人。我四十六歲。我的身高是一百六十八公分。」

提問者：「謝謝你。你是怎樣的人？」

自我探問的目的在於，讓你更深入了解自己。一般而言，最重要的答案都藏在第一層和第二層之下，這些潛藏的答案會變得比較不具體。在我們的表面行為底下，通常隱藏著一些跡象，它們代表我們真正在乎的事物；這些事物能觸動我們的心靈。

提問者：「你是怎樣的人？」

回答者：「我很喜歡狗、熱愛大自然，而且喜歡晒太陽。」

提問者：「謝謝你。你是怎樣的人？」

在進行過幾輪問答之後，我們可能會說出某些更驚人的自我特徵，這些特徵和我們的感受、創作衝動，或對大自然的認同有關：

回答者：「我是陽光。我很孤單。我具有強大的復原力。」

在自我探問的過程中，這個問題是一個起點，它可能會把你帶到某個奇妙的地方，只要你允許的話。不要執著於某個答案，讓這段過程持續下去，直到你覺得目前已經沒有什麼需要了解的事為止。

使用這種方法，我們必須接納所有浮現在腦海裡的念頭。你必須面對自己的不自在，並且讓內心的批判聲安靜下來。比方說，你可能會說出「我是一隻凶猛的老虎」或「我的心中充滿了懷疑」之類的話，請試圖用好奇心來取代批判。不要自我指責，你可以試著改問自己：「我有這種感受不是很有趣嗎？」

實作練習：自我探問

若你和伴侶一起進行這項練習，請面對面坐著，然後決定誰是提問者、誰是回答者。首先，讓提問者詢問你們要探索的那個問題（例如「我是怎樣的人？」），接著由回答者作答。如果你負責

擔任提問者，請不要打斷回答者。當回答者說完之後，提問者會先道謝、停頓一下，然後再次詢問同一個問題，請重複這樣的過程，直到回答者覺得可以結束為止。接下來，請角色互換。

如果你是自己進行這項練習，請以日誌書寫的方式來和這個問題進行對話。請先把問題寫下來，接著在下方寫出你的答案，然後再次寫下同一個問題，並且寫下不同的答案。請重複到你覺得可以結束為止。

請在每次回答問題時持續深入自己的內心，也請忽略字面解釋，同時留意你有哪些情緒與渴望，以及這當中有什麼樣的隱喻。只要你覺得這項練習很重要而且有成效，就請繼續下去。

在你探究「我是怎樣的人」時，也可以思考下列問題，並且以同樣的方式重複詢問自己：

- 「我真正想要的是什麼？」
- 「關於愛情，我最深刻的恐懼是什麼？」
- 「我內心最深切的盼望是什麼？」
- 「接下來會有什麼事在等著我？」
- 「若我忠於內心深處的真實自我，我的人生會變得如何？」

若你和伴侶一起練習，請務必確保兩個人都有機會扮演兩種角色。接下來，再互相分享整段體驗（包括作為提問者與回答者）是什麼樣的感覺。如果你和伴侶分頭進行練習，現在可以聚在一起，輪流分享你們學到了些什麼。這時，你們可以使用日誌書寫練習當中的討論提示，或者隨興分享。

眼神對望

我們已經探討了兩種向內探索的方法，其中都包含了和伴侶

分享的部分。這段自我揭露的過程對保有親密感很有幫助，請經常進行這樣的自我揭露，能帶來很多好處。同樣的道理，繼續往下閱讀這本書時，請務必花點時間思考你所獲得的那些關於伴侶的新資訊。

在下一章裡，我們將進一步讓你在聆聽時得以抱持積極的態度與同理心。但在此之前，我希望你們能進行另外一項有趣的連結練習，那就是「眼神對望」。

為什麼我要在談論自我探索與揭露的章節中，囊括眼神對望的練習呢？俗話說「眼睛是靈魂之窗」，我們和某個人四目相接時，是以一種原始、甚至是帶有親密感的方式來承認對方的存在——這種親密感會令人感到有些不自在。容許某個人在不被打擾的情況下一直看著你，而且只盯著你瞧，哪怕只有幾分鐘的時間，都會使你變得柔軟而脆弱。伴侶會看見你的每一次眨眼、你皮膚的每一道皺褶，以及臉上閃現的每一個表情。我們幾乎從未這樣仔細凝視另一個人，也不曾讓某個人這樣仔細地看著我們。那些參與「眼神對望」練習的人回覆說，他們在伴侶的臉上和眼睛裡，看見了某些自己未曾注意過的小東西（某個小凹痕，或是棕色眼珠裡夾雜的金色斑點），抑或是感覺到某種能量。此外，還有很多人說，他們在這項活動中感受到強烈的親密感。

共同練習：眼神對望

請在床上、地板上或椅子上，和伴侶面對面坐著，然後在計時器上設定至少四分鐘。請目不轉睛地注視著對方，不要將眼神移開，直到計時器響起為止。你們可能會對自己的發現感到驚訝，練習結束之後，請不要忘記分享這次體驗對你們分別是什麼樣的感覺。

深刻地討論那些重要的事（例如價值觀），以及一起嘗試眼神對望之類的新活動，是可以為你們的生活帶來不同可能性的幾種方法。它們能重新點燃你們的感情，並且使兩人之間的關係變得更緊密。「我們發現，一段感情裡的正面互動越來越重要。」《捍衛婚姻，從溝通開始》一書共同作者馬克曼這樣表示：「結果顯示，伴侶們擁有多少樂趣，以及他們之間的友誼有多強韌，是預測其未來的有力指標。」我們透過這些方法來滋養與照顧我們的感情。之後在第十三章裡，我們會再進一步探討如何鞏固伴侶之間的連結。

　　在進一步了解怎麼和彼此緊密連結之前，我們必須先學習如何和對方「交談」──而且是好好地交談。在接下來的幾個章節裡，我們將會探討「正念溝通」的五個重要元素，我稱其為「五大技巧」。

暫停的力量

請想像一下,有一組由豎立的骨牌排列而成的圖案。我們可以明顯看出這些骨牌之間有著適中的間隔,所以只要其中一張骨牌倒下,就會引發連鎖反應。我們的各種行為、反應與逆反應,以及批判與防禦機制往往就像這些骨牌一樣。當我們無法以正念看待一切事物時,就會對它們產生激烈的反應。

——艾莉西亞·姆諾茲,
美國心理治療師暨《正念式愛情》(*Mindful Loving*)作者

在我和提姆結婚之前,分別住在紐西蘭和美國。為了應付這樣的遠距離,我們會錄製錄音帶,然後郵寄給對方,我們會分享當天的新聞、個人的事情以及未來的夢想。偶爾在半夜時分,這些訊息會變得熱情且極度私密。

有天我的一名客戶說她對某位冥想導師的教學很感興趣。由於我認識這位老師,所以主動提議幫她錄一段他工作坊的課程內容。我從手邊的籃子裡抓了一卷空白錄音帶,然後用錄音機錄下某堂課的內容,再把錄音帶交給她。幾天後,她臨時來到我的辦公室,不太自在地把那卷錄音帶還給我。

「呃，我……我不覺得你要給我的是這卷錄音帶。」她結結巴巴地說，而且話一說完就立刻離開了。

我的心揪在一起，因為不用聽我就知道那是哪一卷錄音帶了！那段錄音非常煽情，我甚至不好意思寄給提姆，但沒想到自己沒有徹底清除那卷錄音帶的內容，或把它丟進垃圾桶，於是陰錯陽差地跑進放空白錄音帶的籃子裡。

我無法用任何言語形容我的感受，羞愧得無地自處。我終於下班回家時，整個人癱在沙發上十分鐘，完全陷入驚嚇狀態。「你怎麼會這麼不小心？」我嚴厲地斥責自己，彷彿職業生涯就此走到終點。羞愧和自我苛責越演越烈，讓我因此失去理性判斷的能力，甚至開始考慮搬到其他城鎮去。

突然間，我想起最近上過的壓力管理訓練課程。這門課鼓勵我們每當感到不知所措時，都先暫停片刻、緩慢地深呼吸，然後去做點別的事。

於是，我強迫自己舉起沉重的雙腿，同時立下這樣的目標——在觸摸後院裡的某棵橡樹之後，才能再走回沙發。我努力站起身走到屋外，當我抵達目標橡樹前面，並溫柔撫摸它時，我注意到附近的樹上有隻蒼鷺，牠正對著我的魚池虎視眈眈。於是，我移動身體對牠大吼，成功把牠嚇跑。

等我走回沙發時，呼吸已經恢復正常。雖然我還是覺得很難為情，但情緒已經平穩許多，我明白自己不會因為羞愧而死，我的客戶也會從驚嚇中平復過來。「暫停片刻，接著去做點別的事」讓一連串的連鎖反應得以停止。

我們的生理機制就是如此。所有人都有一套名為「副交感神經」的神經系統，會在我們沒有清楚意識到的情況下自主運作，當人處於放鬆、平靜的狀態時，這套系統就會變得活躍。基本上，在

一般理智的情況下，位於大腦上層的「額葉」會主導一切，使我們可以做出理性、合理、負責任的決定。它讓我們的心跳正常；餓了就吃、累了就休息。

當我們感到痛苦時，大腦會切換開關，並啟動交感神經系統。這會導致額葉停止運作，同時將主控權轉交給大腦下層的「情緒腦」，這正是負責發出警報與啟動緊急應變措施的情緒中樞——杏仁核所在之處。這個控制中心會告訴我們身處危險、感覺羞愧，或正面臨某種威脅，此時我們心跳加速、血液循環變慢，身體做出各種反應，彷彿遭受了某種攻擊，即便這種攻擊是僅源自於腦中的念頭也一樣。有些人因此不吃不喝或者暴飲暴食，另外也有倒頭就睡、四肢疼痛、無法入眠、腦海裡的思緒有如萬馬奔騰等不同情況。

對任何人而言，這種狀況都不好玩。好消息是，倘若我們記得暫停片刻，它是完全可以被修正的。調整呼吸、移動身體都能使身體得到安撫，讓我們明白危機已經解除，如此一來，大腦上層就能重新拿回主導權。

我的這段經歷提醒我們，在自己能以某種健康、合理且有效的方式來回應某種情況之前，「先處理自身的內在反應」有多重要。花點時間深呼吸，或是做點伸展運動，可以幫助我們在面對那些痛苦的互動時重新找回平衡。我們可以明智地思考接下來該怎麼做，而不是驚慌地做出激烈的反應，我把這樣的技巧稱為「暫停」。

佛教網站「小佛陀」（Tiny Buddha.com）創辦人德斯坎（Lori Deschene）這樣提醒我們：「請練習暫停。在批判之前，先暫停一下。在做出某種假設之前，先暫停一下。在指責之前，先暫停一下。每當你快要做出激烈反應時，都先暫停一下，這樣就不會表現

出會讓你感到後悔的言行。」我們在和伴侶互動的時候，必須讓大腦負責理性思維的部分取得主控權，在面臨壓力時更該如此。暫停片刻可以提醒我們，即便處在壓力之下，自己還是能主導一切。

正念：暫停的關鍵

靈修活動中的鐘聲通常會在一天當中意想不到的時刻響起。此時，大家必須暫時放下手邊的事，像是停止疊衣服、放下餐具或中止交談，然後觀照自己的內心。這使人得以靜下心來深呼吸，並且和平靜、睿智的內在自我對話，而不是屈服於下意識的反應。

無論我們走到哪裡，各種環境中的雜音都會分散我們的注意力，導致無法傾聽內心深處的聲音。我看到某些在自然保護區裡健行、散步的人戴著耳機，他們無法聆聽鳥兒的歌唱、樹木的低語，以及自然界其他輕柔的聲音。要知道，這些聲音能使我們放慢腳步、感受呼吸，並且傾聽自己的心聲。

即便排除了種種的外在干擾，我們的心裡往往還是有許多雜音。腦海中存在著各種聲音，經常決定著我們要擔心什麼事、批判我們的行為，以及不停談論各種想法與計畫。這多半沒有好壞、對錯之分（雖然少了這些批判的聲音，我們還是可以把事情做得很好），人類的大腦就是這樣運作的。

有時候，這些聲音能提升創造力、引領我們面對挑戰、發現自己的興趣所在，而這些都是人生很重要的部分。但有時候，我們會嚇唬、輕視自己，抑或是說服自己正身處險境。在我們的感情裡，這些內在雜音可能會使情況變得完全不利於伴侶，而導火線可能只不過是對方忘記順路買牛奶回家而已。這就是為什麼，暫停是正向伴侶溝通中最基本，同時也是最重要的一部分。以下是幫助你

暫停片刻，並找回平衡的七個步驟：

1. 當你的身體變得緊繃時，請特別留心。
2. 接納你自身的反應，不要評斷它是錯的。
3. 做幾次深呼吸、讓腳步慢下來。
4. 收緊與放鬆你的四肢肌肉。
5. 去做某件事，藉此和身體重新取得連結，去散步、跑步或其他運動都好。也可以像我一樣撫摸樹木，或把附近的鳥兒嚇跑，洗個澡、咬塊冰塊，或聞一聞薰衣草的味道。
6. 去做某件可以使你的平靜下來的事，聆聽能撫慰人心的音樂。禱告、練習「梵唱」或朗誦詩篇。
7. 請再留意一下，你的身體有什麼樣的變化。

　　練習暫停和練習正念有著密不可分的關係。暫停包含體察你的情緒、留意你想從大腦的恐懼中樞做出反應的慾望，還有將注意力重新導向呼吸與移動身體這類更能帶來心靈平靜的生理儀式。

　　透過以下練習，我們將練就暫停的能力，這是與伴侶日常互動時必備的實用技能。首先，我們必須更廣泛培養自身的正念技巧，此外也將學著在生理與精神層面，和伴侶緊密連結，這有助於你們把「暫停」變成共同擁有的語言與工具。和伴侶一起練習正念，你們都會對各自的各種選擇、行為與反應變得更加留心。

實作練習：練習暫停

在你的心裡有一片寧靜之地，你隨時都可以躲進那裡，並且做自己。

——赫曼・赫塞，《流浪者之歌》

　　首先要讓你的內心平靜下來。你可以獨自練習或和伴侶一起

進行。你可以先朗讀以下引導詞並錄下來，然後在練習放手並進行暫停體驗時播放。

　　你擁有寧靜的片刻時光，請找個舒服的地方坐下來，接著將背部挺直、轉動你的肩膀和臀部，並讓你的身體放鬆。然後，花點時間深呼吸，請緩慢地從你的鼻子吸氣、吐氣，同時讓胸腔隨著每一個呼吸上提與下沉。接著，把呼吸擴展到你的肚子，這樣腹部就會跟著向外擴張。再來，請緩慢地從你的嘴巴吐氣（你也可以從你的鼻子吐氣，如果這樣感覺比較自然的話），讓你所有的神經和肌肉都放鬆下來。

　　請注意你腦海裡的思緒。你必須記得，你有各種想法，但你並不是這些想法。請把它們想成頭頂上飄過的白雲，你只要察覺它們，然後讓它們繼續移動就好。

　　接下來，請留意你此時此刻的情緒。你有各種感受，但你並不是這些感受。讓這些情緒穿過你，它們會如同雲朵般的改變樣貌。讓每一個情緒繼續移動，同時看著下一個情緒飄進來。

　　現在，請注意你的身體。你必須記得，你有一具身體，但你並不是這具身體。請感受你的呼吸，然後將它放下。請觀察你的身體有哪些地方很緊繃、哪些地方很柔軟，並且繼續有意識地呼吸。請用這種方式呼吸五次，接著，請把注意力轉回你目前坐著的地方、伸展一下，然後再次深呼吸。

　　現在，請閉上眼睛，然後在不朗讀這些引導詞的狀態下重複這項練習。

思考

　　在完成這項練習約一分鐘左右後，請透過下列問題來反思剛才的體驗：

1. 留意你的身體、情感與心理狀態。這些部分分別有什麼感覺？
2. 在進行這項練習前後，你是否注意到任何不同之處？請描述一下這些差異。

實作練習：正念的片刻

這是一項很棒的練習，每當你情緒激動、必須在做出回應之前先冷靜下來時，都可以再次進行。不要試圖改變任何事，你只需要留意與觀察：

- 我聞到什麼氣味？
- 我看見什麼東西？
- 我聽見什麼聲音？
- 我觸摸到什麼事物？
- 我品嘗到什麼味道？

請注意你腦海裡的某個思緒，然後讓它如同白雲飄過。

請留意你心裡的某個情緒，然後讓它如同雲朵飄過。

每一次呼吸都能為我們帶來正念。

一起練習暫停

你已經進行過暫停練習，並重新找回平衡，我會另外列出三項練習，以此協助你和伴侶一起練習。若你們沒有冥想的習慣，這些練習一開始也許會令你們感到彆扭，甚至有點不自在，但還是請你們嘗試一下。你們越是投入這些練習，它們就會感覺越自然。

除了和伴侶分享某些新事物之外，一起練習正念技巧能使你們都了解，讓大腦負責理性決策的部分保有主控權有多重要。它可以幫助你們明白，在做出激烈反應時究竟發生了什麼事，同時

賦予某種共同語言，讓你們得以在這些時候和彼此溝通，而不責怪對方。

這三項練習是特別針對伴侶所設計。我建議讓這三項練習彼此間隔一段時間，而不是努力一口氣做完它們。在嘗試過每一項練習之後，請運用第一項練習（同步呼吸）末尾的分享說明，一起思考你們的體驗。

如果你本來是獨自閱讀這本書，可以考慮邀請伴侶參與至少一項練習。若你不打算這麼做，也可以留到以後再進行，先繼續閱讀「五大溝通技巧」的部分。

我們很早以前就知道，身處熱戀期的情侶呼吸往往會處於同步狀態，就像他們在行走時，腳步通常也會變得一致。同樣地，透過相互觸碰與微笑，母親和嬰兒也能將他們的心跳同步到只有幾毫秒的誤差。此外，海豚也被發現可以和牠們的同伴進行同步呼吸。在一項澳洲研究裡，研究人員讓狗兒配戴心率監測器，將牠們和主人分開之後再讓他們團聚。儘管這些狗和其主人的心跳速率有所差異，當他們重新聚首時，雙方的呼吸還是處於同步狀態，我們在很多哺乳類身上都發現到這種現象。

當我們的心和大腦同步時，彼此的身體會更緊密地連結在一起。和你的伴侶一起進行這樣的練習，能使你們放慢反應速度、增進彼此之間的連結，而且這甚至會帶來樂趣。

共同練習：同步呼吸

請為這項練習預留十五到三十分鐘的時間，找個舒服的地方待在一起，無論是床上、沙發上或者以舒服的姿勢坐在地板上也可以。請抱緊彼此，這樣你們才能感受到對方的呼吸。請閉上眼睛五到十分鐘、留意你的呼吸，並感受你的肚子隨著每一次吸吐隆起與

下沉。當你開始注意力分散時，請重新專注於自己的呼吸上。接著，當你們小心緊擁彼此時，請留意對方的呼吸，在接下來的五到十分鐘內，請有意識地配合對方的呼吸。如果很難讓兩人的呼吸同步，請試著發出嗡嗡聲或其他聲響，例如在吐氣時發出「啊啊啊……」的聲音（至少要在前幾分鐘裡這麼做）。

分享

請用下列句型來分享你們的感受。你在分享自己的體驗時，請記得不要批評伴侶。若你希望這一切能有所改變，請用第三個句型來給予回饋。不要抱怨，而是改以正面字眼向你的伴侶提供建議。

1. 在這項練習中，我很喜歡的地方是……
2. 當我們在進行這項練習時，我的感受是……
3. 對我來說，這麼做可以讓這一切變得更好……
4. 謝謝你做了這件事……

很早以前我們就得知，養成冥想的習慣可以帶來許多好處，例如減輕壓力、提升自我覺察力，甚至還能增進耐心與包容力。我們所身處的文化環境崇尚忙碌，每天「拚命地做個不停」讓我們無法體會「自身的存在狀態」。共同冥想練習不僅可以讓你和伴侶幫助彼此獲得平靜、提升親密感，同時也能使你們的心胸變得更開闊、不會再做出像以前那麼激烈的反應。

共同練習：兩個人一起冥想

請先決定你們想要練習哪一種冥想，不妨兩個人一起研究，可能會很有趣。你們可以在Google、YouTube、手機app找到喜歡的

冥想引導，又或者可以在呼吸時，把注意力放在某個物體上（例如一根蠟燭），用這樣的方式進行冥想。你們甚至可以找老師指導，請他告訴你們各種冥想方法。

在決定要怎麼開始之後，請找一個你們都覺得很舒服，而且不會被打擾的地方，然後決定要在這裡坐多久。你們第一次練習時，我會建議先進行五到十分鐘就好，如果有需要的話，再加以調整。在正式開始之前，請務必確保你們都了解，也同意相關說明。你們在練習時，請注意不要糾正、批評或試圖控制對方的做法。請容許你們一同探索冥想這件事，藉此變得更感謝對方，並且和彼此緊密地連結在一起。

我會建議你和伴侶，先試著進行七到十次共同冥想，然後再決定是否要把它變成一種固定的生活習慣。

分享

請運用「同步呼吸」練習末尾的分享建議，一起思考你們的體驗。

如果你們其中一方（或雙方）在情感、性愛上正處於脆弱狀態，請晚點再進行下一項練習。這項活動會要求你們試著用不同的方式擁抱。一個讓心融化的擁抱，能使兩個人的身體產生深刻的連結，你們可以藉此擁有這樣的體驗：讓自己融化在另一個人的懷裡，同時也和自身緊密連結。我的建議是，在進行這項練習之前，雙方都先同意不要讓它變成和性愛有關。儘管如此，你們還是必須讓自己體會這次體驗所帶來的深切感官享受。

請為這項練習設定至少十分鐘的時間，過程中可以依照自己的意願延長時間。首先，請面對面站著，或以「湯匙式」姿勢躺在彼此身旁，只要你們覺得那種方式舒服就好。請暫時閉上眼睛、吸氣，然後開始和對方連結在一起。請做五次深呼吸——吸氣並吐氣，接著在第五次吐氣時，把自己埋進對方的臂彎裡。請想像你們在每一次吸氣時和自己產生連結，並且在每一次吐氣時，和對方融合在一起。請感受一下，在和自身緊密連結的同時彼此融合，這當中蘊含著多麼強大的力量。

分享

請運用「同步呼吸」練習末尾的分享建議，一起思考你們的體驗。

正念溝通的五大技巧

既然已經花了一些時間用正念來練習暫停，現在你可以把這些暫停技巧應用在最需要的地方，那就是溝通。正念溝通有五個重要元素，都運用了暫停技巧，以下是簡易的字母縮略語，可以幫助你記住它們：

P（Presence）代表透過聆聽來與對方「同在」。

A（Accept）代表「接納」話語中的「還有……」。

U（Undefended Connection）代表「用不設防的方式和對方產生連結」。

S（Speak）代表有技巧地「表達」。

E（Emotional Intelligence）代表「情感智慧」。

在接下來的三個章節裡，會詳細探討這五項特質。除了暫停

以外，這些技巧也都在強調即便發生衝突，還是必須和對方維持緊密連結的重要性。親密伴侶對某些事情存在歧見是必然的，但是帶著憤怒或防衛心去回應對方的想法與感受，因而感覺疏離，才是更嚴重的問題。一旦表現出這種行為，我們就背離了這段關係的核心精神。我們自以為是，因此覺得惱怒，我們不僅犧牲了這段感情的核心價值，也不再對彼此懷抱好奇與同情，只為了堅持「自己是對的」。到最後，我們會發覺自己在面對對方時感到孤單，哀嘆這個人曾經看似比任何人都還要了解、欣賞我們。

當我們覺得自己沒有被對方看見與傾聽，因此感覺疏離，正念溝通可以化解這樣的孤獨感。將這五大溝通技巧應用在日常互動上，能協助雙方保有緊密的連結，同時找回那些安全感、吸引力與熱情。

10

聆聽與「還有……」

除非我們熱切地聆聽，就如同我們希望自己的心聲能被別人聽見一樣。

——海瑞亞・勒納，

《如果那時候，好好說了「對不起」》

　　我和提姆有天帶著三隻年邁的狹犬在最喜歡的小路上散步。牠們的行動都日漸明顯變得遲緩，我們心裡有數牠們可能會在相近的時間點離世。我們夫妻都很害怕失去牠們，因為我們從小就習慣身邊有狗兒的陪伴。我們都同意之後可能會面對「非常艱難」的情況。突然間，提姆轉過頭來對我說：「你知道嗎？等到失去這三隻狗之後，我不想再養另一隻狗了。」

　　聽到這句話的我非常震驚，整個人僵在那裡死盯著他瞧，然後「戰鬥荷爾蒙」開始在體內流竄，於是我進入了攻擊模式。「我很想知道，到時候你會住在哪裡。」我冷冷地說：「因為我從來沒有不養狗的打算。」

　　他反擊道：「很好，我住在哪裡與你無關，反正我不會養其他狗了。」

　　抱持相反立場的我們僵持不下，關上了心門。我們可是曾在

全國各地學習溝通技巧，並且投入近二十年的時間將這些技巧傳授給數百對伴侶，然而這時的我們卻站在某條鄉間小路上談論分居。雖然我們都知道該如何應付衝突，以及聆聽對方的心聲有多重要，我們還是違背了這些原則。

我們就這樣在凍結的氣氛中安靜走了十五分鐘左右。接著，提姆說：「我可能沒有把我的意思表達得很清楚。」

態度有點軟化的我回答：「我想，我們需要我們的『枕頭』。」這是我們對「枕上對話」練習的簡稱，我和提姆經常用這個方法來理解對方的觀點。

我之所以把這個故事告訴你，有兩個原因。首先，我想強調的是，不管你學了多少新技巧、對各種愛情技巧有多嫻熟，都無法讓你在面臨壓力時不落入舊有的習慣。

另外，我們接下來做的事也很重要。我們很快就修復這一切，然後一起走回家。我們再次變得平靜，並且和彼此緊密連結在一起。我們刻意採取了某些手段，以此突破僵局。雖然這些手法感覺並不輕鬆或自然，但我們都相信它們可以發揮功用。在介紹這些方法之前，先來聊聊聆聽對方的想法有多重要。稍後，我將會在本章和你分享，這場僵局的結果為何。

為什麼我要聆聽你的心聲？

思考我們想在伴侶身上尋求什麼東西時，其中最重要的一項衡量標準就是，他能愛我們、重視我們、把我們當成獨一無二的個體，同時接受我們的所有優點與不完美。這樣的接納讓人獲得安全感、感受到熱情，並且變得心胸開闊。在愛情周期的第一階段，此時兩個人之間的差異顯得很迷人，甚至令人感到興奮，要這麼做似

乎輕而易舉。然而，當這趟愛情旅程變得深入時，這些差異逐漸從魅力變成了挑戰。於是，我們必須培養新的技能，藉此重拾原有的溫暖與信任。在這當中，真誠聆聽是一項很關鍵的技巧。

神奇的一句話

我們通常會把「我愛你」當成神奇的話，但是還有另一句話也同樣具有神奇的魔力，能夠讓你發現一些和伴侶（還有其他人）有關的重要事物，而且是你不曾想像過的。這句話和「我愛你」一樣重要，伴侶會因此感覺你很在乎自己，覺得自己有被看見，於是想要友善地回應你──這句話就是「多告訴我一點」。

當我們真的關心問題的答案時，「多告訴我一點」是一句很有力量的話。「真正專注地聆聽」是我們能送給對方的一份禮物，也就是接受對方所說的話，而不批判、不提供建議或試圖糾正。就如同美國作家克莉絲塔·蒂皮特（Krista Tippett）所言：「聆聽的重點不只在於安靜，而在於專注。」最重要的是，明白這段對話的重點是對方，而不是你。

兩個人之間的對話往往會像這樣：

莎妮絲說：「我今天度過了很難熬的一天。」

伊凡回答：「噢，你的工作總是令你感到沮喪。」

或是「我擔心你睡眠不足。」

或是「嗯，問題出在你的老闆是個渾蛋。」

但倘若伊凡說出那句神奇的話，這段對話將會變得截然不同：

莎妮絲：「我今天度過了很難熬的一天。」

伊凡：「哦？多告訴我一點。」

莎妮絲：「我就是無法專心工作。」

伊凡：「你在想些什麼呢？」

莎妮絲：「不知道為什麼，我最近時常想起我爺爺。他一直出現在我的腦海裡，讓我無法集中注意力。」

伊凡：「這很有意思。你真的這麼在意你爺爺嗎？」

莎妮絲：「嗯，他是我小時候生命中非常重要的人，而且我也很想念他。哇，我剛才發現，這星期是他去世滿十周年的日子。」

伊凡：「你覺得這件事對你造成了什麼影響？」

莎妮絲：「嗯，我剛剛才想起他的忌日。在我們開始聊之前，我完全不懂自己最近為什麼會這麼分心。啊，你知道嗎？我想，我得花點時間陪陪我奶奶。去看看她正是我應該要做的事，我覺得她一定也在想我的爺爺。我們可以一起想念他。」

在第二個版本中，伊凡並沒有讓這段對話朝某個既定方向進行，例如說「他」希望，抑或是他認為可能、應該發展的那個方向。他反而選擇真誠聆聽莎妮絲的想法。他可以把她當成不同的個體看待。正因為如此，莎妮絲得以找出真正困擾她的事是什麼，甚至想辦法協助她自己。

請試著用這個方法，來和伴侶、鄰居、堂（表）兄弟姐妹或任何打電話來聊天的人互動。當他們告訴你某件關於他們的事時，請試著說「多告訴我一點」，然後繼續傾聽，讓他們深入探索自己的想法與感受，並請注意接下來發生了什麼事。

想讓其他人知道他們對我們有多重要，聆聽是最強而有力的方法。雖然我們如何回應當然很重要，還有另一件事也很要緊，那就是在之後重新提起他們所說過的話。舉例來說，在上述例子裡，伊凡可能會在幾天後繼續關注這件事並且詢問莎妮絲對於懷念爺爺或是去探望奶奶，她是否還有其他想法。

此外，聆聽這件事不僅對被聆聽的那個人有益，對聆聽者本

身也有好處。我們感覺和另一個人很親近時，大腦就會分泌催產素，這是一種促使人們建立緊密連結的化學物質。請回想一下，當你和某個人一起大笑、一起哭，或覺得自己的心聲確實被聽見與理解，你所感受到的那種真正的親密感。和他人如此緊密連結在一起，很讓人興奮。與此同時，它也能帶來深刻的平靜，就像撫摸寵物或坐在海邊時一樣。

有時候，要真正專心傾聽很困難。比方說，伴侶想談論某個和你背道而馳的觀點，感覺會像是受到批評。另外，若你因為掛念自己的事、懷抱著防衛心而注意力分散，或是單純因為覺得某個話題很無聊，也很容易充耳不聞。這種時候你最不想說的話八成就是「多告訴我一點」。但專注聆聽可以增加信任感、幸福感，同時讓兩個人連結更緊密，很值得你努力這麼做。以下是四種聆聽方式：

1. **假裝聆聽**：儘管你做出有在聆聽的樣子，像是點頭或發出「嗯哼……」為回應，但其實心不在焉。你可能會說「我了解」之類的好聽話，不過伴侶才不會被糊弄過去，因為你的思緒、臉部表情以及身體姿勢都顯示──你根本沒有在聽。

2. **選擇性聆聽**：你「似聽非聽」，只挑重點聽，以便在輪到你發言時，知道該怎麼回應對方。你可能會說「是啊，我懂你的意思」或「聽起來你度過了很難熬的一天」。但你的反應重點在於自己，而不在於對方。同時，你也暗自在心裡批判，或評斷你是否贊同伴侶的看法。

3. **仔細聆聽**：你關注對方勝過自己，但腦海中也同時上演著另一段對話。你還是在評斷自己是否同意對方的想法（你有時也會批判），但還沒有到選擇性聆聽那種程度。你也許會中途分心，但是會把注意力找回來，並試圖用心地回應。

4. **深入聆聽**：你能敏銳察覺對方的心思，彷彿搭起一座橋進入伴侶的世界，並暫時把自己拋諸腦後。你不會批判或分心，因為你的目標在於，讓對方感覺和你緊密地連結在一起，同時相信你會全神貫注地聆聽。此外，你也會留意非言語暗示，亦即那些透過對方的眼神、肢體語言和語調傳達出來的訊息。你不會裝出很專心的樣子，但實際上只記得四分之一左右的談話內容，而是透過深入聆聽，記住對方所說的大部分內容。無論你同意與否，都會試圖從伴侶的觀點來理解這段對話。同時，伴侶所表達的想法與感受，你也會展現出真正的同理心與尊重。

良好的聆聽不只是機械式地回應而已。這是一種技巧，別人在和我們分享某件事時，我們必須讓自己不被其他事物影響而分心，例如思考自己要怎麼回應、評斷對方所說的話，還有想著我們自己的事。當然，用心聆聽並不代表我們不會有任何內在對話，而是我們對這樣的「背景噪音」有所察覺，同時也願意努力把注意力拉回來。

你和伴侶若是為了某個看似難以解決的問題僵持不下，此時想辦法保有你們之間的連結是很重要的一件事。設法真誠地聆聽對方的觀點，並且承認兩個人的想法都不奇怪或沒有錯，如此便可營造具有同理心的溝通氛圍，同時幫助雙方降低防衛心。這麼做能使問題顯得沒那麼嚴重，就算問題無法獲得解決，伴侶之間的緊密連結依然得以維持。

不過，我們確實也無法每次都做到深入聆聽。有時候我們只是想跟對方閒聊，有時候只想得到一些資訊，僅此而已。重點在於，我們能了解各種聆聽模式，以及具備足夠的情緒敏感度、懂得

何時該採取哪一種方式。為了做到這一點，你們可以先達成這樣的共識──任何一方希望對方深入聆聽時，就直接提出自己的需求。

聆聽測驗

這份問卷是為了協助你探究你的「預設」聆聽層次為何。若你和你的伴侶一起閱讀這本書，你們必須先各自完成這項練習，然後再將你們的結果互相比較。

以下四個部分都各有八個項目。請根據下列定義，就各個項目以1～5分為你自己評分。

1＝我從未這麼做。
2＝我很少這麼做。
3＝我有時會這麼做。
4＝我經常這麼做。
5＝我總是這麼做。

完成每一個部分後，將你的得分加總，而拿到最高分的部分，就是你最常使用的聆聽層次。

層次1：假裝聆聽

分數

1. 在對話進行期間，我經常分心。 ＿＿＿＿
2. 我喜歡讓別人覺得我正在聽他說話，即便我其實沒有在聽。 ＿＿＿＿
3. 儘管我不見得確定自己到底在贊同什麼，但我懂得何時該說「我了解」，以及點頭或附和對方說的話。 ＿＿＿＿

4. 對話進行期間，我會避免看手機或做開始其他事，
   但我必須很努力克制自己才能做到這一點。 _____

5. 對我而言，聆聽是一段被動（而非主動）的過程。 _____

6. 在別人說完話之後，我對他剛才說的話會有大致的
   印象，卻不清楚其中的任何細節。 _____

7. 我通常不會鼓勵對方跟我進一步討論，因為我比較
   想花時間做別的事。 _____

8. 他人無法和我持續認真的對話。由於沒有一來一往
   的互動，他們最後都會停止談話，對話因此「戛然
   而止」。 _____

總分 _____

層次2：選擇性聆聽

分數

1. 別人在說話時，我會一邊思考輪到自己發言時該如
   何接話。 _____

2. 我會特別關注對方提到的某件事，往往會「只以這件
   事」來進行對話，而不是把注意力放在整體主題上。 _____

3. 如果我不是對話的主導者，我就會感到無聊。 _____

4. 在對話進行時，我往往會將話題導回自己身上。
   （「我昨天才剛遇到這種事！我跟你說……」） _____

5. 我在「聆聽」時會試著分析，說話者的看法有什麼
   錯誤的地方，或者對方為何得用不同的方式來看待
   這件事。 _____

6. 對方講錯某個用字或發音，或是我覺得他根本不了

解剛才使用的詞彙時，我會打斷並糾正他。　　　＿＿＿＿

7. 我看似很投入地聆聽，但這通常只是為了把這段對話
導向某個我想要或是我覺得比較有趣的方向。　　　＿＿＿＿

8. 大家都知道，我會替別人說完他們正在說的話，或建
議他們用不同的方式來說明某件事。　　　＿＿＿＿

總分 ＿＿＿＿＿

層次3：仔細聆聽

分數

1. 如果我沒有把握自己聽懂對方剛才說的話，要麼會
請他重新概述一次，或者是會用自己的方式把這段
話再說一遍，確認我的理解是否正確。　　　＿＿＿＿

2. 我可能會花很多心思分析對方所說的話以及說話的
方式，以致於我覺得自己有點像是他的個人諮商師。　　　＿＿＿＿

3. 對方在說話的時候，我會有意識地進行眼神交流。　　　＿＿＿＿

4. 雖然我用心聆聽，有時候我的臉部表情或動作很自
然就會將我的「內在對話」顯露出來（像是大呼一
口氣、露出很驚訝的表情、翻白眼，或看起來很困
惑的樣子）。　　　＿＿＿＿

5. 我的腦海裡可能會進行另一段對話，但注意力主要
還是在眼前的說話者身上。　　　＿＿＿＿

6. 我的朋友經常尋求我的建議，比較少要求我「光聽
就好」。　　　＿＿＿＿

7. 我會問一些問題來「引導」說話者發現某件事，或
找出某種解決方案（我認為這是必要的）。　　　＿＿＿＿

8. 因為我很關心這位說話者、希望能給予協助，所以我會試圖針對他個人目前的狀況，提供明智而周到的建議。

　　　　　　　　　　　　　　　　　總分 _____

層次4：深入聆聽

分數

1. 輪到我發言時，我多半會問對方問題，並鼓勵他進一步說明。

2. 我不會打斷說話者，而是會等他把話說完。到了那時，除非對方特別詢問，我才會發表我個人的看法。

3. 我不會做出任何批判，只會試圖了解說話者為什麼會有這樣的想法。即便我通常不贊同某個人所說的話，我還是會讓對方表達自己的想法，並且試著從這個人的觀點來看待事情。

4. 我在聆聽別人說話時都會忘記時間。除了我們之間的對話以外，所有的一切似乎都隨著時間消逝。

5. 我的目標在於肯定說話者，並確保他不會因為告訴我某件事而感覺沮喪或難為情。

6. 我不會把注意力都放在自己的情緒反應上，或讓它們成為新的話題。我懂得如何同理對方的狀況，而不會受到其心情的影響，並因此變得不開心。

7. 我會留意說話者的語調和非言語暗示，但也會努力不要太早斷定他想表達的意思。同時我也明白，有些人的聲音、臉部表情或肢體動作不太會透露出他

們的情緒。另外，試圖分析某些細微的線索，只會使我分心、無法專心聆聽。　　　　　＿＿＿＿＿＿＿

8. 身為聆聽者，我知道這段對話的重點不是我，而是說話者本身，還有對方所表達的那些想法與感受。　　　＿＿＿＿＿＿＿

總分 ＿＿＿＿＿＿＿

思考與分享

請完成以下句子，然後和你的伴侶分享：

1. 進行這項測驗讓我發現，我……
2. 我的分數最令我感到驚訝的地方是……
3. 我的伴侶形容我是這樣的聆聽者……
4. 當我聽到伴侶這麼說時，我的反應是……
5. 我明白，作為一個聆聽者，我……
6. 我可以用這種方法來改進我的聆聽模式……
7. 這種改善將為我的感情帶來這樣的好處……

不只是對狗兒的愛

讓我再回來談談我和提姆那段關於狗的對話。我們回到家後，彼此都同意想到即將失去那三隻狗，使我們兩個人都感到非常脆弱，導致我們對彼此的看法產生激烈反應。兩個人也都同意，接下來的幾天先不要再提及這個話題。我們對彼此變得有點拘謹，但還是一起煮了一頓美味的晚餐，然後看了場電影。到了睡覺時間，我們已經能和睦相處（即便沒有處於最熱情的狀態）。我們在睡前達成這樣的共識——那個周末花點時間傾聽，

並了解對方為什麼會有這種想法，以及在我們找出方法突破僵局之前，不要做任何決定。

我們終於在星期六早上一起坐下來，這時我可以好好聆聽我先生說話。他說自己當了近五十年的獸醫，在這段時間照顧過很多狗，其中也包括他自己養的九隻狗。提姆解釋，他覺得自己對這些動物都有責任，一直對牠們放心不下。他總是確保他的狗每天都能去散步，如果遇到要出門旅行，則會努力想辦法讓牠們一同前往。

他陪伴他的每一隻狗度過一生，所以在我們的這幾隻狗離開之後，他想暫時脫離這種情感依附、關愛、失去的循環。我們在一起的這三十三年裡，我從來沒有想過提姆會有這種感受。我沒有改變我的立場，卻因此充滿同理心，我了解他暫時不想養狗不是因為缺乏關愛，反而是因為他極有愛心。

提姆也同樣深入且專注地聆聽我的想法。我告訴他關於德國牧羊犬「隆傑」的故事，牠很有可能在我兩歲時救了我一命。有天年幼的我不小心掉進小溪中，隆傑因此不停狂吠，直到我父母把我從溪裡救出來為止。此外，我也提到史奇普、舒莫和邦妮，牠們是我小時候最重要的支持系統。然而，我父母認為「狗應該要待在農場上」，所以在我長大成人之前，我都沒有養過屬於自己的狗。

他說，他了解為什麼擁有一隻狗對現在的我如此重要，而我也告訴他，我可以理解他為什麼想要休息。於是，我們兩個人決定陪伴這三隻狗度過餘生、休息一陣子之後，再自然地展開相關對話。令我驚訝的是，在過了兩年沒有狗兒陪伴的日子之後，提姆跟我說他想要養一隻狗。與此同時，我則因為沒有養狗而感覺輕鬆許多，我們將自身不同的感受和彼此分享。接著又過了一年，某天我們同時坦承想要養隻小狗，不久之後就迎接傑克森進入我們的生活。

因為在發生爭執後立刻先停下來，我和提姆得以運用正念溝通的第一個元素——透過積極與深度聆聽來與對方「同在」（「PAUSE」裡的「P」）。當我們能真誠地聆聽彼此，同時覺得自己的心聲確實被對方聽見，就更能理解彼此的觀點，並且懷抱同理心。儘管我們的立場並沒有改變，卻仍舊是彼此的隊友；我們不會因為對方抱持不同的看法，就覺得這個人有問題。

在句子裡使用「還有」，而非「但是」

正念溝通的第二個元素包含「認可並接納一個以上的事實」。在試圖進行有效溝通會面臨的最大困難在於，我們認為兩個人一定有對錯之分，無論是涉及和各種家務、育兒、愛情、政治、宗教等有關的事，情況都是如此。心理學家把這種二元對立的思維稱作「極化」（polarization）。

從更大的範圍來看，這樣的極化現象會出現在不同的種族群體、政治派系，或國家之間，並導致戰爭之類的災難事件。雖然對伴侶而言，極化現象的規模比較小，但還是有可能會很激烈。兩個人也許會為了怎麼花錢、如何利用閒暇時間而爭吵，或者其中一方想要更緊密的連結、花更多時間待在一起，另一方卻希望能保持一點自己的空間，並尋求獨立自主。為了達到自己的目的而試圖改變、說服或控制對方，我們往往會犧牲親密感以及對彼此的善意。

想處理這樣的情況，我們就必須思考「但是」和「還有」之間的差異。在同時囊括兩個事實的句子裡使用「但是」，其中的一項事實就會被抵銷，例如：

「我知道你非常想去度假，但是我不認為現在是適合度假的時候。」

「我愛你，但是我今晚不想做愛。」

當你聽到這樣的話時會有什麼感覺？由於使用了「但是」，我們否定了句子的第一個部分，並且讓第二個部分變成了唯一的事實，即便我們所談論的是自身的狀況也是如此。

在句子中使用「還有」，而不使用「但是」，代表認可該句子的前後兩個部分。它提醒了我們這個世界上很多事情都同時是正確的，沒有一方必須是錯的。舉例來說，「我愛你，還有我今晚不想做愛」就是同時承認兩個事實的一種說法。

請觀察一下，你在日常對話裡聽到和使用「但是」時，你有什麼樣的感覺。當你先停下來，然後用「還有」來取代「但是」，請注意接下來發生了什麼事。這麼做會如何改變這些話的意思？是否讓你（和他人）產生不同的感受，並且以不同的方式進行回應？事實上，這些看似微小的改變可以消除多數爭吵中最痛苦的部分，也就是當自己的看法不被重視時所感受到的疏離感。即便周遭的人擁有不同的經歷、抱持不同的意見，我們還是能和他們保有連結。

在進行正念溝通時，我們不會輕視或無視對方的言語或感受。在練習暫停的時候，請記得「接納」話語中的「還有」，是很重要的一件事。

實作練習：用「還有」來取代「但是」

你可以獨自進行或者和伴侶一起完成這項活動。請回想在過去的一星期裡，你和伴侶、親近的朋友或其他人在對話進行的過程中，你們其中一方（或雙方）懷抱著防衛心，覺得自己的想法被忽視或沒有被傾聽。你能否想到一些句子是你或對方可以用「還有」來取代「但是」，來改善對話狀況。請在紙上畫出後方的表格，並填入這些句子，好好思考一下這樣的概念。請用「還有」來取代

「但是」（或是用「但是」來取代「還有」）。你可以感受一下，這麼做會如何改變這些句子的意思。

在句子裡使用「但是」	用「還有」來取代
我知道你想和你的朋友去騎腳踏車，但是我想和你待在一起。	我知道你想和你的朋友去騎腳踏車，還有我也想和你待在一起。
我知道你對純素食感到厭倦，但是我真的很努力讓我的飲食保持純淨[7]，所以必須維持這樣的習慣。	我知道你對純素食感到厭倦，還有我真的很努力讓我的飲食保持純淨，所以必須維持這樣的習慣。

思考

請思考一下你在本章中學到些什麼，並將它們寫下來。

分享

現在，請和對方面對面坐著，然後分享你們從這項練習學到了什麼。

我們將在下一章繼續探討正念溝通的五大技巧，以及這些技巧和暫停之間有何關聯。我們會先探究用不設防的方式和對方產生連結，以及聰明地表達有多重要。

---

7. 「純淨飲食」（clean eating）是近年來很流行的一種飲食風潮，意指盡量攝取天然的原型食物，而不食用加工食品。

11

駕馭防禦機制，並且聰明地表達

關鍵在於理解「自以為的攻擊」和「真正的攻擊」之間有什麼不同。
為自己的行為負責需要勇氣。在面對尖銳、憤慨的話語，反擊使人
感覺比較安全且愉快。扮演受害者的角色容易許多，但這樣的回應
方式都將對建立健康的關係造成阻礙。

——札克・布里特（Zach Brittle），
《掌握愛情的二十六個字母》

　　我曾發表八十幾篇關於伴侶關係的短篇文章，其中有四篇文
章和我們的各種防禦行為有關。雖然整體來說我收到許多來電和電
子郵件，與防禦機制的相關回應卻整整超出其他主題四倍之多。這
意味著，在伴侶關係裡，防禦機制可能是最大的麻煩所在。

　　所有人都具有某些防禦機制，藉此來保護自己。不論是這些
防禦機制尚未發展完全，導致我們缺乏明確的界限，又或是過度使
用，我們都無法全心去愛。本章將探討太重的防衛心會對感情造成
什麼傷害，以及要怎麼有技巧地表達，好讓你在為自己發聲的同時
依舊和對方維持連結。

　　防禦機制是一種保護策略，我們必須花費許多精力才能保有

它。儘管防衛心原本是為了降低羞愧感，種種防禦行為卻反而令我們的羞愧感變得更深。此外，你的防衛心也會使伴侶在情感上變得封閉，這些情緒最終都會浮現出來，對方不是突然暴怒，就是表現出被動報復的行為，例如對你冷嘲熱諷、在背後批評你，抑或是在性愛上變得冷漠、不再對你表示愛意或感謝。

「防衛性溝通」有兩個部分：最初激起防衛心的那段溝通，以及其後續反應。稍後，我們將會在本章探究哪些方式會導致雙方築起一道道心牆。同時，我也將針對「如何談及艱難的問題」提供一些建議，讓你的心聲更有機會被對方聽見。我們先來思考一下，自己為什麼會做出某種反應，還有那些下意識的防禦機制會對我們最重要的關係帶來什麼樣的影響。

為什麼我們會懷抱防衛心？

童年經歷會對你怎麼回應批評造成深遠的影響。若小時候你曾經被家族成員或其他重要長輩貶低、羞辱或嚴厲懲罰，在長大成人之後，每當某個人似乎在生你的氣時，你可能依然會覺得必須設法自我保護。這是你在面對危機時的一種無意識的自動化反應。

我們所有人生來就會用「戰鬥」、「逃跑」或「凍結」的回應方式來保護自己。比方說，路上看到一條蜷曲的蛇，我們就會自動逃跑，這樣的反應很聰明也很合理。倘若小時候父母曾憤怒地對我們說「你竟然忘了倒垃圾，你沒救了」，對我們而言，這或許感覺和那條蛇一樣危險且令人苦惱。長大後的我們即便在面對最微小的批評，也可能會下意識地「凍結」，也就是會竭盡所能防止那位抱怨者再繼續發表負面意見。

伴侶說「你忘了買菠菜」或「你跟朋友說我們吵架了，這讓

我很不高興」，這些話並不會真的帶來危機，但對我們的「感性腦」而言，它們「感覺」就像是危險。於是，我們會立刻採取行動、試圖保護自己。我們得學習如何重新調整這種想自我保護的衝動，必須記得自己不必因為伴侶提出抱怨、抗議（甚至是輕微的批評），就產生攸關生死的恐懼。現在我們已經長大成人，可以適當地保護自己了。

你會做出什麼樣的下意識反應，以及這些反應會有多激烈，不僅取決於你的童年經驗，先天性格也是其中一個因素，我們有些人天生就比其他人「臉皮薄」。如果你重新瀏覽第七章所提到的九型人格，可能獲得新觀點，以此理解自己的性格類型具有何種防禦機制。請記得，你的防禦行為並非性格缺陷，這只是人類的本能反應而已。此外，當我們特別注意並運用相關技巧，就有能力改變那些對我們沒有幫助的過時行為。

防禦策略

在探討暫停的第九章裡，我曾經提過，壓力會使大腦負責理性思維、做出適當反應的部分停止運作，同時將主控權轉交給負責發出警報與啟動緊急應變措施的情緒中樞。我們有「戰鬥、逃跑、凍結」這三種下意識的自我保護策略，每個人都會根據自身的性格與童年經歷，發展出其中一種風格作為特有的回應方式。

凍結者會扮演受害者的角色，無論他人的意見有多不合理，他們都會贊同並且試著安撫對方，只為了不要再感受到那些「攻擊」。戰鬥者會激烈地反擊，質疑他人的看法，同時跟他們爭論細節。他們會合理化自己的行為，並轉而責怪對方。至於逃跑者則會將自己抽離、漠視對方，或者一走了之。

請回答下列和防禦風格有關的問題：

1. 當你覺得必須保護自己、以免受到朋友和家人傷害時，會採取哪一種防禦策略？

2. 在和重要他人互動時，你通常會採用哪一種防禦風格？除此之外，你是否還會採取另一種風格？（比方說，你會先凍結，然後開始發怒。）

3. 請回想一下，你最近表現出防禦行為的時候。也許你的伴侶、父母親或同事說了某些你認為是批評的話，所以馬上就進入了自我保護模式。請描述一下當時的狀況。

4. 那時，你是用戰鬥、逃跑或凍結中的哪一種方式進行反應？請描述一下你的行為。

5. 你認為自己當時是真的身處險境，或者只是自己「覺得」危險而已？請描述一下當時的狀況。

6. 現在，請改寫這個情境。你改以不設防的方式回應對方；也許那時有人說了聽起來像是批評的話，但你可以專注於當下、不受到刺激，並向對方說明你有何感受，而不是以戰鬥、逃跑或凍結的方式做出回應。

7. 接下來，請重複進行這項練習，但這次請回想這樣的狀況：因為「你」說了某些話或做了某件事，對方表現出防禦行為。請寫下當時發生了什麼事，包含你如何開啟這段對話，以及對方如何回應。

8. 這個人做出防衛反應時，你有什麼感覺？請回想一下對方這樣回應，你心裡有哪些感受。

9. 現在，請改寫這個情境（這個人改以不設防的方式回應你）。你可能會怎麼回應對方？

　　若你和伴侶一起進行這項練習，請在各自回答完這些問題之後，再和對方互相分享答案。

學習暫停

　　即便你是一個容易過度反應的人，這段過程也能讓你學會如何駕馭本能。聆聽對方的抱怨、接納其眼中的那個事實（「還有」），以及練習「用不設防的方式和對方產生連結」（「PAUSE」裡的「U」），可以一起使衝突明顯緩和下來，同時促進良性溝通。這樣的溝通方式能令你們感到安心，並且因此獲得成長。

　　每次覺得自己必須做出防衛反應時，你可以用下列方式先讓自己停下來：

1. **當你開始感受到自己升起防衛心時，請特別注意。**這裡有一些徵兆可以幫助你多加留意，裡面有哪些項目是你很熟悉的？

   ● 肌肉變得緊繃。

   ● 感到惱火。

   ● 感覺自己判斷力下降，同時變得語無倫次。

   ● 想堅持己見。

   ● 心裡有聲音在反駁為何對方說的話是錯的。

   ● 覺得必須為自己辯解。

   ● 想擁有最終決定權。

   ● 批判對方。

- 說話速度很快。
- 陷入沉默。
- 冷嘲熱諷。
- 攻擊對方（有效的進攻是最好的防禦）。
- 心跳加速。
- 將雙臂交叉在胸前。
- 把一切都當成自己的錯。
- 很快就做出結論。
- 試圖安撫對方。
- 感覺自己像個孩子一般。

2. **調整呼吸**。請注意你的呼吸，以便舒緩緊繃的身體。請放慢呼吸的速度，放鬆腹部和肩膀肌肉，同時提醒自己，你並非真的身處危險。讓你的大腦上層重新拿回主導權。

3. **承認你自身的激烈反應**。告訴他人你理解他們的批評，並鼓勵他們分享自身的感受，是很重要的一件事。然而，如果你發覺自己關上心門，抑或是想要反擊或逃跑，請坦承這一切。你可以跟對方說：「我希望你能多告訴我一點，但我發覺自己變得有所防備。我想花點時間先冷靜下來，這樣才能好好地聽你說話。」這能使你有時間恢復平靜。

4. **請記得，這一切不見得和你個人有關！** 批評往往和「批評者」本身，而不是被批評者有關。也許你的伴侶只是累了或誤會一些事情，又或者你在無意間激發了伴侶的某種反應，這種反應其實和其他人事物有關。你必須認可對方的看法，可以問他「你還想補充些什麼嗎」或「你能否再解釋一下……」，這將協助你們雙方找出背後的深層原因。請不要用這段對話來反駁你伴侶的看法或指正錯誤。

5. **若你想充分表達自己的想法，請感謝你的伴侶。** 謝謝伴侶提起這個問題，同時承認談論這些事很重要，即便它們聽起來並不舒服。

6. **如果你覺得你應該道歉，那就這麼做。** 要是道歉對你來說很困難，閱讀海瑞亞‧勒納的著作《如果那時候，好好說了「對不起」》，或觀看她的TED演講「他為什麼不道歉」，可能會對你很有幫助。在她的各項建議裡，最實用的就是「不要在話語中使用『如果……』」。「『如果』我傷害了你，我很抱歉」並不是道歉，而是推卸責任的一種做法。「『因為』我傷害了你，我很抱歉」才是真心的道歉！

若你想說明原因、辯解，或花點時間談論你的立場，這都沒有問題──但請不要在對方還在說話時這樣做。請先聽對方把話說完，等對方覺得自己的想法被聽見「之後」，你可以說類似這樣的話：「我現在知道為什麼我沒去參加壘球賽會令你不高興。讓你擔心了，我很抱歉。真希望那時我記得傳簡訊給你。如果下次再遇到這種事，我一定會這麼做。你想聽聽，我這邊發生了什麼事嗎？」

請記得，用不設防的方式和對方互動，其實才是你在感情裡保護自己的最好方法。（重要提醒：若你真的因為遭受攻擊或恐嚇而身處險境，請立刻離開現場，並尋求外界的支援。請堅持要對方尋求專業協助，然後你才能同意再次共處一室。）

用心且聰明地表達

我們需要那些可以讓我們敞開心胸的人。「和他人進行真正的對話」

這樣的建議看似簡單明瞭，卻需要勇氣，同時也需要承擔風險。

——湯瑪斯・摩爾，《傾聽靈魂的聲音》

　　如果不知道該怎麼表達我們心中的不滿，最後一定會間接以更有害的方式呈現出來。當我們不願意說出自己的心聲（無論是因為恐懼、自我懷疑，還是忍不住想討好對方），這段感情裡的問題就不可能得到改善。與此同時，直接將不滿脫口而出並指責對方，對事情也不會有任何幫助。要進行正念溝通，我們必須思考如何「有技巧地表達」（「PAUSE」裡的「S」）。

　　我們怎麼和伴侶談起某個問題，和這段對話能否順利進行有很大的關係。接下來，讓我們來看一下以下兩個情境，藉此了解開啟談話的方式會如何影響伴侶之間的對話。

情境#1： 彼特很興奮地回到家裡，他剛在工作上獲得很棒的升遷機會，並且在壁球賽中擊敗了他最大的對手。他衝進屋內，迫不及待地想和伴侶安妮分享這些好消息。彼特發現剛出差回來的安妮正在臥室裡整理行李，她看到他的時候臉上幾乎沒有笑容。

　　她嘆了一大口氣，看起來很鬱悶的樣子。「嗨。」她咕噥了一聲，然後又繼續收拾東西。

　　雖然彼特一度發覺，安妮不像平時那麼熱情、活潑，但他對自己這一天的經歷太過興奮，沒有弄清楚有什麼不對勁。「我度過了非常美好的一天！」彼特大聲嚷嚷道，接著開始向安妮訴說他一切的成就。

　　請想像你是安妮。你筋疲力竭，而且出差期間發生令你不高

興的事。你覺得你會怎麼回應彼特？

情境#2：梅根開始不高興了，因為她先生傑森應該要在傍晚五點三十分到家，這樣他們才有時間為參加某場晚宴做準備。他現在人在哪裡？她不停傳簡訊、打電話給他，但他都沒有回覆。隨著時間一分一秒過去，她變得越來越火大，到了五點四十五分，她開始回想起他所有遲到的時候。她發現這麼多年來，傑森的慣性不守時使她一直心懷怨懟。「我覺得過去的十一年來，我大部分的時間都在等他回家。」她對自己抱怨道。

此時的梅根被腦海裡的各種回憶淹沒。她回想起當年第一次帶傑森去見她的家人時，他就遲到了。在她的記憶中，就算他們同時開始準備出門，她一定是手裡拿著車鑰匙等人的那一個——他總是必須做某項「最後一件事」，然後他們才能離開家，這實在很可惡！

到了六點十五分，傑森終於把車開進車道、停好車，並走進家門。他看起來很憂慮的樣子，但這一次，梅根無法再壓抑自己的憤怒。「我不敢相信，你竟然又遲到了！」她對他大發雷霆。「我覺得我好像花了一輩子的時間在等你，你至少可以打電話給我吧。」

請想像你是傑森。你之所以會遲到，是因為你在開車回家的路上看到一起車禍，然後停下來幫助傷患並聯絡救護車。你覺得你會怎麼回應梅根？

你應該預料得到這兩個情境都不會有好結果。多數人都能察覺這兩個故事裡的問題，兩對伴侶不僅都帶著強烈的情緒展開談

話，他們也沒有先暫停以了解對方當時的心情。兩個案例中，說話者都忘了開啟對話時的首要原則：你怎麼開始一段對話，將會影響這段談話後續如何發展。同時，你不可能在沒有先停下來觀察，並聆聽你伴侶的情況下好好開始。

對話是一段互動的過程，這代表若你想分享某件大事，就必須注意「保持友善且切合時機」。如果伴侶立刻就感覺自己受到攻擊或被無視，便會以戰鬥、逃跑或凍結的方式來回應你，很難抱持開闊的心胸來聆聽你要說的話。在開始一連串的抱怨之前，請先懷抱最大的善意。

下方列出「聰明表達」的六項原則，可以幫助你有技巧地開啟一段對話，藉此為你們雙方帶來最好的結果。

原則#1：先管理自己。在開始說話之前，請先留意你的情緒，因為它們將透過你的眼神、臉部表情、肢體語言顯露出來。倘若你沒有察覺自己的情緒，就不會知道你把什麼樣的非言語訊息傳達給伴侶。每當你要開始說話之前，都請先花點時間專注地深呼吸，並且暫停一下。

原則#2：先和你的伴侶確認。你想談論某件「充滿能量」的事之前，不管是分享某個好消息或者表達不開心，都必須先確定對方當時的心情如何。不要認為伴侶隨時都能滿足你的需求、進行某種對話。你可以先留意那些非言語暗示，像是眼神、臉部表情和肢體語言，然後再實際和對方確認。

原則#3：在進行任何重要談話時，請徵詢對方的同意。在進行重要談話之前，讓伴侶有機會接受或拒絕你的邀請。如果伴侶拒絕了，請等到隔天在適當的時機再次提出邀請。若伴侶沒有意願進行對話，請不要強迫。

原則#4：尊重對方。 每次要開啟一段對話時，請抱持尊重與善意，即便你再不高興也是如此。如果一開始就帶著質問的口氣、露出憤怒的表情，或者大聲嚷嚷，無論你接下來說什麼，對方都會自動進入自我保護模式。你可能會說「我覺得很生氣」，但請不要再加上「這都是因為『你』」，而是改為補上一段關於你自己的話，例如：「我現在真的很生氣，我知道這有一部分和你無關，而是和我有關。在我們開始談話之前，也許我應該先去走一走。」

原則#5：了解批評和抱怨之間的差異。 批評是對個人「性格」的指責，抱怨則是要求對方改變他的「行為」。舉例來說，你可能會這樣批評伴侶：「你『總是』忘記我的生日，你是我認識最不體貼的人。」相反地，抱怨則就事論事，避免使用「你總是……」、「你從來都不……」之類的字眼，同時也不會為對方的性格貼標籤。在理想狀況下，抱怨還包含邀請對方一起思考替代方案，例如：「這是你第二次忘記我的生日了。因為生日對我很重要，我在想我們能否想個辦法，讓你明年可以記得。」

原則#6：等待適當的說話時機（即便你想表達愛意也是如此）。 對於那些用言語作為愛情語言的人來說，他們可能會認為自己無法獲得足夠的愛、感謝與讚美（更進一步的探討請見第十三章）。有些人則可能會在研究怎麼打好壁球、在院子裡種樹或看電影時，覺得這些表示愛意的話聽起來很煩人。儘管你說的是甜言蜜語，還是必須記得「圓滿的愛」的首要原則：你的伴侶「不是」你。伴侶可能和你擁有不同的愛情語言，也許他確實喜歡你透過言語表達愛意，但甜言蜜語還是簡短一點比較好。說得太過冗長反而可能會使你覺得

被指責，即便那並非你伴侶的本意。

對話是兩個人共同的責任。然而，這段談話會在什麼樣的氣氛下進行，有很大一部分取決於開啟對話的那個人。

至於被要求參與對話的那個人，我的建議是，你們雙方都先同意「二十四小時法則」。這意味著，只要其中一方不想談論某個話題，就可以說「不是現在」，但這個人必須在二十四小時內另外找出時間。

實作練習：開啟一段對話

請回答以下問題：

1. 你是否曾在沒有先確認伴侶心情的情況下，就開始一段談話？請簡短描述一下你們當時的對話。
2. 現在請想像一下，如果那時你有先確認伴侶的心情，這段談話會變得有什麼不同？
3. 在開啟一段重要談話之前，你可以用哪些說法來和對方確認？
4. 如果伴侶想開啟一段對話，但那時你不想進行這樣的對話，你可以用哪些方式回應？

分享

如果你的伴侶也完成了這項練習，請互相分享你們的答案。

鏡射法

所謂的「鏡射法」（mirroring）是指將對方傳達的訊息準確地

反映出來。面對衝突或緊張的關係，這是一項很實用的工具，可以協助我們「聰明地表達」。在進行鏡射時，「發訊者」會負責說一些有意義的話，時間不超過兩分鐘，同時「收訊者」會負責聆聽，並複誦發訊者說過的話，而不加以修改、詮釋或批判。接著，收訊者會確認自己的複述是否精確，並且詢問發訊者是否還有想要補充的部分。這樣的過程能確保你準確聆聽你伴侶所說的話，而不會遺漏任何東西，或用自己的想法加油添醋。讓我舉個例子：

發訊者：「我真的很擔心我剛開始著手進行的這項專案。」

收訊者：「讓我來鏡射你剛才說的話。你真的很擔心你剛開始著手進行的這項專案。我這樣說正確嗎？你還想補充些什麼嗎？」

接下來，發訊者和收訊者角色互換，然後重複同樣的過程。請記得，這「不是」對話，而是分享與聆聽，因此直接跟對方說「我想要鏡射你說的話，以確保我有正確聆聽」是很重要的一件事。如此一來，你就不會聽起來只像隻鸚鵡。你們兩個人都必須清楚了解並同意，你們將如何進行這一切。

發訊者必須做到以下這幾點：

● 用簡短的句子進行陳述，同時讓話題維持一致。

● 談論和你本身有關，而不是和伴侶有關的事。

● 保持友善的態度、好奇心與開闊的心胸，並留意你傳達了什麼非言語訊息。

因為鏡射法是為了聆聽與展現同理心，在聆聽時，收訊者必須記得做到以下這幾點：

● 關注你的伴侶，而不是把注意力放在你自己的想法、價值

判斷或類似的人生經驗上。

● 維持眼神交流，同時用表示關愛的「溫柔眼神」看著伴侶。

● 保持友善的態度、好奇心與開闊的心胸，並留意你傳達了什麼非言語訊息。

共同練習：鏡射法

請和伴侶一起練習鏡射法。若你獨自閱讀這本書，此時可以邀請伴侶一同參與，或者自行將內容瀏覽一遍，以便對這個部分有所了解。（之後如果有需要，你就可以在對話時運用這項工具。）

請選擇其中一個人擔任發訊者，另一個人則擔任收訊者。請用下列句型來分享你們在本章裡學到什麼關於防禦機制和用心表達的事情，同時鏡射對方所說的話。發訊者必須完成這些句子，這時收訊者會負責聆聽，接著收訊者會直接複誦發訊者說過的話。在進行練習時，請試著抱持興趣與同理心。讓我舉個例子：

發訊者：「當我在閱讀關於防禦機制的部分時，我了解到，面對你的批評我往往會先表現出一副『你錯了』的樣子，然後再默默為此責備自己。」

收訊者：「當你在閱讀關於防禦機制的部分時，你了解到，面對我的批評你往往會先表現出一副『你錯了』的樣子，然後再默默為此責備自己。」

請完成這七個句子，然後再角色互換。

1. 在閱讀關於防禦機制的部分時，我了解到，我……

2. 我的防禦策略可能會以這種方式讓我們在這段感情裡受苦……

3. 我發現我……

4. 我明白，我……

5. 我可以用這樣的做法幫助我們抱持更開放的心態，同時變得更完整……

6. 在閱讀關於用心表達的部分時，我了解到，我……

7. 我明白，你……

思考與分享

1. 這種溝通方法和沒有使用鏡射法時的溝通方式有什麼不同？請和你的伴侶討論一下。

2. 「用不設防的方式和對方產生連結」和「聰明地表達」這兩項「PAUSE」技巧的最大重點分別是什麼？請將它們寫下來。

　　現在，你已經學會五大溝通技巧當中的四項，你懂得怎麼進行正念溝通。在下一章裡，我們將會探討正念溝通的最後一個，同時可能也是最重要的元素，那就是情感智慧。

12

培養情感智慧的五個重要習慣

沒有意識到必須為自己的想法、感受以及行為負責時，我們就會身處危險。

——羅森伯格（Marshall B. Rosenberg），
「非暴力溝通中心」創辦人

　　在正念溝通五大技巧「PAUSE」中，最後一項技巧是「情感智慧」。所謂的情感智慧是指察覺、理解並管理自身情緒的能力，這種能力被公認是成功領導者、正念修習者，以及親密伴侶最重要的必備特質。它可以使我們對伴侶懷抱同情，即使身處僵局、倍感壓力與威脅時也是如此。擁有高度的情感智慧讓我們得以察覺眼前的深層問題，並且幫助我們運用最有效的技能來解決問題，而不是選擇最常見的兩種反應：責怪對方以及做出各種防禦行為。

　　我們在最後這幾章所探究的其他技巧，包含積極聆聽、接納話語中的「還有」、以不設防的方式聆聽，不僅都需要我們具備情感智慧，同時也能促進這種智慧的發展。接下來，我們將會探索情感智慧的其他面向，並探討如何運用五種簡單的方法來提升你管理情緒的能力。

「我不敢相信，你竟然做出這種事！」

克萊麗莎和蘭妮和我預約了緊急面談。幾個月前，她們曾經來找我諮商，我以為她們有不錯的進展，沒想到會聽見蘭妮的語音留言：「情況很緊急。」她幾乎是對著我的語音信箱大聲哭喊：「我們陷入激烈爭執，可能會因此結束這段感情。」

隔天，她們來到我的辦公室，臉上帶著猙獰的表情，眼神中則流露出對彼此的輕蔑。她們分別坐在長沙發的兩側，並確保中間有顆枕頭將兩個人隔開。

「我不敢相信，她竟然做出這種事。」蘭妮率先發難，她的聲音尖銳且語帶威脅：「她不僅把我的財務困境告訴我家人，甚至還透露了我的卡債細節，我『從來不會』把她的私事告訴任何人！而且說真的，她可是有『很多事』需要隱藏。」

克萊麗莎反駁道：「也許我不該告訴他們這件事，但我就是忍不住。蘭妮把我們兩個人的每件私事都告訴所有人，而且『你』跟我說過……」她用銳利的眼神看著伴侶：「你已經把財務問題一五一十告訴他們。我根本不知道這是個祕密，但當然啦，你多數時候都言過其實。」

克萊麗莎翻了個白眼、轉過頭去，然後大聲啜飲水瓶裡的水，接著脫口而出：「她還為了繳上一期信用卡帳單，偷拿我們旅行基金裡的錢！」

我還記得一年前她們曾經上過我的「愛情技巧」課程。那時，我們花了一整個早上談論這一點——所有爭吵能否順利進展都取決於這段爭吵的開場白。我們仔細探究了那些擁有情感智慧的人所具備的五個重要習慣，她們似乎都能清楚理解。然而在這次爭執中，克萊麗莎和蘭妮卻違背了情感智慧的多數原則。

於是，我指導她們、協助她們真誠地聆聽彼此的想法、懷抱

並展現同理心，並且從對方的觀點來看待這一切。這段過程使她們都冷靜下來，因此得以開始處理最初的那個問題，同時收拾混亂的殘局——這樣的殘局是由於她們沒能運用自身的情感智慧所導致，但我知道她們都擁有這種智慧。

關於情感智慧的案例研究

請確認你已經了解前述關於克萊麗莎和蘭妮的故事。接下來，我們會逐一探討擁有情感智慧的人所具備的五個習慣，請看看你是否明白她們犯了哪些錯誤，導致這場爭吵變成一場大戰。你可以和伴侶一起完成附加練習，各自花點時間思考這些問題，然後在繼續往下閱讀之前，互相分享答案。

習慣1：自我調節

以下這兩句話是否聽起來很熟悉？

● 「我就是『要』說這件事。」
● 「我還沒仔細思考，就把那封電子郵件寄出去了。」

這些話意味著，某個人的行為受到衝動的支配。倘若一個人在做出回應前沒有先暫停一下，這種受情緒驅使的行為就可能會帶來災難。

實作練習：調節情緒

請回答下列問題：首先是和蘭妮與克萊麗莎有關的問題，然後才是關於你本身的問題。

1. 請以1～5分為蘭妮和克萊麗莎評分。（1分代表「沒有調節

情緒的能力」，5分則代表「調節情緒的能力非常好」。）
你認為她們能拿到幾分？請分別寫下三個原因，說明為什
麼你會給她們兩個人這樣的分數。

蘭妮 ＿＿＿＿＿＿＿

a.

b.

c.

克萊麗莎 ＿＿＿＿＿＿＿

a.

b.

c.

2. 請以同樣的評分標準為你自己評分。當你在沮喪、憤怒或
　　脆弱時，你和伴侶的整體互動狀況如何？

3. 請回想一下某次你因為伴侶而感到不開心，同時並沒有把
　　情緒調節得很好，結果發生了什麼事？在那之後，你有什
　　麼感覺？你和你的伴侶分別對彼此表現出什麼樣的行為？

4. 接下來，請再回想相反的情況。那次你雖然覺得不高興，但
　　還是能調節自己的反應，結果發生了什麼事？在那之後，你
　　有什麼感覺？你們分別對彼此表現出什麼樣的行為？

習慣2：察覺他人的情緒，並懷抱同理心

在談到和伴侶之間的衝突時，我們通常都會著重自己對於對
方的行為有何感受：「『你』做『那件事』，『我』會有這種感

覺。」而情感智慧讓我們得以翻轉這樣的過程、進入對方的世界，並將自己拋諸腦後。

這段過程的重點在於，明白對方正在經歷的一切。擁有情感智慧的人可以察覺他人的言語與非言語暗示，藉此了解對方的各種情緒與敏感狀態。這使他們懂得何時該說什麼話。

同理心則讓這樣的覺察更進一步。它是情感智慧的核心元素，可能也是最重要的一項溝通技巧。同理心幫助我們深入了解另一個人的情感狀態，也就是說，當伴侶感到難過時，你不僅能察覺其心情，同時也可以設身處地理解那種悲傷是什麼樣的感覺。這就像是搭起一座橋，讓你得以跳脫自己的觀點、來到橋的另一端，然後從對方的角度來看待這個世界。

你可以用以下這些方式表現出同理心：

- 進行眼神交流。
- 適當地點點頭。
- 不打斷對方。
- 將對方的感受反映出來。
- 認可對方的看法。
- 展現同情、好奇心與興趣。

當兩個人之間的對話變得深刻，同時對方也感覺更安心且獲得支持、不需要捍衛自己的觀點或情緒反應，你就會知道你在同理對方。最重要的是，在同情並理解他人所經歷的一切時，你不必同意他們的看法。

一旦我們可以切身感受，並理解旁人的情緒，要克服差異就變得容易許多。如果蘭妮在回應時能察覺克萊麗莎的心情，同時懷抱同理心，她就不會說：「我不敢相信，她竟然做出這種事。」蘭妮可能會試圖思考，是什麼原因驅使克萊麗莎跟她的家人談話，可

能也會發現自己所累積的債務令克萊麗莎感到害怕，導致她絕望地尋求協助。若蘭妮再更進一步探索，或許還會聽到克萊麗莎分享父母親曾經失業一段時間，而且沒有任何存款，因此他們一家五口有整整兩年的時間，都必須擠在舅舅的小拖車裡生活。

這當然不是說，克萊麗莎洩漏蘭妮債務的事就沒有問題。但如果蘭妮可以進一步了解克萊麗莎這種行為背後隱藏的恐懼，可能就會更冷靜面對這個問題，而不會一味地責怪她。

若要展現同理心，蘭妮可以說類似這樣的話：「克萊麗莎，我知道我的花錢方式確實有問題。我明白自己偷偷從旅行基金帳戶拿錢，是很嚴重的背叛。我會尋求協助、設法解決這一切。讓你感到痛苦，我真的很抱歉。」

在為自己的行為負起責任，並且道歉之後，蘭妮就能接著告訴克萊麗莎，當克萊麗莎和她的家人談論她的財務問題時，她有什麼樣的感覺。她可以請伴侶不要再這麼做。但蘭妮必須在另外一段談話裡提及這件事，或者至少她得先承認自己在這場混亂中所扮演的角色，並詢問克萊麗莎有何感受。

當然，用更有同理心的方式來處理這一切，無法保證伴侶就會因此變得比較不生氣。我們必須記得自己能做的，只有以看似公平且具有同情心的方法來做出回應；我們無法控制伴侶會有什麼樣的反應。

至於克萊麗莎，她則可以藉由這樣的話來表現出同理心：「蘭妮，我辜負你的信任、背著你透漏事情給你的家人，我非常抱歉。我明白這讓你感覺非常糟糕，我保證不會再這麼做了。」

請特別注意在上述做法中，我們沒有看到任何藉口或自我辯解的行為。這當中只有努力理解並認可彼此的觀點，以及誠心地向對方道歉。克萊麗莎可以等心情平靜下來之後，再告訴蘭妮自己對

這筆錢的事有多不高興。在我們承認自己的錯誤，並為此道歉之後，不重新提起對方的「罪行」、以此為自己的惡劣行為辯解，是很重要的一件事。請不要說：「我很抱歉，但你不要忘記我會這麼做都是因為你讓我別無選擇。」你必須澈底承認自己的行為，才算是真正的道歉。「對你做出這種事，我很抱歉，我明白為什麼它會傷害到你。我很後悔告訴他們這件事。」

當她們都了解，自己怎麼造成兩個人之間的麻煩時，這對伴侶就能用更柔軟的方式來談論眼前更深層的問題：蘭妮花錢如流水，而且為了償還自己的債務，拿走了共同旅行基金，以及克萊麗莎沒有先徵得蘭妮的同意，就擅自把這些事告訴她的家人。

習慣3：健康的內在對話

請思考一下你的「內在對話」，也就是那些在腦海裡不斷重播、關於你自己的對話。一般而言，你是對自己很仁慈，或者總是在自我批判？

擁有情感智慧的人不僅了解自身內在對話的風格，同時也會用更正面的訊息來回應那些自我批判。有些負面自我對話源自於我們的童年自我，它們依舊在內心深處活躍，不停說我們很笨、很蠢或沒有其他人來得重要。等我們發展出某種健康的內在對話，就會察覺這些批判聲，並且用睿智、懂得照顧自己的成年自我來反駁它們。

實作練習：內心的自我描述

這項練習會幫助你探索，你都用什麼樣的語言來描述自己。

1. 請列出十個你常在腦海中用來描述自己的詞語（尤其是當你沒有把事情做得很好的時候）。

2. 當你重新審視這十個詞語時，裡面有多少詞彙是負面或帶有批判意味的？

3. 請再列出你想改以哪些詞語來進行自我描述。

有時候，為這些批判、羞辱和懷疑自我的聲音取個名字，會對你很有幫助。以我為例，生命裡曾經出現幾位率先使我懷疑存在價值的「關鍵人物」，於是我用他們的名字來替我腦海中的三位「羞辱者」命名。現在，每次聽到心裡的這些聲音時，我通常都可以說「哎唷，安妮塔阿姨又出現了」、「聽起來溫妮弗雷德修女又跟著我了」，或是「哎呀，我現在可不是當年的小四學生了」。

同時，我也默默記得那些在我小時候給予我正面訊息的人。每次發現我又在貶低自己，腦海裡都會浮現他們的身影。我會想起那個名叫芭芭拉的同學，她總是在修女指責我「太難搞」時，跟我說我擁有一個「偉大的靈魂」。我的朋友德爾・南則告訴我，我有能力做到任何事，即便那時的我不明白這一點。此外，還有我的保姆奈莉，每次我覺得周遭的世界正在崩解時，她都會逗我開心。如果這招不管用，她會讀詩給我聽，這總是能撫慰我的心靈。

實作練習：為你內心的聲音取名

為了讓你開始察覺你心裡的聲音，請回答下列問題：

1. 你能否至少找出三種引發自我懷疑、其他負面反應，或者對別人的意見感到恐懼的聲音？請替它們命名。

2. 請舉出三個鼓勵你的人。可以是你的父母親、祖父母、兄長、老師、朋友（甚至是毛小孩）；他們讓你知道，你已經夠好了。

當你發覺自己正在聆聽你的負面內在對話時，請呼喚這些給予你鼓勵的人，讓他們幫助你找回內心的平衡。

習慣4：了解並管理自身的刺激因子

若你沒有管理情緒的能力、欠缺自我覺察、無法調節痛苦的情緒；若你不具備同理心，以及良好的人際關係，無論你有多聰明，你都不會變得很有成就。

——丹尼爾·高曼，美國心理學家、
《EQ：決定一生幸福與成就的永恆力量》作者

我們每個人都有某些刺激因子是源自於早年所承受的壓力或創傷。這些刺激因子會持續激發壓力反應。請想像一下，你小時候曾被浣熊咬傷，即便如今長大成人，光是看到浣熊（甚至是浣熊的照片），就會促使你的身體分泌和恐懼有關的化學物質，導致你心跳加速、肌肉變得緊繃，並因此進入「戰或逃」的模式。情緒刺激也會引發同樣的壓力反應，例如某個人露出生氣的表情、對你不尊重，或是發現你被團體排除在外。在示範案例裡，驅使克萊麗莎跟蘭妮家人談話的其中一個刺激因素，正是源自於她童年記憶中那段經濟拮据、生活困苦的日子。

以下是一些常見的情緒刺激：

- 覺得自己被誤解。
- 某個人改變和你有關的計畫。
- 某個人違背了對你的承諾。
- 覺得自己被忽視或排擠。
- 某個人對你發怒。
- 遭受質疑。

- 聽到關於自己的批評或抱怨。
- 成為別人八卦的對象。
- 被你在乎的人排除在某個圈子之外。
- 被拿來和別人比較。

實作練習：你的刺激因子

請回答以下兩個問題，探討哪些因素會刺激到你：

1. 請列出三個你因為某件事感到很不開心的時候（其他人卻覺得這件事「沒什麼大不了」）。你認為，可能是什麼因素引發你的不悅？

2. 那時的你該怎麼改變做法，以緩和這樣的狀況？請想出你可以告訴自己，或那些刺激到你的人哪三件事。（提示：同理心是很重要的關鍵。）

習慣5：察覺自身的情緒

有次我跟鄰居聊到正在撰寫書中關於溝通與情緒的部分，她緊張地笑了笑。「我先生最好讀一讀。」她邊翻白眼邊說：「從很多方面來看，他都是個好人。至於情緒？想都別想。他似乎沒有任何情緒，也不想聽我說我有什麼感受。幸好我有一些了解我的女性朋友。」

許多笑話、歌曲、俗諺確實都以這樣的性別偏見作為素材，表明女性在情緒上遠比男性更敏感。女人和他人面對面地產生連結，男人則肩並肩地站在一起；男人想要做愛，女人則渴望情感連結；男人很理性，女人則多愁善感……這種刻板印象不勝枚舉。

但事實是，沒有任何研究顯示，其中一種性別比另一種性別擁有更多情緒。我們所有人都嚮往真誠的感情與情感連結，男人和

女人一樣具有深刻的感受，同時也渴望和他人緊密連結。我們所身處的文化環境根據先天的生理機制來定義，並決定兩性扮演的角色，同時將各種限制加諸在他們身上。

情緒是什麼？

我們的身體會對各種刺激產生反應，所謂的「情緒」就是指我們對這些反應的解讀。比方說，聽到某隻狗大聲咆哮，因此自動激發了某種生理反應，我們把這種反應視作恐懼。或者當我們緊緊抱著一隻毛茸茸的小狗時，會感受到某種感官刺激，因而感覺愉悅。我們將自身的種種反應分類，並且用「喜悅」、「難過」、「恐懼」、「憤怒」、「快樂」等詞語來形容它們。

某些情緒屬於無意識的自動化反應，很有可能演化自人類遠古祖先的生存本能，例如看到一條蜷曲的蛇，我們會感到恐懼。此外，不同的性格也會讓人做出不一樣的反應，像是有些人比較「神經質」，其他人則生來就能更輕鬆地「做自己」。然而，某些下意識感受則源自我們的童年經驗。對經歷某些情緒的人來說，這種感覺很自然且合理，但其實是因為過往的經驗使他們自動產生這些反應。這就是為什麼，人類會用不同的方式來詮釋同一件事。

舉例來說，鮑伯告訴我，他在工作上有憤怒管理的問題。只要部屬沒有完成任務，他就會大聲斥責，甚至還曾經在會議現場氣得甩門、拂袖而去。不過，他是很棒的客戶，因為他下定決心要改變自己。透過心理治療、冥想，以及努力練習，這一切獲得改善，他也因此懂得自我尊重，同時重新贏得同事們的尊敬。

幾年後，鮑伯的女兒瑪麗蓮為了婚姻問題來找我諮商。我原本猜想可能是和父親容易發怒的問題有關，但事實並非如此，她其

實很同情父親的困境。我詢問瑪麗蓮，她父親的習慣性憤怒對他們家有什麼影響，她說：「我們並沒有受到影響。如果我爸爸那天過得很糟糕，他會先去木柴堆那邊砍木頭。我們都知道他會在踏進家門之前，把怒氣宣洩出來。」鮑伯讓他的家人明白，他們不需要對他的憤怒感到恐懼。

我還有另一位名叫珍妮的客戶，她則是無法和流露出任何憤怒情緒的人相處。這對她的護理師工作造成很大的影響，因為她經常必須面對憤怒的病人，每當有病患變得不悅，她就會覺得身體不舒服。珍妮也有一個易怒的母親，但和鮑伯不同的是，珍妮的母親會將自己的不滿發洩在她的身上，比方說賞她巴掌，並對她大吼大叫。珍妮和瑪麗蓮正好相反，她會把憤怒當成一種危險。

人類的基本情緒

接下來，讓我們來探討一下人類的四種主要情緒：憤怒、難過、恐懼，以及快樂。每當遭遇阻礙，因此無法得到想要或需要的東西時，我們會出現「憤怒」的情緒。失去某樣東西，抑或是感覺失望或孤單，我們會覺得「難過」。當面臨失去某樣珍貴事物的風險，或者無法獲得某個自認為需要的東西，像是安全感、健康、金錢或一段感情，我們會浮現出「恐懼」的情緒。當我們覺得得到想要或需要的東西時，則會感到「快樂」。

這就是人類的四種基本情緒，它們都分別有著各種不同的變化、細微差異與名稱。我都會將以下這份「速查表」提供給客戶，因為有些人比較難找到合適的字眼來描述自己的情緒。

憤怒

暴怒　　　大怒　　　生氣　　　不滿　　　不悅

難過

悲慘　　　心痛　　　沮喪　　　鬱悶　　　不開心

恐懼

嚇呆　　　驚恐　　　慌張　　　不安　　　擔憂

快樂

狂喜　　　興奮　　　喜悅　　　愉快　　　開心

和情緒有關的「規範」

　　在我們成長的家庭與文化環境中，存在著各種和情緒有關的明確規範，我們能否表達自己的情緒都與之相關，即使長大成人，這些規矩依舊影響著我們。關於憤怒、難過、恐懼和快樂的常見規範包含：

- 不要負面思考。
- 不要用這種說話方式惹你的母親（或父親）生氣。
- 男兒有淚不輕彈。
- 女孩必須很體貼能幹。
- 你明明有很多值得感謝的事情，所以不該感到難過。
- 你的問題必須自己處理，不要麻煩別人。
- 不要不理性。
- 哭泣（或生氣）就表示你處於失控狀態。
- 如果你讓自己哭出來，就會一直是個愛哭鬼。
- 不要得意忘形，你往往會因此遇到麻煩。

實作練習：你的情緒規範

在你成長的環境裡，有哪些和表達情緒有關的規範？請描述一下這些規矩。

1. 在成長的過程中，你是否曾經聽過或學到前述的情緒規範？如果有的話，是哪些規範？
2. 在你的原生家庭裡，是否還有其他和情緒有關的規矩？它們是什麼樣的規矩？

關於情緒的重要事實

我們必須記得這些和情緒有關的事：

1. 情緒不在你的意識掌控之下。它們沒有好壞、對錯之分，就只是如此。
2. 當你覺得某些情緒難以接受時，可能會否認它們的存在，但它們之後還是會以某種形式浮現出來。
3. 儘管你無法選擇自身的情緒，還是有責任將它們適當表達

出來。因此，你必須對它們有所了解。

4. 想要有效管理某種情緒，你必須先讓自己感受到它，這樣才能決定要如何處理它。

5. 你的情緒是和你自身有關的重要訊息，察覺它們將為你帶來力量。

6. 你的父母親怎麼應付他們本身的情緒，或是在撫養你的過程中如何回應你的情緒，可能就是你現在對待自身情緒的方式。

察覺自身的情緒

由「內觀禪修」導師麥唐納（Michele McDonald）所提出的正念練習「RAIN」，是了解自身情緒的一種方法。這項練習總共有四個簡單的步驟：

R（Recognize）代表察覺並認可我們的情緒。

A（Allow）代表接納這種情緒、不帶任何批判，意即容許我們去感受它。

I（Investigate）代表帶著好奇心去探索這種情緒從何而來。

N（Non-identification）代表不認同這種情緒，意即不透過它來定義自己。（比方說，感到憤怒並不代表此人就是一個易怒的人。）

我們可以把情緒當作一種內在指標，藉此更深刻了解自己，並且使我們的生命變得更加豐盈。無論是與生俱來的天性、家族歷史或文化環境之類的社會影響導致我們產生這些情緒（或三者皆是），它們都囊括了關於我們的重要資訊。此外，若我們壓抑情緒

或讓它們主導一切，各種人際關係都將因此受到影響。想有效地調節情緒，我們就必須先察覺、認可它們，同時選擇如何好好地加以管理。

共同練習：清空心靈容器

以下是「愛情技巧」課程中最受歡迎的練習之一。這項練習最早由「PAIRS」課程創始人——蘿蕊‧高登博士和她的兒子賽斯‧艾森柏格提出。（你可以造訪「PAIRS課程」的官方網站，以便獲得更多實用的工具與建議。）

這項共同練習讓伴侶有機會將當下令他們感到憤怒、難過、恐懼，以及開心的一切事物全都吐露出來。請和伴侶面對面坐著，然後決定誰先擔任聆聽者（收訊者）、誰先擔任說話者（發訊者）。請記得，收訊者要做的事，是在不批判、不打斷、不評論的狀況下聆聽發訊者的分享，只需要在每句話結束時跟對方說「謝謝你」。發訊者則必須用簡短的句子進行陳述，好讓收訊者可以輕易理解，同時也要避免攻擊或責怪對方。如果你是發訊者，請留意你自身有什麼樣的行為與情緒，而不要把注意力放在對方的舉動與感受上。

請以這樣的方式進行練習：

收訊者：「現在有什麼事令你感到憤怒？」

發訊者：（請說出一件事。）

收訊者：「謝謝你。現在有什麼事令你感到憤怒？」

發訊者：（請再說出一件事。）

收訊者：「謝謝你。現在有什麼事令你感到憤怒？」

請重複這樣的過程，直到發訊者覺得滿意或可以結束為止。接著請這麼做：

收訊者：「若要你再說一件使你感到憤怒的事，那會是什麼事呢？」

發訊者：（請再回答一件事。）

收訊者：「謝謝你。」

接下來，請重複同樣的過程，以此表達其他三種情緒：

- 「現在有什麼事令你感到難過？」
- 「現在有什麼事令你感到恐懼？」
- 「現在有什麼事令你感到開心？」

然後角色互換，並讓另一個人回答同樣四個問題。在練習結束之前，兩個人都必須對對方的參與表示感謝。

完整地進行這項練習，讓兩個人都分享這四種情緒，是很重要的一件事。一般而言，總共會需要十五到三十分鐘的時間，兩位說話者的發言時間必須平均分配，建議最好要計時。

思考與分享

請面對面坐著，然後和對方分享在「清空心靈容器」時，你有什麼想法與感受？這項練習發揮了什麼功用？在這段過程中，有什麼你不喜歡的部分，或者對你們而言，有哪些你可以改進的地方？此時，你要做的不是針對伴侶的分享發表評論，而是要思考作為說話者與聆聽者，你有什麼樣的體驗。

記住五大「PAUSE」技巧

在過去的這三章裡，我們用「PAUSE」探討了正念溝通的五個

重要元素：

P 代表透過積極與深度聆聽來與對方「同在」。

A 代表「接納」話語中的「還有」，這將允許很多事實同時被呈現出來。

U 代表「以不設防的方式和對方產生連結」，這將容許我們展現並接納彼此的脆弱。

S 代表用心且有技巧地「表達」。

E 代表「情感智慧」。

這邊要告訴你一個好消息，透過持續練習，我們就能大幅增進溝通技巧。我們只需要對自己抱持耐心，因為對很多人來說，要更有效地進行溝通是很困難的一段過程，因為這需要清楚的自我覺察、強大的自制力，還有無比的耐心。

和你的伴侶一起討論

請花點時間和伴侶一起討論這個部分最大的重點。你們是否都願意努力培養新的習慣，藉此提升你們的情感智慧？若是如此，我會建議找一本你們都有興趣的情感智慧書籍來讀，或是閱聽有關的TED演講和podcast節目。在這當中，我特別推薦丹尼爾・高曼、丹尼爾・席格和布蘭登・庫珀（Brandon Cooper）的所有作品。

接下來，我們將會進行「愛情技巧」課程中很有趣的一個部分，那就是和伴侶進行更加親密的連結。我們將探討如何保有彼此之間的緊密連結，並且使之變得更深刻。如此一來，一旦遭遇無可避免的困難時，就有更多工具可以幫助我們進行必要的修復，也就是同時搭起一座橋，讓兩個人變得更親密、更能懷抱同情，並且感受到更大的喜樂。

13

在處理衝突之前，先建立正面連結

愛情不像石頭一樣安靜地待在那裡，而是如同麵包，必須由人們不停重新製造，這樣才能常保新鮮。

——娥蘇拉・勒瑰恩，《天鈞》（*The Lathe of Heaven*）

剛結婚的那段日子裡，我和提姆花了很多時間參加自助課程、閱讀探討伴侶關係的書籍，同時把我們所學到的一切傳授給其他伴侶。當時，我們往往還沒出門參加某個工作坊，就已經感到疲倦。我們兩個人的工作時間都很長，反而沒有花什麼時間經營我們自己的感情，一方面是感覺這段感情已經非常穩固，另一方面是還有其他責任不斷召喚我們。

有次我們開車前往某個關係工作坊聽課，在路上開了整整一個小時之後，提姆突然有點惱火地說：「我們已經連續三個周末都待在室內了，什麼時候才會結束這一切？」

我有點自以為是地回答：「我很難想像我們『不再』需要學習如何擁有更良好的關係。」

他望向窗外。「我非常厭倦周末一直要待在室內進行團體活動、不停談論和情緒與親密感有關的事情。」他抱怨道：「有時

候，我都覺得快要瘋了。我只想騎騎腳踏車、在樹林裡散步，並感受涼風在我的臉上吹拂。」

身處「融合」的最初階段時，熱愛大自然、喜歡戶外活動的提姆深深吸引著我。他會帶我去露營、健行、泛舟，此外，他也開心地陪我從事我喜歡的活動——觀賞戲劇、在餐廳享受美食，以及參加探討人生意義的各種課程。聽他這個紐西蘭人講述少年時期的故事，像是經常爬樹、搭建堡壘，還有拯救從鳥巢裡摔下來的幼鳥，每每令我感到十分著迷。他則總是喜歡聽我這個在舊金山長大的女孩，談起少女時代在書店、電影院與戶外音樂會中度過的時光。我們將自然與文化和諧地融合在一起，一切是如此美妙而迷人——兩個截然不同的人因為彼此而變得完整。

時間往後快轉幾年，凡事不再如此完美，我們開始進入愛情周期的第二個階段——「懷疑與否認」。那天他在車子裡不滿地說：「我不想再談論我的童年了。我只需要呼吸一下鄉村的空氣。」

這段話脫口而出之後，他陷入一陣沉默，然後我說了一句完全沒有幫助的話：「如果我們這麼做是為了這段感情，那件事還有那麼要緊嗎？難道『這一切』對你不重要嗎？」

結果，他變得更加沉默，很顯然他非常不開心。

我們兩個人都開始覺得被誤解，並且心懷怨懟。即便車內空間狹小、不方便移動，我們還是讓自己盡可能地遠離對方，我轉過頭望向窗外，提姆則把身體靠在方向盤上。我們開始在腦海裡上演一段段獨白，先是合理化自己的立場，同時為了剛才發生的事情責怪對方。我們都能感受到彼此的憤怒，以及越趨緊張的氣氛。

抵達工作坊現場，並向大家自我介紹時，我們表現出一副溫文儒雅、充滿自信與責任感的樣子，彷彿我們這對夫妻可以改善他

們之間的關係。我想，其他人應該對我們印象深刻。

第一項練習是要告訴對方某件自己覺得不滿的事，這時我們之間的關係又變得緊張起來。我們勉強克制了十五分鐘，這時來了位助教，她坐在我們旁邊詢問練習得如何。結果在一分鐘內，我們就變成三歲小孩，大肆抱怨對方「無理取鬧」。我們提高音量，動作也跟著變大，偏偏這是位菜鳥助教，她顯得越來越不知所措。最後她起身找了一位「資深」老師過來。

現在回顧這件事，我很驚訝自己和提姆居然這麼容易失控，同時調節情緒對我們竟是如此困難。幸好這位老師全都看在眼裡，她邀請我們進入另一個房間。

她請我們嘗試一項實驗，儘管仍處於惱怒狀態，我們還是同意這麼做。她從袋子裡拿出一顆柳橙，要我們面對面站著，一起用額頭夾住柳橙，然後在房間內四處移動，同時不要讓它移位。我抱怨說這是我遇過最愚蠢的任務，但提姆卻說：「反正我們都已經為了待在這裡而毀掉整個周末，乾脆就照她說的做吧。」

於是，我放下我的憤怒，開始玩這個荒謬至極的遊戲。在感覺愚蠢、彆扭約十秒鐘之後，我們就開始咯咯傻笑起來。我們來來回回地移動，並一起小心翼翼嘗試各種新姿勢，看看能否讓這顆柳橙保持在原位，這個遊戲就變得既正經又有趣。在幾分鐘內，我們就開懷大笑並玩在一起。

這位導師恭喜我們合作完成任務，接著問我們有什麼感受。令我驚訝的是，我感覺到我們又重新找回那份深刻的愛與情誼。一直以來，我們都能輕鬆一起嬉笑玩鬧，這個愚蠢、不具威脅性的遊戲不僅消除彼此的不滿，也軟化了我們的心。我們已經好幾個月沒有一起玩耍，這項看似微不足道的活動使兩人重新連結在一起，同時也準備好和彼此交談，並聆聽對方的想法。即便我們並沒有改變

各自對於利用閒暇時間的看法，我們還是再度感受到自己和對方緊密連結在一起。

這就是我學到關於溝通最寶貴的一課，我想將它傳授給你：若少了真誠的連結，談論某個令人緊張或雙方沒有共識的話題，很快就會讓兩個已經疲倦、易怒的人產生溝通障礙。

在那段車程中，我們失去彼此之間的正面連結，背離這段關係的核心精神。後來重拾這段感情的核心價值（樂趣、愛與友誼），我們就更能理解對方的觀點，以及我們兩個人的需求不見得相同。

美國臨床心理學家與世界知名婚姻關係專家高特曼博士（Dr. John Gottman）的研究指出，在那些關係穩定、幸福美滿的伴侶之間，正面互動與負面互動的比例是五比一。這意味著，每一次抱怨或困難的互動，都需要五次正面互動來保持平衡。這五次正面互動就如同你為了維持帳戶餘額，必須定期把錢存進去一樣；當你在意料之外的狀況下「提款」時（例如爭吵、暫時分離、因為其他壓力而冷落對方等），前者就會減緩後者對這段感情所造成的衝擊。想和你的伴侶建立這樣的正面連結，不妨參考以下這些建議。

滑動門時刻

在任何互動中，你都有可能和伴侶產生緊密連結，或者變得疏離。這樣的一刻看似無關緊要，但如果你總是選擇置之不理，那麼你們之間的信任就會逐漸、緩慢地消磨殆盡。

——心理學家與婚姻關係專家高特曼博士

早在聽過「滑動門時刻」（sliding-door moment）這個名詞之

前，我就曾經經歷過，而這件事永遠改變了我和親人互動的方式。

我很喜歡雞，特別是牠們充滿活力的啄食與鳴叫聲。多年來，我家都一直在後院裡養了幾隻雞，我的好友德布覺得牠們很煩人，我們以前經常因為這樣的差異而大笑。有天她來我家拜訪我時，我正開心地看著母雞們挖土找蟲吃，她坐在我的身旁，然後要我跟她聊聊這些「好朋友」。

「可是你又不喜歡雞。」我說道。

「是不喜歡。」她回答道，「但我喜歡你，而你喜歡牠們，所以跟我聊聊關於牠們的事吧。」

於是，我告訴她這些母雞有多達三十種「語言」，包含吱吱、嘰嘰、咕咕、咯咯、嘎嘎聲，還有各種表達喜怒哀樂的啼叫與咆哮。我們聊得開懷大笑，甚至還進行一項很有趣的分析，這三隻雞分別代表哪一種九型人格類型。

那天稍晚，我先生開始談論關於越野登山車「三片齒盤組」的話題。我一度恍神，但很快就想起德布說過的話，這次我沒有只是點頭應付，反而要他「多告訴我一點」。提姆熱情地回應我，而那一天剩下來的時間，我都覺得和他的關係更緊密了（同時也學到了腳踏車相關的有趣知識）。

我不認為德布哪天真的會變成愛雞人士，我自己當然也不會變成登山車齒輪達人，但我們都學到了新事物，而且不僅獲得意想不到的喜悅，同時也和所愛之人有了更深刻的連結。這都是因為我們走進了那扇敞開的滑動門，並且給予對方關注。

在一段感情裡，所謂的「滑動門時刻」是指當伴侶向我們尋求某種親密連結時，我們是會選擇踏進那扇門、走向對方，或者轉身離開。如果你是「浪潮型」的人（請參見第六章），走向伴侶是一件很容易的事。若你是「孤島型」的人，要走向對方則比較困

難，即便如此，你還是可以學著正面回應對方的邀請。

實作練習：留意走進門的時機

　　請在下周的某一天，找尋可以與伴侶深化連結的時刻，有可能是對方在分享工作上的事、和朋友的對話、某場籃球賽、某家素食餐廳等。這件事你可能並不關心、已經聽過很多次，或者覺得無關緊要。然而，這正是你需要練習的地方，因為光靠你自身的興趣無法幫助你給予正面回應。請不要對伴侶置之不理，而要是有意識地選擇參與，請對方多告訴你一點，或是謝謝對方願意和你分享這件事。

　　請記得，能夠建立信任的並非只有大事，而是各種細微的片刻。伴侶們願意在此時踏進敞開的滑動門，證明自己很關心對方所重視的事，願意真誠聆聽。正面連結得以發揮很大的功用。

連結儀式：感情的活力來源

　　儀式是指「經常實行、具有意義的一項行為」。我們很少思考自己是否想在生活中進行特定儀式，通常只是單純地起床、刷牙、喝咖啡，然後帶狗兒去散步。

　　除了晨間儀式以外，還有各種睡前習慣、慶祝儀式、喪禮習俗、度假習慣等。我們可能會固定在一星期中的某幾天做某些事，甚至慶祝月圓時刻的到來。有些人會用隱晦的方式暗示伴侶想要做愛，例如點燃某種特殊蠟燭。許多父母都會在孩子生日當天測量他們的身高，並標記在牆面上，或是在新學年開學的第一天拍照留念。夏威夷原住民每天傍晚都會進行「日落儀式」：當夕陽逐漸西沉時，儀式參與者會面向大海，同時安靜地回顧這一天──他們是

否信守承諾、把自己的工作做好，然後在大海裡盡情游泳？在這一天當中，有哪些時刻令人感到開心、難過或感動？當太陽落入海平面時，這一天的所有成就與失望都會被放下；他們等待著黎明與新機會再次到來。

這些儀式撫慰並滋養我們，無論遭遇了什麼事，我們都可以倚靠它們。定期和自己與他人連結在一起，不僅是一種精神食糧，也能使我們安然度過這段感情中的各種風暴與冰霜。在一段感情裡，有意義的禮物、值得紀念的旅行或深切的付出，都可以觸動心弦、令人銘記在心。研究顯示，唯有在各種細微片刻持續表達關懷與善意，才能建立一段健康且相互信任的關係。舉例來說，提姆每天早上都會幫我煮一杯拿鐵，這樣的習慣他已經維持了三十五年。

將兩個人之間的連結儀式化，可以幫助我們維持「感情帳戶」裡的餘額。這些儀式能確保我們維持緊密的連結，即便在我們感覺疲倦、惱怒或因為工作上的事感到沮喪時也是如此。

日常體溫測量

「日常體溫測量」（DTR）是由美國家庭治療師薩提爾（Virginia Satir）所提出的一種方法，之後則由「PAIRS基金會」傳授給大眾。這種做法提供伴侶們循序漸進的溝通過程，其中伴侶雙方都必須和對方分享一件事隸屬於五種類別當中的一種。雖然這項練習最好是在兩個人面對面的情況下進行，還是有不少人透過電子郵件、電話、簡訊或視訊通話的方式練習。

練習「日常體溫測量」可以變成一種習慣，並且讓你們的溝通變得更輕鬆。你要和伴侶分享的每件事，幾乎都屬於以下這五種類別中的一種：

1. **欣賞**：這是指你們欣賞彼此的地方。可以是簡單的稱讚

（「我喜歡你今天的穿著」），或是大力的讚美（「我喜歡我可以和你談論任何事，而且你似乎都能理解」），也可以用來稱讚對方的某些特點或行為（「我喜歡你昨天關心我媽媽的方式）。

2. **新聞**：這裡指的是新資訊，可以是偶然發生，也可以是很重要的一件事。在一段感情裡，通常會有一方比另一方更擅長傳遞資訊。我們往往會忘記告訴伴侶的事情有：計畫有所變動（「我忘了告訴你社區派對改期了，所以我們下周末有時間可以做其他事」）或發生新鮮事（「我昨晚做了個奇怪的夢」或「我在報紙上看到……」）。分享這些「新聞」能提醒，我們擁有共同的生活，同時也協助我們保有緊密的連結。

3. **迷惑**：指的是你們內心的擔憂或困惑。你們必須在各種大小謎團擴大之前先加以釐清，以免落入得編造故事來解釋它們的窘境（特別是在沒有和伴侶商量的情況下）。其實多數迷惑都可以簡單解釋。請試著說「我對這件事有點困惑……」或「我不知道（我在想）……（你是否還在牙痛、你今天早上是否不太開心、你幾個星期前提到的那篇報導最後結局如何）」。

4. **小小的抱怨與請求改變**：這是指你們希望對方能做出的小改變。它不是解決問題的方法，而是讓你們提出有建設性的抱怨，並且使對方明白必須怎麼改變（如果對方決定這麼做的話）。處理抱怨和令人惱怒的事，可以防止憤怒持續累積與突然爆發，同時避免出現「眼不見為淨症候群」（我們將會在第十五章探討這個部分）。比方說，想在有效抱怨的同時請求對方改變，你可以說：「我看到你打電

話來卻沒有留下任何訊息，我會很擔心。下次你能否記得留個訊息，並告訴我為什麼打電話來，哪怕只是『我只是想打聲招呼』也好。」

5. **未來的夢想**：這是指你們期待一起做的事，不管是短期或長期的。它們可以是已經制定的計畫（「我們將要……，我覺得非常興奮」）、你們想要擬定的計畫（「若我們能……，我會非常開心」），抑或是你們希望最後能實現的夢想（「在將來的某一天，我希望我們可以……」）。

共同練習：日常體溫測量

伴侶們可以用以下方式練習「日常體溫測量」：

● 請找一個你們都有空的時間。舒服地坐下來，然後面對面交談。

● 為了避免資訊量太大，請用簡短的句子進行陳述。

● 讓兩個人輪流分享某件事；當其中一個人在說話時，另一個人請不要打斷對方。

● 在談及「迷惑」時，聆聽者可以回應說話者的問題（如果這個問題能用一個句子回答的話）。

我會建議你們，先嘗試一星期練習三次，以這樣的頻率練習一個月之後，再決定是否要繼續下去。過去二十年來我所教授的溝通技巧，「日常體溫測量」是最受學生歡迎的連結工具之一。在上過這門課很多年後，都還有人告訴我，他們仍持續進行這項練習，而且它依舊能發揮神奇的效果。

每天八分鐘

伴侶們最常抱怨的一件事，就是沒有足夠的時間經營這段感

情，更遑論享受了。要和對方維持緊密的連結，我們不需要度長假或奢侈的浪漫之夜。和在秘魯攀登「馬丘比丘」，或在地中海搭乘郵輪這種比較戲劇化的事相比，經常一起散步、安排簡單的晚間約會，以及每天騰出短暫的片刻、和對方聚在一起，才是更重要的事。

你能否設法每天投入八分鐘呢？這絕對會為你帶來豐厚的回報。若你能這麼做，不妨考慮在以下這四個「過渡時段」，各花兩分鐘和你的伴侶進行連結：

時段1：起床，並重新建立連結。多虧有提姆幫我煮的拿鐵，我總是能懷抱著感謝的心情開啟新的一天。如果你們能找出一、兩分鐘碰頭，請和對方打個招呼、問問彼此的夢想，或者在起床之前安靜地從背後擁抱對方；你們都可以以開闊的心胸開始這一天。

我認識一對夫妻，每天早上都會排除萬難，在附近的海灘一起散步。結婚四十年的他們總是在散步時牽著彼此的手，有時候會不停聊天，有時候則是默默地往不同的方向看。在這段感情某些艱難的時節裡，他們因為非常不開心，所以在散步時完全不跟對方說話（但還是一起走這段路）。他們常說，這個晨間儀式讓他們得以順利度過那些困難重重的時期。有時間散步確實很棒，但花兩分鐘用心關注彼此，也會大幅影響你們一整天對對方有何感受。

此外，在彼此緊密連結的狀態下開始新的一天，也能使大腦分泌催產素，而且我們可以隨時獲得它。

時段2：暫時離開家，並各自開始一天的生活。「吻別」的概念讓我很想笑，同時也感到有點難為情，因為總會想起那些一九六〇年代的老電影和電視節目，裡面的男人趕著出門工

作，然後正要開始吸地板的妻子則和他親吻、道別。雖然我覺得這些場景很煩人，但科學證實這樣的親吻具有神奇的力量。即便只是迅速地親吻，也會導致我們體內的腎上腺素與催產素急遽增加。停下來說再見、注視對方（哪怕只是一會兒），並且祝福彼此有個美好的一天，會讓你們兩個人都感覺自己被在乎，同時和對方緊密連結，因此會迫不及待想要再次相聚。

時段3：回到家，並重新建立連結。不管你正在分心思考什麼事，每次踏進家門都請至少騰出兩分鐘的時間，和對方打個招呼。在你檢視電子郵件、回覆簡訊或前往健身房運動之前，先停下來互相注視、問問對方這一天過得如何，然後給彼此一個歡迎的擁抱。只要兩分鐘就好，你可以做到。

有些伴侶習慣每晚一起小酌，不管是康普茶、氣泡礦泉水或是一杯紅酒都行。有些伴侶則將用餐時間視為神聖的時刻，他們會和對方分享生命中的高潮與低潮，以及那一天的各種微小片刻。無論你們選擇做什麼事，都必須讓這段重聚時光充滿真誠的關心、感謝與喜悅。

時段4：上床睡覺，並暫時分開。上床睡覺之前「不是」用來解決麻煩或談論問題的時候。此時，你們應該盡量避免使用科技產品，藉由親吻、擁抱或做愛來使身體分泌那些「親密荷爾蒙」，並且感謝兩個人都度過了這一天。如果你們同時就寢，請花點時間和對方連結。若你們在不同的時間就寢，則請好好向對方表達關愛與善意。

還有一件你隨時都可以做的事，那就是擁抱。研究顯示，那些在相互擁抱的同一天發生爭吵的伴侶，對這次爭執的不開心程度

往往比較低。請把它想成一種保險起見的做法。如果你們在擁抱之後沒有吵架，那會是很美好的一件事；若你們在擁抱後真的發生爭執，你們將會更快從爭吵中復原。

共同練習：每天八分鐘

選一個你們安靜相處的時間，和對方進行一次簡短的「面談」，以便了解在這兩分鐘的連結裡，雙方最希望如何獲得滋養。請填寫這份學習單，接著開始練習。三個星期之後，請重新檢視這份學習單，然後根據你們的需要加以修改，包含將練習時間再額外增加三分鐘。你們也可以視狀況把這三分鐘分配到四個時段裡。

	非言語訊息	肢體接觸	言語	行動
起床，並重新建立連結				
暫時離開家，並各自開始一天的生活				
回到家，並重新建立連結				
上床睡覺，並暫時分開				

發掘彼此的愛情語言

在累積三十年的婚姻諮商經驗之後，我歸納出五種基本愛情語言，人們用這五種方式理解，並且將愛表達出來。從語言學的角度來看，同一種語言可能會包含很多方言，或是各式各樣的變化。同樣的道

理，這五種基本愛情語言裡也囊括了許多『方言』……最重要的是，你必須說出你配偶的愛情語言。」

——蓋瑞·巧門博士，《愛之語》

就如同巧門博士所言，我們每個人都有自己表達與享受愛的方式。想增進伴侶之間的感情，最簡單的方法就是理解對方的主要「愛情語言」。你必須明白，你和伴侶是兩個不同的個體，對於表示愛意的方法，你們也許有著不同的偏好，否則你可能會給伴侶「你自己想得到的東西」，卻不知道對方為什麼不領情。同樣的道理，如果你沒有和伴侶分享你自身偏好的愛情語言，你的需求可能也不會被滿足，無法感覺和對方緊密連結。

根據巧門博士的說法，愛情語言總共有以下五種：

言語：藉由正面肯定（讚美、表達關愛、展現同理心）坦率地表示愛意。這樣的肯定可以透過實際言語，還有簡訊、電子郵件和小紙條來傳達。若這是你伴侶的愛情語言，請直接將你的感受表現出來。你可以把某個即將到來的活動放在心上，祝福伴侶一切順利。或者你也可以輕聲說一些誘人的話，讚美他的身材、髮色、幽默感或其他令你喜愛的特質。

肢體接觸：藉由身體的接觸來表達愛意。如果這是你伴侶的愛情語言，你們可以常常牽手，或在追劇時快速幫忙按摩腳部，藉此和對方緊密連結。若你們目前的性生活很美滿，可以輕柔地愛撫對方。然而，如果你們在性愛上正處於不協調狀態（例如一方比另一方更常想做愛），請暫時不要這麼做，直到我們在下一章探討這個主題為止。你們可以先緊緊相擁，若這也難以承受的話，好好按摩對方的脖子或雙腳也會有很好的效果。

珍貴時光：兩個人一起做有意義的事，也能展現出你們對彼此的愛。如果這是你伴侶的愛情語言，你們可以在做家務或處理生活瑣事互相陪伴，也可以一起做兩個人都喜歡的事，又或者看對方做某種運動。你們可以去賞鳥、聆聽和天文學有關的演講或參加釀酒課程，共度不被打擾的時光，藉此表現出對彼此的愛。

服務行為：透過互相幫忙與照顧，以及努力使彼此的生活變得更好來表示愛意。若這是你伴侶的愛情語言，你可以幫忙做某項對方不喜歡的雜務，例如幫車子加滿油、去雜貨店買東西，或購買要送給父母親的禮物。若你平時不會特別參與某件伴侶很有興趣的事，那麼可以試著找一天和對方一起進行。

禮物：禮物是愛的具體象徵。如果這是你伴侶的愛情語言，你可以養成為對方挑選小禮物的習慣。這些禮物不必很昂貴，像是鄰近麵包店的招牌布朗尼、趣味馬克杯（你看到就聯想到伴侶），或是伴侶喜歡的音樂會門票，當然你偶爾也可以大手筆一下。倘若你不知道該買什麼好，請問問對方想要什麼東西，或者兩個人一起挑選。

請記得，重點在於了解你自己的愛情語言，並且明白伴侶和你擁有不同的語言。讓我們以「伴侶在庭院裡工作了一整天」為例，看看你可以怎麼用「對方」的愛情語言來表達愛意與感謝。

言語：具體告訴對方，你有多感謝這番努力：「我很喜歡你把牡丹擺在那個位置，你為我們創造了很美麗的花園。」

肢體接觸：在伴侶工作時走近，並給予擁抱，你也可以提議幫對方快速按摩一下脖子。

珍貴時光：詢問伴侶能否讓你在旁陪伴幾分鐘、幫忙做點雜事，或是四處走走、聊聊各種和庭院有關的事。

服務行為：提議幫忙把工具放回原位。

禮物：贈送一張伴侶最愛的園藝商店禮券，或者詢問對方是否願意讓你僱人幫忙幾個小時。

実作練習：你們的愛情語言

在網路上和巧門博士的書裡都有許多測驗，可以幫助你和伴侶認識你們的愛情語言。請在下方依照重要程度，將你們兩個人的愛情語言排序。

我的愛情語言：

1.

2.

3.

4.

5.

我伴侶的愛情語言：

1.

2.

3.

4.

5.

處理兩個人之間的差異

你的伴侶和你是兩個不同的人，就是這樣！

——「意象關係治療」共同創始人哈維爾‧漢瑞克斯

　　吉米每次生病都會覺得自己很脆弱，同時也感到害怕，這時他需要大量的肢體接觸、關心與安慰。不過，他的伴侶賽巴斯提安身體不舒服時的反應則很務實，他只想要一些基本生活必需品，然後獨自好好休息。多年來，他們都以為對方和自己在生病時有著同樣的需求，因此相互折磨。賽巴斯提安生病的時候，吉米都會不停調整枕頭、在床邊徘徊、為他準備六種蔬果汁，並且向他表示愛意。這些行為讓賽巴斯提安覺得很厭煩，甚至感到窒息。至於吉米身體不舒服時，賽巴斯提安只會在床頭櫃上放一碗熱湯，然後問他還需要什麼東西，這每次都讓吉米有種被拋棄的感覺。

　　就這樣過了十年，有次他們和對方談起這個問題，才赫然發現他們給予彼此的其實是自己想要，而不是對方真正需要的東西。

實作練習：你們的愛情語言有何差異

　　請各自簡短回答以下問題：

　　1. 當你生病時，什麼事會讓你感覺自己獲得照顧和支持？

　　2. 你喜歡怎麼慶祝開心的事，是大肆慶賀、稍微慶祝，抑或是介於兩者之間？

　　3. 當你度過難熬的一天時，什麼事會令你覺得貼心？你比較想要獨處、和對方親密地連結在一起，抑或是兩者都需要一點？

分享

如果你和伴侶一起進行這項練習，現在請互相分享答案，同時用以下提示來討論你們的答案。重點提醒：「你不是我。你是獨立的個體；你有你自己的需求。我應該要直接詢問，而不是自以為明白你需要什麼。」請詢問對方，而不要假設你懂得他的需求。

1. 我看到你的答案時，讓我感到驚訝的地方是……
2. 我們的不同點在於……
3. 我們的共同點在於……
4. 我很感謝你已經做了這件事……
5. 我將會努力這麼做……
6. 延伸：接下來的兩個星期，我願意努力做這件事……（提示：請問問你的伴侶覺得最有意義的事是什麼。）

透過鏡射法來建立連結

想了解我們的伴侶，還有另一項有力工具，那就是「鏡射」。（我們在第十一章曾經練習過這個方法。）鏡射不只是因應衝突的一種方法，我們也可以藉由這段有趣的過程來了解彼此、進行緊密連結，並且樂在其中。

讓我們複習一下：鏡射是指將對方傳達的訊息準確地反映出來。當你「鏡射」伴侶的時候，你會試著「直接複誦」對方說過的話，而不會修改、添加或刪減任何東西。

共同練習：用鏡射法來建立連結

在進行下列練習時，請以聽起來不具威脅性的答案來回答每一道題目，並遵循以下說明繼續進行：

1. 由發訊者完成和每一個主題有關的句子。
2. 接著，收訊者必須盡可能地逐字複誦發訊者說過的話，而不要用自己的意思加以解釋。
3. 當發訊者說完話時，收訊者則必須說：「多告訴我一點。」

這可能會促使發訊者進一步探索、分享更多事，或者發現某些意想不到的想法、感受或連結。

關於我們兩個人的鏡射練習

- 我記得我們初次相遇的時候……
- 當時，我覺得你最吸引人的地方是……
- 我還記得，我們之間的第一段對話……
- 我很喜歡你……
- 這件事發生時，我明白這段感情是認真的……
- 我們剛在一起的那段日子，最美好的部分在於，你……
- 我們有過最歡樂的時光是……
- 我一直銘記在心的一段時光是……

關於童年的鏡射練習

- 小時候，我很喜歡做的事情是……
- 那時，我最喜歡收到的禮物是……
- 我還記得的一段假期是……
- 對我產生深遠影響的老師是……
- 對我意義非凡的寵物是……
- 我曾經很喜歡的朋友是……
- 小時候，我讀過很特別的一本書是……

- 我還記得，那時我會唱這首歌……（如果你現在唱出這首歌的話，就可以獲得額外的分數！）

關於生死的鏡射練習

- 我認為，生命多半……
- 我聽過最有智慧的事情是……
- 我認為，死亡……
- 我覺得，死亡……
- 如果我可以花時間和任何人相處（無論這個人在世與否），那個人會是……
- 我對我自身的死亡的感覺是……
- 我希望自己可以留下的遺產或遺愛是……
- 對於我的人生，我對這件事心存感激……

用其他方法建立連結

你們還可以用下列方式來和彼此建立連結：

- 安排一次浪漫之夜的約會，而且這個行程不容改期。
- 每個星期一起閱讀艾莉西亞・姆諾茲的著作《我們的365天》，用它來回答關於你們本身，還有這段感情的各種問題。
- 留一張「愛的小紙條」給你的伴侶。
- 透過電子郵件寄送你伴侶會有興趣的文章。
- 一起大聲朗讀某本書。
- 一起沖澡。
- 幫對方按摩。
- 一起健身。

- 將特殊意義的照片裱框，然後擺在梳妝台或書架上。
- 一起聆聽TED演講。
- 一起學打匹克球。
- 一起學跳探戈。
- 在廚房、花棚，或不同的地方開始前戲。
- 在你們的臥房裡點蠟燭。

實作練習：和對方產生連結的方法

請列出你和伴侶可以用哪些方法來建立連結。

1.

2.

3.

4.

5.

6.

7.

8.

9.

分享

　　等伴侶也完成上述清單之後，請互相分享，並同意每個星期都分別從兩個人的清單上找一件事來做。如果這樣感覺太多的話，也可以輪流進行。無論你們選擇哪件事、不管喜歡與否，你們都必須去做——即便是在你很忙，或感覺和伴侶不太親近時也是如此。

　　那場「柳橙之舞」讓我和提姆重新連結在一起，甚至使處於

爭執狀態的我們開懷大笑，同時也促使我願意讓他從事更多戶外活動。經常花時間照顧你們的感情將避免你們遭遇困難，而當你們面臨困難時，它們也會因此變得緩和。此外，愛與陪伴也會使這段感情的核心精神得到滋養。在我們繼續探索和衝突有關的事時，請持續練習這些極其重要的連結儀式，如此一來，你們就不會忘記兩個人最初是怎麼緊密連結的——在手邊擺顆柳橙或許是不錯的選擇。

14

關於性，我所可以確定的事

帶有情色意味的畫面、感官享受以及情詩裡的文字，都將我們每個人內心深處的某種東西表達出來（無論我們的年紀、健康狀況或感情狀態為何）。我們幾乎無法複製相同的體驗。

——節錄自琳達·卡洛爾，《愛情周期》

在開始撰寫這本書時，我反覆思考要如何探討和性有關的主題。我想不到任何事是完全適當的，因為「所有」做法都看似恰當，但同時可能也並不適當；也許很有幫助，又或者令人感到困擾。這正是性愛的弔詭之處。性無所不在，但無論它去到何處，都可能會帶來難題。

我們的「情慾」是人性中最錯綜複雜的一個面向。不僅決定我們是怎樣的人，與此同時，愛、激情、憤怒、權力鬥爭、靈魂、希望、緊密連結、家族價值觀、過去的故事、尊重、虐待、羞辱，以及歡愉也伴隨而來。不管我們正身處熱戀期，還是關係穩定，性生活卻不是那麼美滿，我們都可能會觀賞電影、聆聽歌曲、和朋友談天，然後覺得除了自己以外，全世界的人都擁有非常美好的性生活。然而，事實並非如此。有些人的性生活確實很美滿，但只有少

數人「一輩子」都處於這種狀態，因為性這件事太過複雜，沒有那麼簡單。

芬恩是我認識最一本正經的女人。她在美國中西部一個恪守教規的家庭中長大，她的骨子裡沒有絲毫「頑皮」，也沒有任何想嘗試新事物的想法或衝動。她被診斷出失智症之後，就住進家鄉的一家養護中心裡。九十四歲的她已經不認得心愛的第一個孩子瑪西，儘管如此，有天瑪西卻接到養護中心主任打來的電話。他在電話裡結結巴巴地道歉，說他們發現芬恩在浴室內幫另一個失智症患者口交。

瑪西詢問母親是否看起來不太高興或不安。那位主任遲疑了一下，然後回答：「嗯，情況有點奇怪，因為養護中心的助手們試著打斷他們時，您的母親變得更不開心，而且我們從來沒有看過她這樣。自從她住進本院以來，這是她口齒最清晰的一次，她說：『不要管我們，走開！我們正在享受一段美好的時光。』」（是的，她確實說了「美好的時光」這幾個字。）

「不同人可能會用不同的方式來解讀芬恩的行為。」當我把芬恩的故事告訴艾莉西亞・姆諾茲時，她這樣說道。（艾莉西亞曾經為伴侶們寫了《不再爭吵》這本很棒的書。）「她表現出什麼事？這一切是她的失智症使然嗎？抑或是她的情慾試圖以違反社會期待的方式展現？人類性慾確實是一股自然的力量，就像風、水、光線、重力一樣，它很難壓抑。在去除諸多約束與限制之後，往往會設法浮現出來。」

這個故事的重點在於，強調我們所有人都是擁有情慾的生物，從胎兒階段到我們死亡的那一刻都是如此。我們的性慾、軀體、大腦、想法、感受，還有心靈，全都和我們作為人類的各種奇妙體驗與煩惱息息相關。我們或許會因此遭受某些痛苦的虐待，卻

也可能經歷極其深刻的連結與喜悅。我們否認它、對它上癮、為它而活，卻又在某種程度上摒除它。性慾會出現在我們最深切的夢想與渴望裡，對有些人來說，性慾和如何看待自己沒有什麼關係，但對有些人而言，這則是構成身分認同的很大一部分。

我們所身處的文化環境中，對性存在著巨大的矛盾。一方面來看，清教徒倫理教導我們，性純粹是為了生育，因此為了任何其他理由（例如享受歡愉）而發生性行為，都是一種罪孽。但從另一方面來看，廣告、歌曲以及各種媒體當中的情色意象，也帶動當前的文化蓬勃發展。

《格雷的五十道陰影》這部情色小說三部曲，將男、女主角之間的性關係和綑綁、調教以及各種禁忌幻想交織在一起，最後這段關係變成了真愛，兩個人婚後住在豪宅裡，還有了孩子。這部小說至今已經銷售超過兩千萬冊！你覺得，讀者在這本書中急切尋求的東西是什麼？雖然流行文化不斷在市場和媒體上販賣性感，根據芝加哥大學二○一六年的一項研究卻指出，和前兩個世代的人相比，千禧世代的性接觸變少了。此外，同一份研究也顯示，中年夫妻做愛的次數有減少的現象。

與此同時，歷史也告訴我們，多元性向從一開始就是無法改變的事實。從科學觀點來看，這些性向都屬於自然變異的一部分。近年來，有幾項研究都支持這種論點，同時也指出，基因對性偏好有著很重要的影響。然而，有些宗教依舊堅持所有人原本都是異性戀者，卻偏偏有人要「選擇」和同性伴侶在一起，這種守舊偏執的觀念造成同性戀者在一些國家會受到法律懲罰，或者被判定為永世不得超生的罪人。我覺得，這種和性向有關的文化爭論正反映出我們對性所抱持的深刻矛盾。

關於性，有非常多可以探究的部分。為了縮小範圍，以便給

予最適當且實用的建議，我選了四個我們已經在本書裡探討過的主題加以探究，也就是愛情周期、九型人格、個人價值觀，以及正念溝通的「PAUSE」技巧。我也會告訴你性慾和這四個主題分別有什麼關係，並提供一些附加練習，讓你和伴侶可以一起進行。

如果你是和伴侶一起閱讀這本書，若其中一方對和性慾有關的主題感到不自在，請思考一下印度暢銷作家馬諾基‧艾若拉（Manoj Arora）這句很有智慧的話：「跳脫舒適圈一開始很困難，接著是一團混亂，最後則叫人讚嘆……因為到最後，它會讓你看見嶄新的世界。」若這個主題令你們不自在，請先嘗試看看，並且有共識雙方隨時可以停止。如果你們覺得現在不適合閱讀這個部分，那麼先跳過它，晚點再回頭閱讀也無妨。

和性有關的重要事實

先來談談那些我能確定的事，這些都是我自己體認到、和性有關的重要事實。請針對這些事實進行思考，如果可以的話，也請和伴侶一起討論。

事實#1：對於性行為發生的地點、時間、對象、方式和頻率，我們無法歸納出一套適用於所有人的公式，因為每個人的性慾就像指紋一樣獨特。

事實#2：從還在母親肚子裡的時候開始，一直到死亡的那一刻為止，性一直都是我們的一部分。曾經有超音波拍下子宮內小男嬰勃起，以及小男嬰、小女嬰自慰的畫面。至於走到人類生命周期的另一端，請思考一下前面提到芬恩的故事。

事實#3：在探索自身的情慾時，請仁慈對待你自己和伴侶。這時，請不要批判、批評，或是將對方的體驗完全歸咎於自

己身上。

事實#4：在涉及和人生、愛情和性慾有關的事時，沒有一套可以適用於所有人的標準公式。

事實#5：想獲得健康、愉快的性生活，具備知識是很重要的一件事，而這一切都從了解你自己開始——包含明白你的身體如何運作、撫摸它、注視它、關心它，還有了解你本身的好惡為何（即便這可能和我們平時接收到跟身體有關的那些訊息正好相反）。

事實#6：擁抱、親吻、撫摸，以及按摩彼此的肩膀，全都是親密感的一環，皮膚其實是人體最大的性器官。我們也知道，肢體接觸能減輕壓力、緩解疼痛，並且提升幸福感。有時候，當一對伴侶的性生活處於低潮時，他們也會停止身體接觸。然而，只要撫摸彼此的肌膚，就可以感受到全然的親密感湧現。

愛情周期與性愛周期

現在，讓我們重新回顧一下愛情周期的五個階段。這一次，我們著重的是每個階段在性愛上會發生什麼事。

第一階段：融合

美國生物人類學家、人類行為研究者費雪博士（Dr. Helen Fisher）和她在紐約賓罕頓大學的研究團隊，將和浪漫愛情有關的主題分為三類：性渴望、相互吸引、彼此依戀。有些人也許一次只會感受到其中一種，有些人則可能會同時感覺到三種。這三種狀態都會促使人體內的某些荷爾蒙發生變化，進而影響大腦。我們在性

愛上如何對另一個人做出反應，有部分原因就是這些化學物質。

- **性渴望**：這種狀態非常浪漫，會促進「睪固酮」和「雌激素」的分泌。這兩種荷爾蒙都會提升我們的性慾。
- **相互吸引**：這樣的狀態會讓「血清素」的分泌減少。這種化學物質會對食慾和心情造成影響，所以當大腦中的血清素濃度偏低時，我們可能會因此廢寢忘食。此時，我們會有很類似強迫症的體驗，這往往會使身處愛情最初階段的伴侶極度迷戀對方。
- **彼此依戀**：在一段長久的感情裡這是非常重要的部分，在這樣的狀態下，我們體內的催產素濃度偏高。催產素常被稱作「擁抱的荷爾蒙」，因為它會在做愛、生產與哺乳時大量分泌，讓我們想要觸摸、嗅聞、品嘗以及擁抱我們所愛的人。

這些化學物質會去除我們原本有的那些約束與舊有的禁忌，因此願意在性愛上嘗試新花樣，然後開始做愛（即便這麼做並非我們的本性），同時也容納更多的可能性。

第二階段：迷戀過後的憂鬱

相互吸引可能會和成癮行為很像。費雪博士曾經檢視一些腦部影像，發現人對酒精、古柯鹼或其他藥物成癮時，大腦的某些區域會被點亮，而當我們處於對伴侶心醉神迷的最初階段時，這些區域也會亮起。但在愛情周期的第二階段，大腦內的「愛情化學物質」開始減少，那些舊有的禁忌又會再度顯現。我們會想念第一階段的那種痴迷、狂喜，以及充滿激情的性愛，此時兩個人原本在性慾與性需求上的差異會以權力爭奪的形式呈現出來——比較常想做愛的那個人會感覺自己被拒絕，因此產生被剝奪感，至於比較不想

做愛的那個人則會覺得不知所措，然後感到內疚。這樣的權力爭奪增加時，只要放輕鬆，並且向對方表達善意，就可以應付這樣的狀況。

第三階段：疏離與失望

現在，那些令人感到愉悅的化學物質已經完全退去，我們身上與性愛有關的種種舊有約束再次出現。這可能會使我們變得憤怒、疏離，還有在性愛上變得冷淡。在這個階段，我們也許會敷衍了事或者完全不做愛，也可能會把性能量轉向工作或運動，同時改變我們的性幻想對象。

第四階段：決定

在「決定」階段，有些伴侶因為意識到可能失去彼此，他們的性生活反而會獲得改善。但對多數伴侶來說，一旦在情感上變得封閉，性愛就會是自己最不想考慮的一件事，或說至少他們不想和對方做這件事。

第五階段：圓滿的性愛

「己所欲，『勿』施於人。」

——貝波‧史瓦茲，美國社會學家、性學專家、
《幸福伴侶的快樂習慣》共同作者

只要明白自己本身就是一個完整的人，我們便能一起努力找回那份熱情。我們必須具備動力與技巧、坦率進行對話，並且願意跳出舒適圈。我們可以用不同的方式來探索自身的情慾，這可能包含逐漸改變的性偏好，以及各種不自在、希望與恐懼。所謂「圓滿

的性愛」不僅容許我們一起冒險，同時也不斷強調前面提到的「貝波・史瓦茲法則」，提醒著我們記得伴侶和自己是不同的個體。我們無法看透對方的心思，或是百分之百確定從前戲到後戲[8]，對方都和自己擁有同樣的喜好。我們必須以開闊的心胸進行對話，並貼心包容兩個人的不同需求。

實作練習：你目前在性愛上處於什麼樣的狀態

請完成以下句子：

1. 當我想到和性有關的主題時，我腦海裡浮現出的文字、畫面、想法或感受是……
2. 在探究這個主題時，最刺激、誘人的部分是……
3. 我覺得，最令我擔憂或恐懼的事情是……
4. 如果可以用一首歌、一本書或一首詩來形容我目前的性生活，那會是……
5. 我會這樣描述我的性生活……

分享

請和伴侶分享前述問題的答案，但是請不要直接討論，而是用第十一章提過的鏡射法來進行分享。

接下來，若你們「兩個人」都覺得很自在，可以繼續進行這樣的對話，請用鏡射法來完成下列句子。如果有任何一方想停下來，請等之後雙方都同意的時候再回頭展開對話。

1. 我第一次發現自己擁有情慾的情況是……
2. 在童年時期，我得知性是……
3. 關於性，我得到最健康的訊息是……
4. 關於性，我獲得最不健康的訊息是……

5. 我小時候接收到的這些訊息，使我產生了這樣的改變……

6. 對於我自身的情慾，我很喜歡的地方是……

7. 對於我自身的情慾，我想改變的地方是……

8. 我對自己的身體的感覺是……

9. 關於我的性慾強度，我希望你了解的事情是……

10. 你最初讓我覺得很性感的地方是……

11. 對我而言，會讓我非常「性奮」的事情是……

12. 我真的很喜歡你用這種方式……

13. 和你共度的性愛回憶中，我最喜歡那一次的是……

14. 我最希望我們能一起努力的事情是……

15. 現在，我很感謝你的地方是……

性與九型人格

性格確實會影響一個人看待性的態度。從九型人格的角度來了解「性愛人格」不僅很有趣，也能讓我們對此有深刻的認識。安·加德在著作《性與九型人格》裡，詳細說明了每一種類型的情人可能會具備哪些性愛特質。以下是她向我分享的幾項重點：

第一型：理想主義者

- 因為一型人認為自己在道德上是個「好人」，他們或許會覺得只要表現出正確的行為，以及處理了各種現實事務（例如收拾家裡、修剪草坪、支付帳單等），就能以性愛

---

8. Afterplay，「後戲」是指性行為結束後的愛撫、身體接觸，或其他親密的舉動。和前戲相比，後戲更著重精神上的滿足。

作為報償。

- 嚴守紀律的一型人可能會努力精進性愛技巧，並且認為自己懂得正確的做法，因此試圖「改進」伴侶的床上功夫。一般來說，他們覺得限制比放縱來得好。

第二型：給予者

- 二型人往往性感、體貼、完全以他們的伴侶為主，同時暗自希望對方能回報他們。
- 他們會拚命迎合伴侶的性需求、給予對方大量的關愛，並且用「你是我遇過最棒的情人」來奉承對方。
- 他們認為，只有自己了解伴侶的私密需求，並因此感到自豪。

第三型：實踐者

- 三型人通常都認為，自己如果非常成功而閃耀，就會擁有令人無法抗拒的魅力，足以吸引最好的伴侶，同時讓他們獲得自己想要的性愛。
- 對他們而言，床上的表現往往很重要，例如達到多少次高潮、勃起狀態維持了多久等等。
- 他們可能會把做愛當成一種目標，而不是親密感的展現。

第四型：浪漫主義者

- 充滿熱情、情感豐富的四型人往往希望擁有「了解」他們的伴侶，並且可以和對方發展出真正深刻而親密的關係。四型人通常會表現出獨特、神祕、充滿激情，卻又難以親近的樣子，藉此吸引仰慕者。

- 整合得比較不好的四型人可能會變得自我中心，並且沉溺在性幻想裡。

第五型：觀察者

- 五型人通常都覺得，和投入一段感情相比，孑然一身比較省麻煩，所以他們可能會選擇短暫的激情，這樣就不需要承擔長久的責任。
- 理性的五型人也許會試圖透過研究來掌握性愛，而不是用感性來體驗它。

第六型：懷疑者

- 謹慎的六型人可能比較不想在性愛上嘗試新花樣，寧可堅持某種熟悉的習慣，這樣他們會比較安心。（「那種保險套可能會破掉！」）
- 他們通常都是忠心耿耿的伴侶。

第七型：享樂主義者

- 自由奔放的七型人認為，如果他們表現出有趣、熱情、令人興奮與愉悅的樣子，就能吸引其他人，然後他們就可以開始提出自己的性需求。
- 作為享樂主義者，七型人往往會追求刺激、喜歡冒險。和陌生人來場「速食性愛」感覺極為誘人，至於傳統性愛則很無趣。
- 他們也許很喜歡對伴侶懷抱性幻想（甚至勝過實際體驗）。

- 在做愛時，八型人通常需要掌控全局，他們希望成為主導者，讓一切遵照自己的需求進行。（雖然當他們和信任的人在一起時，可能偶爾會願意乖乖地探索自身脆弱的一面。）
- 他們會經常做愛且充滿熱情，但溫柔的前戲可能會被省略。

第九型：調解者

- 為了維持和平，敏感、適應力強的九型人可以將自己的需求和伴侶的需求融合在一起，因此他們會呈現出理想情人的模樣。然而，由於沒有承認自身的性需求，他們會一直壓抑自己的憤怒，導致他們不想做愛。
- 九型人可能會發現，他們很難優先重視床第之事。
- 九型人擁有豐富的想像力，這能為他們帶來刺激的性愛。

性價值觀

「性價值體系」包含一個人對性愛和自身情慾的各種觀念、態度以及感受。就如同第八章提過的，我們的價值觀會反映出那些對自己而言，真正重要的核心信念，在我們無所適從時提供指引。當時，我們也說明了一項價值觀會有多複雜，因為對兩個不同的人來說，任何一種價值觀都可能具有不同（甚至相反）的涵義。比方說，伴侶雙方都認為「擁有親密且富有意義的性生活」很重要。但其中一方覺得這表示要在做愛時體貼對方，並且以平常習慣的方式進行；另一方可能則認為，美好的性生活代表經常嘗試新花樣，尋求新的刺激。

當價值觀相互衝突時

　　瑪姬一生都為焦慮所苦，因此醫生建議她接受心理諮商，好讓她可以更妥善處理這樣的焦慮。在某次諮商時，我和瑪姬談論了關於性的話題。瑪姬告訴我，她在一個信仰極其虔誠的家庭裡長大，一九六四年她從高中畢業，並打算嫁給當時的男友。不久之後，男友也加入了他們的教會。她跟我說，不僅他們小倆口不得結交任何教會以外的朋友，會眾也不鼓勵女性讀大學。在婚禮舉行的幾個星期前，母親來到她的房間，然後發表了一段「談話」。

　　「我母親說：『你很快就得履行作為妻子的義務，讓他和你發生關係。』」在陳述這個故事的過程中，她一度全身癱軟、呼吸困難。「接著，我母親雙手合十說道：『親愛的，當這件事發生時，你必須閉上眼睛，並且記得耶穌為了我們的罪而死在十字架上。』」

　　然後，瑪姬說：「我的性教育就這樣結束了。」

　　在結束和母親的這段對話之後，隔天瑪姬就跑到舊金山去。在以嬉皮文化著稱的「海特—艾許伯里區」，她和幾個年輕人在一棟大房子裡合租了一個房間。她很快就對這裡的文化感到著迷，並找到一份販賣迷幻搖滾樂團「死之華」T恤的工作。這時的瑪姬相信，她已經開始擺脫自己那個一直活在恐懼中的童年了。

　　後來有人邀請瑪姬參加一場「隨歌起舞」活動，她滿心期待地前往，希望也可以藉此「重獲自由」。現場有很多人都穿著絲絨與皮革材質的衣服，並戴著大禮帽。當搖滾樂團「傑佛森飛船」的歌聲從喇叭裡響起時，耀眼奪目的探照燈向四周投射出七彩的光芒，空氣中彌漫著濃烈的香水味，幾乎叫人難以忍受。這時，巨大的橡膠球開始滾進音樂廳內，讓參加者可以在它們周圍舞動。瑪姬回憶說，現場閃爍著燈光，大家一起笑著、唱著，並撲倒在彼此身上，她則是靠在一顆綠色橡膠球上，然後跟著它一起轉動。

故事說到這裡，瑪姬暫停了一會兒，彷彿要鼓足力氣才能繼續說下去。她說有個男人走到她的身後、貼著她磨蹭起來，隨著音樂節奏加快，他的動作也變得越來越快。

　　「我覺得情況不太對勁，但我試著不要這麼想。」她這樣告訴我：「然後我意識到，他正對著我不停地前後磨蹭。我哥哥以前常因為我們家的狗做出這種行為而大笑，所以我知道這是怎麼一回事。我不敢相信，這種事竟然會發生在我身上。」

　　瑪姬聽見心中有兩個聲音，其中一個聲音大吼：「快離開這裡！推開他！這是變態行為！」另一個聲音則大喊：「這就是你媽會說的話，你是想永遠當個保守的農家女孩嗎？」她開始顫抖，同時也覺得很想吐，她奪門而出，然後直接衝回家。

　　性價值體系會告訴我們，我們是否（以及何時）可以接受和他人之間的性接觸。但有時候，心裡會出現兩種相互衝突的價值觀，同一時間對著我們大聲嚷嚷。我們似乎無法聆聽自己的聲音，或無法憑直覺知道什麼才是自己的真實心聲——而這兩種聲音都可能不是我們的心聲。在瑪姬內心的聲音當中，一種代表的是她所受過的教養，另一種則是對這種教養的反抗，兩者彼此對抗，導致她變得極度焦慮。她必須找出屬於自己的聲音與價值觀，而不是直接被這兩種聲音影響。

實作練習：你對性有何感受

　　請圈出（或在另一張紙上寫下）讓你特別有感覺的那些字。

外遇	彼此相愛	生育
相互吸引	親密	使人放鬆
美好	親吻	緩解壓力

無趣　　　　　　女同性戀者　　　　自我取悅

慶賀　　　　　　舔舐對方的身體　　感官享受

舒服　　　　　　吵鬧　　　　　　　情趣玩具

緊密連結　　　　性慾旺盛　　　　　和陌生人做愛

危險　　　　　　頑皮　　　　　　　用絲巾綑綁

墮落　　　　　　充滿激情　　　　　罪惡

噁心　　　　　　電話性愛　　　　　嗅聞對方身上的氣味

令人享受　　　　好玩　　　　　　　打屁股調情

溫柔　　　　　　讓人愉快　　　　　心靈交流

下流　　　　　　歡愉　　　　　　　異性性行為

火辣　　　　　　多重伴侶關係　　　禁忌

不道德　　　　　A片　　　　　　　讓人滿足

情色作品[9]　　　自慰　　　　　　　可怕

令人興奮　　　　呻吟　　　　　　　譚崔[10]

剝削　　　　　　裸體　　　　　　　情趣

不被允許的行為　自然　　　　　　　誘惑

有趣　　　　　　使人厭惡　　　　　跨性別者

男同性戀者　　　粗暴　　　　　　　虛擬性愛[11]

男性　　　　　　神聖　　　　　　　女性

已婚　　　　　　同性性行為

---

9. 根據性學研究者的定義，「情色」（erotica）與「色情」（pornography）的差異在於，前者是指相互取悅、和暴力與虐待無關的性活動，往往注重情感的刻畫與氣氛的營造，後者則帶有貶義，通常以引起感官刺激為主要目的、內容較為露骨，甚至包含和攻擊、暴力、支配與征服有關的性活動。

10. 意指源自於密宗的一種修行方法，主張藉由情感與能量的釋放（而非身體接觸）來達到性高潮，此種方式曾經引發許多爭議。

11. 虛擬性愛主要包含「電話性愛」與「網路性愛」兩種，意指透過通訊設備模擬性行為、談論和性有關的話題，藉此達到性高潮。

思考

1. 在進行這項練習時，我的第一個反應是……
2. 我覺得這項練習很有趣的地方是……
3. 關於這項練習，我想進一步探索的地方是……
4. 這項練習令我擔心的地方是……
5. 這項練習讓我感到安慰的地方是……

實作練習：你的性價值觀

請回答下列問題來探索你自身的性價值體系。

1. 請不要思考、憑直覺寫下和性有關的六句話（包含你腦海中浮現出的任何俗諺、警告或渴望）。請以「性是……」作為這些句子的開頭。
2. 請在這些句子的右側寫下你對它們有何反應。
3. 請在最右側根據這些反應的來源進行標記。請將承襲自你「過往歷史」的部分以「H」標記；至於你對過去學到的觀念所產生的反應，請以「R」標記。若該句話來自你的內心深處、你認為它代表了你對性的「真實感受」，請以「T」標記。

如果有需要的話，請尋求外界的支援。倘若你有不太明白或感到憂慮的事，抑或是曾經遭受性侵害，請向你可以信任的專業人士尋求協助，讓他們幫助你更深入了解你過往的歷史，以及它對你產生了什麼樣的影響。

就像瑪姬一樣，當我們沒有得到他人的支持時，我們必須相

信自己的聲音。我們往往一輩子都在和腦海裡那些相互衝突的聲音對抗，卻從未聆聽自己真正需要的聲音。

性愛對話

伴侶們會默默達成共識——他們認為，和處理受傷的感覺，以及難以預料的情緒（例如罪惡感或憤怒）相比，完全不做愛容易許多。

——美國臨床社會工作者與性治療師
安德森（Kimberly Resnick Anderson）

開放溝通是擁有美滿性生活的關鍵，無論是剛成為一對伴侶，或已經在一起幾十年都是如此。對很多人來說，這並不是一件容易的事，研究學者們也同意，不談論和性有關的問題（包括做愛頻率、方式，還有對於彼此協商的需求），是最常見的性愛難題。我們每個人都有自己過往的經歷、獨特的幻想，以及各種現實狀況（包含種種局限、優勢，以及在慾望上的差異）。因著這些無可避免的差異，澈底忽略性的話題通常容易許多，我們頂多含糊地暗示或提議，但這些暗示不是沒有被注意到，就是受到誤解。又或者，因為它們引發了對方的焦慮，以致於被忽視或拒絕，而這只會加深我們的恐懼與不滿。

那麼，我們為什麼要這麼做呢？因為談論關於性的事也可以：

● 讓我們顯得很性感。

● 使我們的感情充滿活力。

● 為兩個人帶來正向改變。

● 當身體不可避免隨著時間改變時，防止我們在性愛上變得

冷感。

- 創造更多安全感，讓我們以不曾想像過的程度更緊密地連結。

- 令我們感覺興奮。

- 使我們更常做愛，而這會讓身體、心理，還有這段關係都變得更健康。

我們可以用「PAUSE」技巧來進行和性有關的正念溝通。我們越常練習如何體察與描述自己心裡的感受，以及越能在不批判相關資訊（或對方）的情況下聆聽彼此的看法時，兩個人之間的感情就會變得更深刻，性生活也會變得更美好。

聆聽

因為要談論關於性的話題是極其困難的事，大家往往會感到遲疑或難為情。作為一個聆聽者，你必須盡可能地溫柔，並且不帶批判與防衛心。

記得「還有」

「兩件事有可能同時都是正確的」說的不只是你自己的想法，也包含對性的各種感受在內。對此，美國心理治療師兼作家沛瑞爾（Esther Perel）做了最精闢的闡釋：

那麼，該怎麼做才能保有對彼此的渴望，還有這件事為何如此困難？一段穩定的關係要持續保有這種慾望，我想關鍵在於如何協調兩個人的基本需求。從一方面來看，我們需要安全感，希望一切可以預測、穩定可靠，而且恆久不變──這些體驗都令我們感到安心與堅定。然而，身為男人與女人，我們也同樣擁有強烈的需求，我們想要冒險、追尋神祕事物、探索未知，並且尋求驚喜與新

鮮感——這就是重點所在。

用不設防的方式進行和性有關的談話

　　和其他話題相比，談論關於性的事可能更難不有所防備。因為在我們的一生裡不停接收到和性有關的形形色色訊息，所以很多人都對相關問題感到特別無所適從。想克服這樣的脆弱感，你得先向對方坦承，對你來說要談論這個話題有多難。若你需要中止這樣的談話，必須請伴侶尊重你的想法。只要確保在休息過後，你們會重新展開相關對話即可。

有技巧地談論關於性的話題

　　對於性愛對話，這裡有三項建議：

1. 不要出其不意，請溫柔地開始，並徵詢對方的同意。例如你可以說：「我一直在思考一些想要和你分享的事，是和我自身的情慾有關。今天下午我們能不能一起去散個步，然後談談關於性的話題？」

2. 提出請求，而不要抱怨。每個抱怨背後都埋藏著某種渴望，所以請以這種渴望作為開頭。請注意保持溫和的語調，同時懷抱尊重的態度，你可以說：「我很喜歡我們以前在早上做愛之後，都會一起談天嬉笑。我希望能讓這樣的方式重新回到我們的生活裡。」或者你也可以說：「我非常喜歡你的愛撫。我希望能在我們做愛之前好好地感受它，因為我不像你那麼容易被挑起慾望。」

3. 在臥房以外的地方開啟這樣的談話，而且不要在剛做完愛之後就馬上談論。

性愛智慧

　　性愛智慧也是情緒智慧的一環。隨著人生季節轉換，所有人都必須持續接受性教育，其中最重要的事莫過於認識自己。有很多很棒的書籍、Podcast節目、演講與課程（包括線上課程），都可以讓你進一步了解這個隨著時間不斷變化的主題。

了解我們的原始慾望

　　每個人都應該對自身的情慾負起責任：了解它、談論它，並且將它展現出來。此外，我們也有責任掌控自己的性慾，一切就從承認「它是人性中很正常且健康的一部分」開始。

　　在關於原慾（或性驅力[12]）的諸多理論當中，最廣為人知的是一個人的性慾強度主要取決於他體內的睪固酮濃度。由於多數男性體內的睪固酮含量比女性高，所以一般認為男性比女性擁有更強的性慾，而且他們的慾望也更常被激起。然而，這只是一種籠統的刻板印象而已。對此，美國婚姻治療師兼作家戴維斯（Michelle Weiner Davis）有這樣的發現：「身為在第一線從事伴侶諮商的工作者，我越來越明白並非只有女人性慾低下。事實上，根據臨床觀察，還有我和同事之間的閒聊，我會說美國男人性慾低落才是鮮為人知的真相。」（當然，這再度提醒了我們，沒有適用於所有人的規則，尤其是關於性別的刻板印象更是如此。）

　　儘管許多傳統理論都主張，性慾是由人體內的荷爾蒙和化學物質決定，性學專家以及《性愛好科學》作者艾蜜莉·納高斯基卻認為，和先天的生理機制相比，我們的心對性慾的影響更大。她主張在我們的神經系統裡，有一連串的性慾「加速器」與「減速器」，會向大腦發送訊號、促使我們「繼續前進」或「停止」。若我們想提升自身的性慾強度，就必須了解內部「驅動系

統」在告訴我們什麼訊息。

　　請列出「會讓你性奮」的性慾加速器，以及「會讓你冷掉」的減速器。我提供了一些提示，但也請試著自己找出你的加速器與減速器為何。先自行完成這項練習，然後再遵循以下說明，依此互相分享你們的答案。

你的性慾加速器

　　請完成這個句子：會令我感到興奮的是……

　　範例：聽到某些言語、收到禮物、進行眼神交流、緊緊相擁、親吻、扭打、搔癢、分享火辣的性幻想、盛裝打扮、使用情趣玩具、換上特定服裝、一絲不掛、看到帶有情色意味的畫面等。

你的性慾減速器

　　請完成這個句子：會讓我冷掉的是……

　　範例：太具攻擊性、太被動、衛生問題（例如口臭、頭皮屑等）、動作太快、動作太慢、狗兒睡在床上、孩子們在門邊窺看、使用情趣玩具等。

分享

　　你和伴侶完成上述清單之後，請互相分享，同時用以下提示來討論你們的答案。如果鏡射法對你們有幫助的話，也可以再次應

---

12. 佛洛伊德認為，「原慾」（libido）是驅使生物產生本能需求的一種心理能量，這種慾望（包含食慾、性慾等）必須立即獲得滿足。

用。在進行這項練習時，請務必運用「PAUSE」技巧：聆聽、接納話語中的「還有」、練習以不設防的方式和對方產生連結、有技巧地表達，以及以高度的情感智慧來處理你們自身的刺激因子。如果開始覺得分享過程讓你難以承受，可以要求暫停，如果是伴侶提出這樣的需求時，也請好好接受。最後，在每一句分享結束時，都要必須記得向對方表示感謝。

1. 在完成這份清單時，我想起⋯⋯
2. 在這項練習裡，我很喜歡的地方是⋯⋯
3. 在這項練習裡，我不喜歡的部分是⋯⋯
4. 我需要努力的事情是⋯⋯
5. 你可以藉由這件事來啟動我的性慾加速器⋯⋯
6. 我不知道要怎麼跟你談論的事情是⋯⋯
7. 我很感謝你的地方是⋯⋯

溝通、分享與探索

性並不是很複雜的一種行為，但「正念性愛」（帶著覺知的性愛）往往需要非常大的勇氣與耐心，同時我們也必須願意表現出自己的弱點。要實現「正念性愛」，我們必須展現完整的自我、讓自己被看見，並且願意接納對方或其他人的真實樣貌。

——「紐約大學正念中心」創辦人夏伊（Yael Shy）

　　請和伴侶討論，你們可以如何創造出嶄新而美好的性生活。為了做到這一點，請參考以下建議。如果其中一方不想繼續下去，請先暫停一段時間、晚點再重新展開這樣的對話。

　　1. 用不同的方式了解你自己，並且和伴侶分享，藉此增進你

的性愛智慧。比方說，你可以思考一下什麼樣的觸摸會讓你感到興奮，有些人喜歡緩慢且溫柔的愛撫，有些人則喜歡更扎實、篤定的觸摸。

2. 尋找新的書籍、Podcast節目、TED演講以及老師，透過它們來學習，並提升你的性愛智慧。

3. 設法定期探索你們之間的性關係與情慾，請決定談論這個話題的頻率（一星期一次通常就能發揮很好的效果），以及你們要為此騰出多少不被打擾的時間（三十分鐘至兩小時不等）。你們可以輪流要求對方用特定方式啟動你們的性慾加速器，例如某次談話你提出你希望探索的部分，然後在下一次對話時，則輪到伴侶選擇想要探索的地方。

　　你們的探索可以是按摩（要普通版的或是挑逗版的都行），或者是想弄清楚哪些感官刺激最能令你們興奮──是視覺、嗅覺，還是味覺？哪種環境氛圍會挑起你們的性慾，是播放音樂、點燃蠟燭，還是柔和的燈光？請給對方足夠的空間好好確認你的需求。

　　請事先決定，這些談話能否使你們進行魚水之歡，或者它們只是為了探索、不帶任何特殊目的。無論你們怎麼選擇，請確定雙方有達成共識。

4. 練習正念。正念可以幫助我們增進身體健康與幸福感，因此請盡量想出能增強性生活品質的各種方法。練習「暫停」能提醒我們先深呼吸，同時提升我們對自身感受與想法的覺察力。我曾經聽過有人說，所謂的正念就是讓你的身體和心靈處於同步狀態，你可以考慮在滑雪時從山坡上往下滑、在泛舟時划動船槳或學習某種新的瑜伽姿勢。這樣的體驗可能會非常深刻，足以使你的身心變得完全同步。

請練習讓你的身心處於同步狀態。你必須停止分心，並且把注意力轉回眼前這一刻發生的事。你和伴侶正一同進行著一場探索之旅，就像在從事帆船或登山冒險時那樣，你必須專注於當下。

實作練習：和性有關的趣聞

後面列出的幾則和性有關的趣聞，是很值得討論的話題。在和伴侶聊過之後，請試著再各自找出三則趣聞，以便在下個星期討論。請記得，你要做的是探索與分享，而不是批判、批評或試圖向伴侶表明某種觀點。

這項練習也能使你和伴侶在談論關於性的話題時變得更自在，進而能輕鬆討論你們之間的性關係。可以先從對你們來說最簡單的主題開始，然後再想辦法談論比較敏感的主題，像是A片、口交或肛交、情趣玩具或性羞恥感（sexual shame）。

趣聞：十九世紀的葛拉罕牧師發明了全麥餅乾，並把它當成一種健康食品販售，宣稱食用全麥餅乾等無味的食物能抑制性衝動（特別是對自慰的慾望）。

趣聞：男性也會假裝高潮。根據《Time Out》雜誌紐約版二〇一四年的一篇報導，有超過百分之三十的男人都曾經假裝自己達到高潮。

趣聞：《婦產科醫學》（Archives of Gynecology and Obstetrics）期刊裡的一項研究，賦予了「一天一蘋果，醫生遠離我」這句俗諺新的詮釋。這項研究共有七百三十一位擁有活躍性生活的義大利女性參與，其中經常吃蘋果的人說，她們不僅陰道變得更潤滑，同時她們的整體性功能也因此獲得改善！

趣聞：所謂的「性高潮差距」（orgasm gap），是指男性有百分之九十五的時間能獲得高潮，而女性則只有百分之六十五的時間可以達到高潮。基本上，這種現象在同性之間並不存在。男同性戀者有百分之八十九的時間能獲得高潮，至於女同性戀者則有百分之八十六的時間可以達到高潮，很顯然，先天的生理機制並非真正的問題所在。

趣聞：羅德島州布朗大學的一項研究發現，那些習慣長時間冥想的女性擁有更激烈的高潮。（我很肯定，對其他性別來說也是如此。）或許這是因為冥想讓她們比較少對自身的性偏好進行批判，同時也能更坦率分享自己的性幻想。

趣聞：研究顯示，那些在做愛時頻繁交流（言語與非言語交流都包含在內）的人擁有更美滿的性生活。有百分之五十七的受訪者跟某家保險套公司說，當他們的伴侶在床上發出聲響時，他們會覺得更有自信。

接著，換你們分享彼此發現的其他趣聞了。

在每一個年紀和每一個人生階段，我們都有可能發現不同的方式，藉此欣賞與讚美自身的情慾。就像愛情周期的每一個循環一樣，這是一趟沒有終點的旅程。

截至目前為止，我們已經花了很多時間探究，如何透過建立更多緊密連結，以及提升伴侶雙方的性愛滿意度來增進我們的感情。接下來，我們則要探討怎麼度過感情裡的各種狂暴時刻，並且學習用不同的方式來面對這些無可避免的寒冬（或季節性風暴）。

衝突：日常爭吵、大麻煩，以及難以化解的分歧

> 在刺激與回應之間有一個空隙，在這個空隙裡，我們有權選擇如何回應。我們的回應決定了我們的成長與自由。
>
> ——史蒂芬‧柯維，美國著名管理學大師與暢銷書作家

記得有次我在墨西哥一處溫泉度假村的餐廳和一對夫妻共進晚餐。這對夫妻剛聽完我的演講「衝突無法避免，但你可以選擇修復你們的關係」，先生索爾說，他和太太瓊妮經常為了一些「蠢事」而爭吵，今天知道這樣其實很正常時鬆了一口氣。

「但是有件事我不明白。」索爾說道：「我的同事傑克說，他結婚五十多年來，從來沒有和他太太吵過架，他們甚至不曾對彼此說過任何一句生氣的話。」

對此，我和瓊妮難得異口同聲地回答：「我很想知道他太太說了些什麼！」

爭執與衝突本身不會導致分手，從治療師的角度來看，缺乏衝突往往才是警訊。我們多數人都認識這樣的伴侶——他們的感情看似完美無缺，卻突然結束這段關係，使周遭的所有人都感到震

驚。而且，通常連他們自己都沒有想到會迎來這種結局。

遭遇衝突不代表一段感情陷入困境。任何兩個有著不同過往經歷、價值觀與性格的人一定會有意見分歧的時候。對於孩子（包括繼子女）、姻親、健康、食物選擇、金錢、性愛、寵物、家務、如何利用閒暇時間，以及其他諸多問題的觀念與感受，都可能會引發激烈反應，讓人因此產生衝突。此外，性格特質（例如內向、外向，還有自我揭露程度的不同）和情緒敏感度（像是嫉妒與社交焦慮）也會造成衝突。不希望伴侶穿上那件你覺得醜得要命的格子襯衫，並不代表情況有什麼不對勁，這只表示你是個普通人。

「確實」會導致分手的事情是，其中一方或雙方缺少某些技巧，因此無法處理衝突或者是個人特別介意的部分（例如醜得要命的格子襯衫）。當我們隱藏自身的情緒、責怪伴侶，或試圖維護自己的時候，我們就失去了與生命中最重要的人之間的緊密連結。這令人心碎，於是我們變得既難過又憤怒，同時也在情感上變得冷漠。換句話說，在兩個人面臨的困難當中，爭吵本身只佔百分之二十，其餘的百分之八十則源自於激烈的自我保護策略、防禦機制以及情感疏離，這些才是感情中真正的敵人。

正因為如此，所以先來探究一下我們「如何」爭吵，接著探討使我們起爭執的那些事，以及要怎麼有效地應付每一種衝突，這也包含那些看似無法化解的分歧。

在面對衝突時，「不要做」這三件事，而「要做」這件事

一般來說，一對伴侶會用四種方式處理衝突：

1. 為了跟對方和睦相處，其中一個人會同意每一件事。如果

這樣的狀況變成了一種習慣（而不是一種選擇），就可能會讓這個人心懷怨懟，自認擁有完美婚姻的傑克娶到的可能就是使用這種做法的女人。在面對衝突時保持沉默，不等於能容忍你的伴侶。（稍後我們會在本章繼續探索這項重要特質。）

2. 這對伴侶沒有花很多時間緩和衝突，或者乾脆假裝它不存在，他們盡可能避免爭議。這種做法源於常見的不切實際觀念：伴侶雙方是彼此的「另一半」，所以兩個人的意見必須完全一致。這會導致所謂的「眼不見為淨症候群」。

3. 日復一日、月復一月、年復一年，這對伴侶一再重複同樣的爭吵，直到他們放棄、屈服，或從這段感情中抽離出來。

4. 這對伴侶懂得有技巧地處理衝突，包含使用「PAUSE」五大溝通技巧。「PAUSE」能使伴侶們在進行高難度溝通時放慢速度，並且真誠聆聽對方的想法，防止小爭執演變成大麻煩。伴侶會因為彼此的「壓力因應風格」相互牴觸，以及一直持續不斷的「麻煩迴圈」而產生激烈反應（我們將會在本章探討這兩個概念），在這之後，這些技巧能協助他們修復這段關係。

　　我想你應該已經知道，在上述方式當中，何者是最健康的做法。好消息是，任何人都可以學會如何應付兩個人之間的差異，同時又不會傷害到這段感情。即便在面臨難以化解的分歧時，我們還是有可能用正念來處理這些令人苦惱的感情問題，而不是做出激烈的反應。

壓力因應風格：崩潰、爆炸與抽離

約莫四十年前的某一天，我去接朋友外出吃午餐。抵達他們家時，她邊打開門邊輕聲說：「你在客廳等一下，我和保羅正在吵架。」

坐在沙發上的我感到非常不自在，因為可以聽見他們在臥房裡對彼此大吼大叫，我很慶幸房門是關上的。突然間，我聽到一陣猛烈的撞擊聲和尖叫聲，後來才曉得那時保羅把電話摔到牆上。

等回過神來，我發現我坐在附近公園裡的一張長椅上，手腳顫抖，心臟也怦怦地跳個不停，而且我完全不記得自己是怎麼從他們家的客廳沙發來到對街的公園長椅上。在經過幾年的心理治療之後，保羅終於得以控制他在面對痛苦時劇烈而可怕的反應，多年來他也為此事頻頻向我們兩個人道歉。

第九章曾經提過腦部在我們感受到壓力的時候會發生什麼事。此時，負責理性思維的大腦額葉會停止運作，將主控權轉交給位於大腦下層的「情緒腦」，這裡正是負責發出警報與啟動緊急應變措施的情緒中樞——杏仁核所在之處。我們的杏仁核會將這些警報訊號傳送給掌管生存本能、常被稱作「爬蟲腦」[13]的腦幹系統，促使我們做出反應。這套系統只處理兩種問題：「我會打敗它嗎？」或「我會被它擊垮嗎？」甚至有時候，我們對某件事做出回應的當下根本不知道自己正處於這種模式，直到發覺怎麼突然坐在公園長椅上。這是一種無意識的自動化反應，我們無法決定身體要怎麼回應。

---

13. 美國神經學家保羅・麥克林（Paul Maclean）在一九六〇年代提出「三腦一體論」，試圖從生物演化的角度來解釋人類大腦的發展。麥克林主張，人腦中最古老的部分是由腦幹、小腦與基底核等構造所組成的「爬蟲腦」。接著出現的是位於腦幹邊緣，包含海馬迴、杏仁核與下視丘等構造，統稱為「邊緣系統」的「原始哺乳類腦」。最後出現的則是由各種皮質組成的「新哺乳類腦」，這個部分負責理解、分析、邏輯推理、語言學習與調節情緒等。

但我們確實可以選擇要如何「控制」這種下意識反應。想掌控這樣的反應，我們必須先要能夠辨別自己的主要壓力因應風格，並且了解可以從哪些線索得知大腦已經自動進入自我保護模式。（不妨複習第十一章，因為壓力因應風格和我們的三種防禦策略是一樣的。）

凍結者通常會否認眼前發生的事，藉此讓自己遠離麻煩。他們可能會試著安撫對方，或是將一切訴諸理性，同時在情感上變得封閉。在面臨壓力時，凍結者可能會感到麻木、疏離或覺得自己的身體正在崩潰。

戰鬥者會激烈反抗或變得具有攻擊性。他們會大聲嚷嚷、堅持己見，並試圖壓制對方的觀點。在面臨壓力時，戰鬥者可能會感覺到自己的身體變得更加緊繃，彷彿進入備戰狀態。

逃跑者會將自己抽離或漠視對方，換句話說，他們或許會突然發現自己坐在公園長椅上。在面臨壓力時，逃跑者可能會覺得越來越惶恐（而且急著想逃離這一切）。

這些反應沒有好壞、對錯之分，我們生來就是為了存活下去。為了做到這一點，「理智腦」和「情緒腦」都很重要，但是當大腦處於警戒狀態，並且和我們伴侶的大腦彼此衝突，就會帶來格外煩人的麻煩。

當壓力因應風格相互牴觸時

卡洛斯和安琪正在前往和朋友碰面的路上，他們會一起去吃晚餐和參加音樂會。負責開車的人是卡洛斯，他們原本正平靜地談論有多期待今晚的活動，這時一台很吵的車子從後方越線超車，那輛車上坐滿青少年，而且不僅消音器故障，音樂也放得很大聲。

卡洛斯設法把車開到另一個車道上，沒有和其他車相撞，但他因此勃然大怒，不停地大聲咒罵。害怕的安琪屏住呼吸，同時焦慮地請他不要大吼大叫，結果卡洛斯對她怒吼說，他努力確保了兩個人的安全，甚至還質問她為什麼要這麼挑剔。接著，她則反駁說他有「很嚴重的憤怒管理問題」。他們都對彼此心生厭惡，並斷定自己和不合適的人在一起。

這場衝突之所以會發生，是因為在面對壓力時，卡洛斯的反應是戰鬥，而安琪的反應則是凍結。他們沒有意識到這些反應，並想辦法幫助彼此冷靜下來，反而表現出令對方更痛苦的舉動。他們之間沒有共同的語言，好讓彼此理解這一切是由於兩人的壓力因應風格相互衝突所導致。這也導致他們都認為，問題出在對方身上。最初的那個問題（另一台車做出危險的行為）和這段感情其實沒有什麼關係，但因為壓力因應風格彼此牴觸，以致於他們之間產生了新的問題。

實作練習：辨別你的壓力因應風格

請回答下列問題：

1. 如果遇到像卡洛斯和安琪這樣的狀況，你覺得你會有什麼反應？
2. 你覺得你的伴侶又會如何回應？
3. 如果卡洛斯和安琪在察覺自己受到刺激時運用了「PAUSE」技巧，他們的做法會有什麼不同？
4. 遇到類似的狀況，你可以怎麼改變做法？
5. 這將對你們的感情造成什麼樣的影響？

如果是和伴侶一起進行這項練習，請互相分享你們的答案。

無止境的迴圈：更多壓力衝突

迴圈往往是這樣開始的：A做了某件事（可能是無心的），因此觸動B脆弱的一面，使其體內的皮質醇（cortisol，俗稱「壓力荷爾蒙」）急遽增加，讓大腦視為危險訊號，於是B會以三種模式中的一種做出回應。然後，這個回應又反過來刺激A，觸發他脆弱的一面，接著A就會以自己的主要壓力因應風格做出反應，又進一步引起了對方的激烈反應……如此無限循環。

這樣的脆弱通常都是對某種情況的過度反應，往往是與自己經歷過的某個創傷或不愉快的經驗很類似，可是我們的情緒偏偏無法分辨過去和現在有何差異。舉例來說，請想像一下四歲的你正開心地坐在公園裡的長椅上，突然有隻野貓跳到你身上猛抓，導致你必須送醫縫合傷口。三十年後，你在另一座公園裡聽見貓的嘶吼聲，雖然地點和當年不同，發出叫聲的也不是同一隻貓，但你大腦的警報中心還是會發出警告，讓你以為自己又遇到了麻煩。

就如同我先前提過的，這就是所謂的刺激因子。那些令我們感覺不安、恐懼、羞愧或被責備的童年往事，之後可能會繼續激發相同的情緒反應。

伴侶的某句話、某個臉部表情或肢體動作（或以上皆是）勾起這樣的回憶時，你就會像當初那樣做出極度激烈的反應，這可說是一種「情緒過敏反應」。

舉例來說，索菲亞很害怕和他人的關係變得疏離，而歐文最大的弱點則是遭受批評。歐文沒有事先和索菲亞商量，就擅自決定

星期六要和他的朋友一起出去騎腳踏車。至於索菲亞則是暗自想像周末可以和歐文獨處，而她同樣沒有先和對方討論。所以聽到歐文的腳踏車計畫，索菲亞頓時有種被拋棄的感覺，促使她進入戰鬥模式。她說了些批判的話，因此引發歐文的下意識反應——逃跑。他將自己抽離，同時變得疏遠，而這只是加深了索菲亞的恐懼，她的批評因此變得更加猛烈。於是，這樣的迴圈持續發展，並且越演越烈，一如下圖中的「脆弱迴圈」所示。

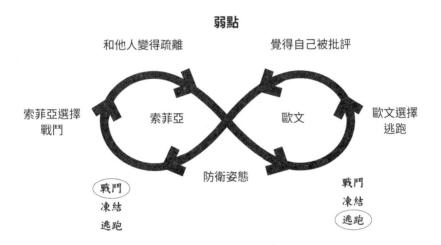

實作練習：了解你們之間的各種迴圈

　　請自行完成這項練習。如果是和伴侶一起閱讀這本書，你們會在練習的最後看到關於如何分享的說明。如果你是自己進行這些練習，為了有時間充分思考，我會建議你完成之後再和伴侶一起討論，畢竟這些迴圈都是一場「雙人舞」。

　　我在下方列舉了一些情緒刺激。請圈出（或在另一張紙上寫下）特別令你感到脆弱的項目。

對自己沒有自信	感到憤怒	感到不安
被告知該怎麼做	必須堅持己見	不受重視
覺得一切處於失控狀態	遭遇意料之外的事	受到不公平的對待
不受人喜愛	覺得自己被誤解	感覺被排擠
覺得被拋棄	被視作無能	被嘲笑
感覺不受尊重	覺得自己受到批判	成為別人發怒的對象

　　請在以下空白迴圈模型的其中一側（左右不拘）寫上你的名字，然後在另一側寫上伴侶的名字。接下來，請遵循下列說明繼續進行。

1. 請從你選出的這些情緒刺激裡列舉最重要的三項。
2. 請選擇一項你想要探究的情緒刺激，並將它寫在這裡。
3. 現在，請完成以下和你的伴侶有關的句子，以便進一步了解這項情緒刺激：
● 我將要探索的刺激因子是……
● 當這種情況發生時，我會做出這樣的回應……
● 當我做出這種反應時，我覺得……
● 我告訴自己，你……
● 我告訴自己，我……

- 我往往會藉由戰鬥、逃跑或凍結的方式來保護自己（請圈出其中一種模式）。
- 為此，我們在這段感情裡付出的代價是⋯⋯
- 我不想再直接激烈地反應，而是改用⋯⋯
- 當我感到痛苦時，我可以這樣跟自己說，以此自我安撫⋯⋯
- 你可以幫助我平靜下來的方式有⋯⋯

分享

請互相分享探索的結果。在討論自身的刺激因子與壓力反應時，請看看你們能否在找出一個（或多個）你們正深陷其中的迴圈。接著，請一起填寫上一頁的迴圈模型。請在你們名字的上方和下方分別寫上弱點與壓力反應，然後再沿著整條迴圈路徑，用箭頭表示哪種行為會引發哪項反應。

接下來，請討論一下，當你們陷入迴圈時可以用哪些方法彼此協助。請重新回到我們在第六章進行過的意象關係測驗（「你的未竟事務」），看看在那項練習裡，你們是否寫下了任何出現在這些迴圈中的弱點。

即便你們沒有找出兩個人共同身處的迴圈，還是必須特別留意彼此的刺激因子和主要壓力反應，因為光是獲得這樣的知識，就能讓你們在衝突越演越烈之前加以緩和。

迴圈輪盤

若你想進一步探究你們身處的迴圈，可以一起使用「迴圈輪盤」（請參見下一頁的圖表）。這項工具改編自「PAIRS對話輪盤」，這段探問的過程將幫助你們放慢腳步，得以謹慎地回應對方，同時理解這些刺激因子與責怪背後隱藏著什麼。如此一來，你

和伴侶就能發現更深層的問題，並且用同理心來取代責備。使用這個輪盤的你們會各自探索同一個狀況當中的不同面向，包含發生了什麼事、你對這件事的「詮釋」、評斷與感受、它和你過往的歷史有何關聯，以及你想怎麼改變做法。

如果索菲亞和歐文一起使用「迴圈輪盤」，過程可能會像是這樣：

1. 當你跟我說，你要和朋友一起去騎腳踏車時，我「覺得我被拋棄」了。

2. 當這件事發生時，我告訴自己「你在意你的朋友勝過我」。

3. 這時，我告訴自己「我不像你的朋友那麼有趣，而且不怎麼討人喜歡」。

4. 這件事令我感到憤怒的地方是：「平日我們幾乎無法見到對方，所以我以為周末是只屬於我們兩個人的時間。」

5. 這件事令我感到難過的地方是：「我很想念我們在一起的時光。」

6. 這件事令我感到恐懼的地方是：「我懷疑你沒有很愛我，不足以讓這段感情持續下去。」

7. 小時候，我也曾經有過類似的感受：「那時，我爸離開了我們家，然後周末來陪我的時間越來越少，最後他就不再來看我了。」

8. 這件事使我想起我的童年往事：「我媽說我爸根本不在乎我們，所以他才不再來探望我們。」

9. 當我被用這種方式傷害時，我往往會做出這樣的反應：我會「變得冷嘲熱諷，並且說出很刻薄的話。」

10. 為此，我們在這段感情裡付出了這樣的代價：「這種反應傷害了你，而你可能根本不明白我為什麼會表現出這樣的

行為。」

11.我希望，我能這樣回應這種狀況：「當我期待可以和你待在一起時，要讓你知道我的想法，而不是自以為事情就是如此，卻沒有和你確認。」

12.我需要你這樣支持我：「一同規劃我們可以一起共度的時光。」

13 我很感謝你的地方是：「你用各種方式讓我知道你愛我，同時也對這段感情盡心盡力。」

14.在這段過程中，我了解到：「你和你的朋友們一起去騎腳踏車，並不代表你拋棄我。」

15.對於我們的未來，我懷抱著這樣的希望：「我們有許多時間待在一起，同時也有很多時間和我們的朋友相處。」

迴圈輪盤

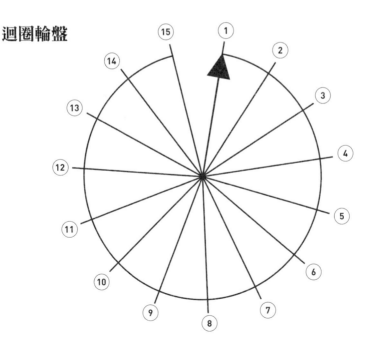

① 當你……時，我覺得……

② 這時，我告訴自己，你……

③ 這時，我告訴自己，我……

④ 這件事令我感到憤怒的地方是……

⑤ 這件事令我感到難過的地方是……

⑥ 這件事令我感到恐懼的地方是……

⑦ 小時候，我也曾經有過類似的感受……

⑧ 這件事使我想起我的童年往事……

⑨ 當我被用這種方式傷害時，我往往會做出這樣的反應……

⑩ 為此，我們在這段感情裡付出了這樣的代價……

⑪ 我希望，我能這樣回應這種狀況……

⑫ 在這樣的情況下，你可以這樣支持我……

⑬ 我很感謝你的地方是……

⑭ 在這段過程中，我了解到……

⑮ 對於我們的未來，我懷抱著這樣的希望……

共同練習：用鏡射法來解開無止境的迴圈

為了鏡射你所說的話，請邀請你的伴侶協助你進行這項練習。要進行這樣的探問，請至少騰出二十五分鐘的時間。你的伴侶要做的只是，在每句話結束時「重新複誦」，而不要再額外添加任何東西。你的伴侶之後在進行這項練習時，他（她）將有機會回應你說過的話；現在是你進一步鑽研這一切的時候。請每隔幾分鐘就對對方的聆聽表示感謝，然後再繼續下去。

1. 當你……時，我覺得……

2. 這時，我告訴自己，你……

3. 這時，我告訴自己，我……

4. 這件事令我感到憤怒的地方是……

5. 這件事令我感到難過的地方是……

6. 這件事令我感到恐懼的地方是……

7. 小時候，我也曾經有過類似的感受……

8. 這件事使我想起我的童年往事……

9. 當我被用這種方式傷害時，我往往會藉由戰鬥、逃跑或凍結的方式來做出反應（請圈出其中一種模式）；我會這麼做……

10. 為此，我們在這段感情裡付出了這樣的代價……

11. 我希望，我能這樣回應這種狀況……

12. 在這樣的情況下，你可以這樣支持我……

13. 我很感謝你的地方是……

14. 在這段過程中，我了解到……

15. 對於我們的未來，我懷抱著這樣的希望……

思考

請寫下你們從這項練習學到了什麼。

分享

若你的伴侶也完成了這項練習，你們可以在前幾頁的迴圈模型裡填入相關資訊，並且討論一下，當你們陷入某種迴圈時，你們能用哪些方法彼此協助。此外，你可能也會想回顧我們在第六章進行過的意象關係測驗（「你的未竟事務」），看看在那項練習中，你們是否寫下了任何出現在這些迴圈裡的弱點。

關於衝突

　　有些衝突影響甚重，面對衝突我們以哪種工具應對，往往取決於它的嚴重程度。無關緊要的煩擾需要也許的只是包容，至於重大問題則必須拿到檯面上，讓兩個人一起用特定的溝通與問題解決技巧來處理。有些重要衝突，尚屬容易應對而且得以解決，有些難以化解的分歧雖然無法解決，我們還是可以用充滿關愛的方式來面對，並使之變得緩和。

提升包容力

　　不管多努力都無法把伴侶變得和你一模一樣。諷刺的是，多數時候我們之所以愛上對方，都是因為彼此有著種種差異。然而，進入這段感情之後，我們就不斷藉由責怪、批評、利誘、建議或糾正，試圖讓這個人變得更像自己，但這些方法都不會使我們達到目的。

　　在管理衝突時有一項很重要的技巧，那就是分辨哪些才是真正要緊的問題，接著提升我們對那些「小事」的包容力。伴侶可能會不停用各種方式惹惱我們，反之亦然。伴侶時常會用和我們不同的方式來處理事情，每當我們忘記這一點，眼中就只看到各種令人討厭的習慣，舉例來說：

- 每樣東西都買太多vs.每樣東西都買太少。
- 雜亂無章vs.有條不紊。
- 準時赴約vs.姍姍來遲。
- 將還很好的食物丟掉vs.任由食物在冰箱裡腐壞。
- 在同一間房間內輕聲細語vs.從另一間房間大聲嚷嚷。
- 擔心車子油箱裡的油是否低於四分之一vs.總是讓油箱裡的油變得太低。
- 以很惱人的方式清喉嚨、擤鼻子、吞口水、咀嚼食物，或

用牙籤剔牙。

- 總是在傳簡訊或確認社群媒體動態。

- 在Netflix上「偷吃」——先是和伴侶一起看影集的前幾集，然後再偷偷自己追完後面的集數。

這份清單彷彿永無止境，請特別注意使你想要批判、批評你伴侶的那些事。當你邊翻白眼，邊生氣地對自己說「又給我做『這種事』」時，請問問自己這個問題是否值得爭吵，或努力要對方改變。它是否是最重要的五個問題當中的一個，所以必須拿到檯面上處理，或者這是你可以放下的事。

謹慎選擇你的戰場是聰明的做法。所有人都能在某些部分對伴侶更寬容，想做到這一點，你可以這樣做：

- 列出你經常做的五種討人厭行為，同時思考一下伴侶怎麼包容它們的。

- 列出伴侶令你討厭的五種行為。

- 思考一下，對於彼此所做出的行為，你們目前如何管理自己的回應。

- 你原先認定某種惱人的行為是「錯誤」的，請質疑這樣的假設。會把電話丟出房間，和經常摳鼻子的人是同一種人嗎？你伴侶的行為顯示的是某種性格缺陷、行為管理問題，或者你本身的包容力才是真正的問題所在？

- 將「不能通融的問題」（也就是難以接受且必須彼此協商的分歧），還有「需要你包容的事」區分開來。比方說，對罹患「恐音症」[14]的人而言，對方習慣不停摳鼻子也許讓

---

14. misophonia，「恐音症」的概念最早於二〇〇一年提出，意指在聽到某些重複聲響時會產生負面的情緒、想法與身體反應。

他們無法忍受，但對沒有恐音症的人來說，這個問題或許就顯得微不足道，伴侶有其他更無法忍受的行為。

● 列出你的伴侶包容你做出的某些行為。（對其他人而言，這些事可能叫他們難以接受。）

● 問問自己，在剛開始這段感情時，你就已經常注意到你伴侶有哪些「惱人」的行為。對那時的你而言，它們多數可能並不重要，因為你對伴侶身上的那些美好特質非常著迷。你可以持續這麼做——經常感謝你的伴侶，同時留意並表達你欣賞他哪些地方。

如果你遵循上述建議，你那份「難以忍受的煩擾」清單或許就會因此明顯縮短。

請特別留意一點：某些人視為「小事」的問題，其他人可能會覺得它們更嚴重。以上面提到的恐音症為例，若你有這樣的狀況，咀嚼食物和打哈欠之類的聲音會使你迅速產生真正的「戰或逃」反應，包括心跳加速、冒汗等生理警報。於是，伴侶在床上吃焦糖爆米花的惱人習慣很快就會令你抓狂。同樣的道理，因為兩種相反的做事方式所導致的某些衝突其實是很小的事（像是怎麼洗碗），可以不必放在心上，有些問題則無法包容，必須要加以解決。例如其中一方認為，兩個人所有的閒暇時間都必須一起度過，另一方卻極度重視獨處的時光。

即便是那些很重要、卻無法解決的衝突，只要我們懷抱著些許同理心，並且相互體諒，我們多半都能應對。

一個常見的故事：關於我們可以應付的煩擾

讓我們來看一下這對遭遇困難的伴侶。贊恩和凱莉都請了十天休假，為了慶祝，贊恩決定要做一桌他們最喜歡的菜：以各種新

鮮蔬食作為主要餡料的墨西哥捲餅（裡頭放了大量的芒果與酪梨醬）、烤鮭魚、烤地瓜薯條，還有手工義式冰淇淋。他運用身為專業庭園設計師的技巧做出精美的擺盤，只為了讓凱莉開心。

凱莉從外頭辦事回來，她剛踏進家門就有一陣香味撲鼻而來。接著，她看了一下廚房，各種瓶罐、煎鍋、鍋鏟、蒜頭、半顆洋蔥、各式各樣的香料、用剩下一半的黑豆罐頭四散在流理檯上……她視線所及之處都是一片混亂。

「為什麼你都不能把東西放回原位啊？」她憤怒地質問道：「我們竟然是用這種方式迎接我們假期的第一天！」她自以為是地指著地上的一片芒果皮，然後說：「我真不敢相信，你居然連這種小東西都懶得撿起來！」

「從來沒有事情能夠讓你滿意啦，凱莉。」贊恩這樣回答，他覺得自己被否定，因此感到氣餒。他心想：「我很快就會連試都懶得試了。」

發生了什麼事？贊恩可以如何更妥善處理這種情況？凱莉又能怎麼把它處理得更好？你認為接下來會有什麼事在等著他們？你覺得他們的行為有什麼不恰當的地方？

讓我給個提示：昆蟲學家發現，昆蟲對那些未完成的任務有著不同的容忍範圍。如果具有不同容忍度的蜜蜂被湊成一對，最無法忍受低蜂蜜產量的蜜蜂會變得更努力工作，有時甚至會操勞過度。有項研究發現人類也存在同樣的現象。舉例來說，和對生活秩序具備類似包容度的室友相比，容忍度不同的室友對彼此之間的關係比較不滿意，同時衝突也多上許多。換句話說，各種生物（包含像贊恩和凱莉這樣的伴侶在內）對差異的包容度可能是與生俱來的。

當然，這兩者並沒有對錯之分；這種「差異容忍度」需要伴

侶雙方謹慎處理，而不是強迫其中一方做出改變。

既然衝突無法避免，為了用不會扼殺愛情的方式來處理它們，我們必須學會四項技巧：

1. 當我們被對方攻擊、質問或無法達到自己的目的時，如何做出有建設性的回應。
2. 怎麼辨別我們在某個問題中所扮演的角色。
3. 如何快速修補這段關係，這樣兩個人之間的緊密連結就不會受到破壞。
4. 怎麼寬容地處理彼此之間的分歧。

我們已經學過這些練習：暫停、自我覺察、防禦機制，以及在面對衝突時先建立正面連結。你將會注意到，上述技巧和這些課題有著深刻的關聯。

讓我們來看看，當贊恩和凱莉運用這些技巧，還有一點小心思來應付眼前的狀況時，這個故事會變得如何。贊恩和凱莉都知道，他們對生活秩序的態度存在著差異。這段感情剛開始的時候，說自己「不拘小節」的贊恩就發現，他不會察覺凱莉所謂的「凌亂」。對他而言，乾淨的廚房意味著食材一目瞭然地儲存在一起，以及弄髒的瓶罐與碗盤整齊地堆在水槽旁邊，留待隔天一起清洗。然而，贊恩也明白他必須更努力收拾，所以他對自己心中「我就是如此」的想法提出了質疑。

與此同時，凱莉也曉得，她對整潔的標準不是唯一的生活方式。此外，她也明白贊恩容忍了她很多行為，像是忘記把鑰匙放在哪裡，還有寧可待在家看書，也不要和他們的朋友一起出去。他們沒有貶低對方，而是都開始設法使彼此的生活變得更輕鬆自在。這也提醒了他們當初最喜歡彼此什麼地方。

於是，贊恩在做菜的時候，會想辦法讓廚房維持一定的整

潔。至於凱莉，就算她一回家就看到雜亂的廚房，也會把注意力改放在贊恩精心準備、擺盤的菜餚上，並且感謝他的體貼與用心。

想保有緊密連結，關係修復是非常重要的一環

即便是很能自我覺察，而且特別體貼的伴侶，有時也會不小心傷害到對方。無論你們有多愛彼此，其中一方都會因為做出某件事而導致這段關係產生裂痕。你可能會：

- 說出某句傷害對方的話。
- 和對方展開激烈爭吵。
- 因為某件事令你十分焦慮而對伴侶發脾氣（但此事與他無關）。
- 說出某些批評的話。
- 忘記某件重要的事。
- 在伴侶尋求親密連結時堅持冷漠以對。
- 在伴侶感到受傷時，忽略或無視那些你可以用同理心回應他的線索。

我們每個人都可能會因為粗心、疲倦或純粹因為人性使然，做出很多激烈反應，或欠缺考慮的行為。真正的問題不在於這些裂痕的出現，而在於我們沒有快速修補它們。

當你們面臨某種感情裂痕時，可以嘗試這麼做：

- 對感受到這種破裂的那個人：若伴侶尚未察覺你的心情，請讓對方明白你的感受。請運用所有的「PAUSE技巧」來陳述你受傷的心情，而不要進一步攻擊你的伴侶。不要在情緒還很激動時這樣做，請等到你能在不造成更多傷害的情況下談論這件事時再這麼做。

- 對讓這段關係產生裂痕的那個人：現在不是你責怪、辯解或合理化自身行為的時候。傾聽你伴侶的感受，並適當用具有同理心的方式做出回應，可以使眼前嚴重的權力爭奪緩和下來（你們原本堅持要分出對錯），同時變得容易化解。

關於這一切要怎麼進行，請參考下一頁的圖表。就如同鏡射法一樣，當你們剛開始練習的時候，以下例子可能會感覺有些生硬、死板，但無論如何都請持續進行下去，如此才可以熟能生巧，整個過程會越來越自然。

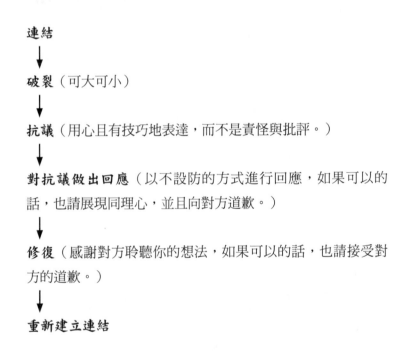

連結

↓

破裂（可大可小）

↓

抗議（用心且有技巧地表達，而不是責怪與批評。）

↓

對抗議做出回應（以不設防的方式進行回應，如果可以的話，也請展現同理心，並且向對方道歉。）

↓

修復（感謝對方聆聽你的想法，如果可以的話，也請接受對方的道歉。）

↓

重新建立連結

範例：

連結：在威爾和麗茲的感情裡，一切都順利發展。

破裂：威爾不經意將麗茲私下告訴他的事情，和兄弟分享；他不覺得這件事很重要。

抗議：麗茲發現這種情況，然後在沒有攻擊威爾的狀況下提出抗議。

麗茲：「威爾，你把我擔心工作會被公司外包出去的事告訴你的兄弟，這令我很不開心。我請你不要告訴任何人，你卻將它說出去，這讓我有種被背叛的感覺。」

對抗議做出回應：威爾以不設防的方式進行回應，同時也展現出同理心，並且向麗茲道歉。

威爾：「麗茲，我真的很抱歉把這件事說出去。我沒有留心你跟我說過的話。如果你這麼做，我會很不開心，我應該要更留意你對隱私的需求。」

修復：麗茲告訴威爾，她很感謝他聆聽她的感受，威爾則試圖進一步修補他們的關係。

麗茲：「威爾，謝謝你傾聽我的想法。我也可以把我的保密需求傳達得更清楚一點。我知道，我之前只是『暗示』你不要說出去而已。」

威爾：「有任何我可以補救的地方嗎？」

重新建立連結

麗茲：「恐怕沒有，但我很感謝你的聆聽。謝謝你。讓我們一起去散步吧。」

要注意的是，這種方法不適用於以下情況：嚴重背叛、關係反覆出現裂痕（例如威爾不停將麗茲的祕密告訴別人），抑或是因為某個更深層的問題一直沒有獲得處理，其中一個人不斷挑另一個人的毛病，同時抱怨各種小問題。對於這些深層問題，你可以考慮透過「意象對話」（Imago Dialogue）來處理。

意象對話：理解另一種觀點

你想要固執己見，還是和伴侶保持親密關係？因為你無法總是兩者兼得。在累了一整天之後，你不可能放鬆地和對方相互依偎，卻又同時堅持「自己是對的」。

——漢瑞克斯和杭特博士，《讓婚姻相處變得更簡單》

你們兩個人之間存在著某個問題，也許是其中一方比另一方愛乾淨，也許是伴侶想養寵物而你不想，又或者是你們處理金錢的方式截然不同。也很有可能你們的性慾強度不同，使你們逐漸變得疏遠。

當這樣的問題產生時，其中一個人往往會把矛頭指向另一個人，彷彿在說：「就是你，問題就出在你身上。你的需求、感受、渴望或是你對待金錢、朋友、庭院……的方式，『正』是問題所在。」

不要互相指責，請想像一下另一個情境：你和伴侶肩並肩地站在同一陣線上。你們溫柔觸碰彼此，並且感覺和對方緊密連結。

你們兩個人都指著眼前的問題，而問題可能很煩人或很難解決，但你們現在不會把你們最好的朋友推開，讓情況的難度惡化。你和伴侶變成了相互配合且體貼對方的隊友。

　　想處理在感情裡遭遇的困境，必須在心態上保持一定程度的柔軟，同時跳脫自己的舒適圈。健康的溝通就像體能一樣，需要不停地練習、堅持，並且對你自己和你的隊友懷抱同情。

　　「伴侶對話」（又稱為「意象對話」）是「意象關係治療」創始人漢瑞克斯博士和杭特博士所創造的另一項衝突管理工具。它不是一種討論，而其最終結果也不見得是兩個人達成共識──它需要的是彼此理解，同時去除問題所帶來的有害能量，以便找出能相互體諒的方法。比方說，請想像一下你和伴侶站在舊金山的金門大橋上，一同望著橋下的大海。你站在橋的這一端，伴侶則站在另一端，所以你們有著不同的觀點。哪一種觀點才是正確的？一般而言，你們兩個人都是對的；在你願意讓步之前，你需要伴侶聆聽並認可你的看法。

共同練習：意象對話

在伴侶可以熟練鏡射對方所說的話之後，我會鼓勵他們繼續進行意象對話的下一個步驟，那就是「肯定」。他們會學習如何認可彼此的內在邏輯，從本質上來看，他們是在跟對方說：「我能理解你說的話。我知道你的想法，同時也明白為什麼你會這麼想。」

──漢瑞克斯博士，《相愛一生》

　　在這項共同練習裡，其中一個人會擔任發訊者，另一個人則會擔任收訊者，在完成整段過程之後，你們會角色互換，接著重複同樣的過程。如此一來，你們兩個人都有機會扮演兩種角色。這段

過程的三個步驟分別是：鏡射、肯定，然後展現同理心。

步驟1：鏡射

1. 發訊者會先以「第一人稱陳述」來說明他的觀點，同時把注意力放在自己的感受上。

2. 由收訊者鏡射發訊者所傳遞的訊息，也就是直接複誦發訊者剛才說過的話，而不批判、質疑或加入他自己的看法。最後，他會問：「我這樣說正確嗎？」如果有需要的話，發訊者會加以釐清。

3. 接著，收訊者會問：「你還想補充些什麼嗎？」然後，發訊者會添加任何他想補充的部分。收訊者會再次重複相同的問題，直到發訊者覺得可以結束為止。

步驟2：肯定

1. 現在，收訊者要做的不只是傾聽，而是要更進一步——他必須同時讓發訊者知道，自己可以理解他說的話。倘若收訊者無法完全理解，就應該從自己能了解的地方開始，他可以這樣說：「我明白你說……」或「我能理解這一點，因為……」（請記得，承認他人的觀點或感受，並不表示你得全然認同。）

2. 接下來，如果收訊者有不了解的部分，可以透過以下句型來發問：「雖然我能理解這一點，你可以再說明一下……的地方嗎？」或「你能否再解釋一下，關於你說……的部分？」

3. 針對收訊者的提問，發訊者加以補充。發訊者必須鏡射（複誦）所有的新資訊，然後再用上述步驟予以肯定。

4. 當發訊者認為，自己所傳遞的訊息都已經獲得充分認可時，兩個人就可以繼續進行下一個步驟。

1. 最後，收訊者會根據他目前掌握的資訊，試圖想像發訊者有什麼感受。他必須試著這樣說「我想，你可能覺得……」，並且在後面加上「快樂」、「憤怒」、「難過」、「孤單」、「沮喪」、「受傷」等簡單的詞語來形容這種情緒。接著，他必須確認自己的描述是否精確：「你的感受是這樣嗎？」

2. 然後，由發訊者確認收訊者的推測。若收訊者說錯了，發訊者會釐清自己有何感受，同時再額外補充其他訊息，好讓收訊者可以理解。接著，收訊者必須再次鏡射（複誦），並肯定這些訊息。

3. 在發訊者確認他的感受之後，收訊者必須再次鏡射（複誦），例如：「是的，你感覺既孤單又害怕。」

在完成這段過程之後，請角色互換。此時，原本的收訊者會變成發訊者，可以針對伴侶剛才說的話提出任何想法。

眼不見為淨症候群

否認衝突是很多伴侶都會面臨的問題，我稱這種現象為「眼不見為淨症候群」。他們不明白會發生衝突是很正常的事，因而試圖藉由掩蓋自己的憤怒、受傷情緒以及各種衝突，假裝彼此之間的差異不存在。結果就是，問題越積越多，導致情況日益惡化。隨著時間過去，這些被埋藏的問題感覺就像是地雷一樣。這樣的模式無

法維持很久，種種不滿最後都會突然爆發，導致兩個人嚴重爭吵，或因為關係變得疏遠而感到痛苦。

想解決這種狀況，我們和伴侶都必須學會及時表達自己的不滿——不管我們到底覺得這些不滿有沒有道理都一樣。一段健康的關係會避免將問題隱藏起來，而心態健全的伴侶也不會暗地懷恨在心，他們的感情很牢靠，只要遇到問題就會盡快處理。

難以化解的分歧

有時候，你面對的是你不肯妥協，或者是要和對方相互配合的問題。也許你的伴侶想要一段「開放式關係」，但你不願意這麼做；也許你覺得對你而言，養寵物、生養孩子、從城市搬到鄉村生活，或花四個月獨自走完西班牙的「朝聖之路」是幸福人生不可或缺的一部分，但你的伴侶卻持反對意見。

首先，你要做的是深入探索這個問題對自己具有什麼意義。你可以運用第八章學過的自我探問技巧，以此探索你最初感受到的「這件事本來就很重要」背後隱藏了些什麼。舉例來說，有時候想要孩子是出於本能，打從內心深處就無法想像沒有孩子的生活。有時候，這樣的想法則是出於恐慌，因為不曾有任何事讓你們找到深刻的意義。也許你想要一段開放式關係，是因為你覺得生活很無趣，而且和你的伴侶在性愛上備受限制；你之所以想從城市搬到鄉村生活，可能是因為渴望親自動手耕作……在這些情況下，原本看似無法解決的問題就會變得可以處理。

在完成探索之後，你必須不屈服於自身的下意識反應，也就是只因為「想得到它」而直接認為自己是對的。請和你的伴侶一起面對這個問題。下列是你們坐下來談論這類深刻的衝突時，你應該多加考慮的事項：

1. **記得每個抱怨背後都埋藏著某種渴望**。不要抱怨,請以你心中的這種渴望作為對話的開端。因為比起先說伴侶做錯了什麼,這樣開啟對話的方法,對方更能以開闊的心胸來聆聽你要說的話。

2. **你在找理由說服自己時,請特別留意**。當你不斷因為某個尚未解決的問題而感到不開心,很容易就會開始找尋不利於伴侶的理由,同時蒐集各種證據好證明自己才是對的。心理學將這種現象稱為「確認偏誤」,英國心理學家彼得・沃森(Peter Wason)對此這樣定義:「我們往往會追尋並相信那些可以『證明』我們心中的某種懷疑,或是所相信的某個『事實』的蛛絲馬跡。」一旦找到理由說服自己,我們就會對自己心裡的想法深信不疑,並且變得自以為是。我們偏離了真正要緊的問題:「在我的憤怒或需求背後,最重要的是什麼?」「在這當中,我的責任和弱點分別是什麼?」

3. **在你展開對話之前,先暫停一下,並讓自己平靜下來**。請確定你沒有處於激動狀態。研究顯示,我們應付問題的方式會大幅影響伴侶如何聆聽我們的看法。溫和的開場是在不威脅的狀況下邀請對方參與談話,而且一次只處理一個問題。當我們感覺不開心,或極力想證明某個觀點時,我們所提出的證據往往也會引發其他問題,但是這種做法無法使兩個人達成共識,只會讓伴侶變得有所防備。

4. **放棄贏過對方的想法**。會急切想要贏過對方是很正常的一件事,因為這會讓我們覺得自己強而有力。然而,如果你贏了,就代表你的伴侶輸了,若發生這樣的情況,這段感情也就跟著輸了。你必須把這個問題想成「我們兩個人

必須共同面對」，而不是「你得改變心意」的問題。請記得，你的伴侶不是你的敵人，就只是和你抱持不同的意見而已。

5. **放慢做出結論的速度**。運用前面提過的「意象對話」，可以協助你們了解隱藏在眼前這個問題背後更深層的問題。即便你們一直無法達成共識，也能因此對彼此的立場懷抱同理心，這對提升協商意願很有幫助。

6. **一起思考解決問題的方法**。談談你對這個問題有什麼反應。不要一開始就堅持你是對的；描述你的壓力因應風格與九型人格類型，能協助你說明為何會感受到某些情緒。請思考一些你們可以嘗試的解決方案，並設定一個時間（也許是幾個星期內），到時再一起談論這項新計畫進展得如何。

7. **讓第三方一同參與**。如果你們無法一起找出解決方案，可以尋求另一個人的支援，讓他協助建議你們兩個人都能接受的方式來解決這個問題。

8. **向對方表達關愛**。在對話的過程中，請記得你們是一起設法解決問題的隊友。問題並非出在對方身上。

9. **最後，請向彼此表示感謝**。就像足球和網球的那些選手一樣，每當你們結束一段談話時，都請感謝對方的參與。

我們如果可以有技巧地談論那些令人緊張的話題，也懂得道歉與原諒的藝術，就能開始和對方重新建立連結。不明白這門藝術的伴侶往往會選擇將問題隱藏起來，沒有想過這些問題之後會重新浮現出來，不是造成嚴重的傷害，就是讓雙方心生怨懟，逐漸消磨掉這段感情。

持續學習怎麼更有效地爭吵

有很多文章、書籍、Podcast與課程都可以讓你了解在面臨衝突時，要如何和對方溝通。「意象關係課程」與「PAIRS課程」是我最常推薦的兩門課程，而且本書也囊括了許多我從這兩門課程中學到的知識與智慧。

漢瑞克斯博士和杭特博士於一九八〇年代創立的「意象關係治療與課程」（網址：imagorelationships.org）著重的是，探討童年經驗和在成年人親密關係裡感受到的不滿有何關聯。他們所教授的工具與方法能協助你不再責怪對方、做出激烈的反應，而是懷抱著理解與同理心，藉此更有意識地和你的伴侶建立起更深刻的連結。前面提過的「意象對話」正是源自於此。

「PAIRS課程」（網址：www.pairs.com/toolkits）則提供一套完整的方法，讓課程參與者可以更認識自己，並且培養維繫愉快感情的能力。課程提供了一套新穎且實用的方法，幫助伴侶們應付各種困難，同時提升親密感。

世界各地的諮商中心、社區學院、治療師等都有教授相關課程，以此教導大眾如何公平地爭吵。

憂鬱症與其他「陰影症候群」

雖然對多數伴侶來說，要承認這件事很痛苦，而且很不自在，但先天的生理機制與大腦構造確實可能會導致一段感情裡的衝突頻率增加。我們先前在本章提過的那些「惱人習慣」，其中有些可能源自於某些輕微、沒有被診斷出來的「陰影」疾患。對此，美國哈佛醫學院精神科臨床副教授瑞提和強生在著作《人人有怪癖》中做了詳盡的說明。

二〇一九年，我曾和瑞提博士一起進行演講。他在這場演講裡說，某些好伴侶從很多方面來看，也同時具有某種「很難相處的特質」，像是打斷別人說話、老是遲到、不記得伴侶告訴他們的重要事項，或者總是不願意參加派對或大型家族聚會。這也許不是因為他們很任性，或有過某種痛苦的童年經驗，而是因為他們有輕微的「注意力不足過動症」（簡稱ADHD）[15]、社交焦慮症或憂鬱症等疾患，這些其實都是很常見的情況。

　　有時候，這些行為並非以疾病的方式呈現，而是某些優點的另一面，例如富有創新精神、充滿活力與創造力。要克服這些「陰影症候群」的重點在於，有勇氣與意願了解我們自身獨特的生理機制，以及它對我們和伴侶的人生造成了什麼樣的影響。瑞提博士說明，正念和運動對於應付這些比較輕微的潛在問題十分重要，「穿上你的跑鞋」就是他最常建議的解決方法之一。

　　然而，有時候這些輕微的症狀會變得更嚴重，憂鬱症就是其中一個例子。我們所有人都會感受到憂鬱（鬱悶或難過的情緒），但對於部分人來說，這種憂愁可能會變成臨床上的憂鬱症，尤其是那些先天具有憂鬱傾向的人。憂鬱症是一隻邪惡的野獸，使每件重要的事都蒙上一層陰影，同時也扭曲了憂鬱症患者的世界觀。這種疾病讓人非常痛苦，其特徵包括：覺得自己沒有價值、感受不到快樂、對任何事都不抱期待（或不相信一切會獲得改善），以及性慾降低或消失。處於憂鬱狀態的人，可能會感覺自己的感情也不太對勁，甚至覺得這段感情就是問題所在。

　　在一段感情裡，若你是罹患憂鬱症的那一方，你必須接受治療師或精神科醫師的治療。明白你的鬱悶情緒如何影響你的伴侶，還有你們之間的關係，是很重要的一件事。現在的你比以前更需要重視並維護你的心理健康。

如果你是憂鬱症患者的伴侶，請「不要」試圖修正這種狀況，也不要把它放在心上。你要做的是，盡可能在聆聽他的感受時懷抱同情。你必須記得，扭曲現實是憂鬱症的關鍵症狀之一，你並不是導致他罹患憂鬱症的原因，而且也無法用愛治療它，就像你不會用愛治療骨折一樣。有些人會用難過來表達他們的憂鬱，有些則會以憤怒來展現。還有些人會自我封閉，他們有時會覺得起床這件事很困難，甚至在說話時用字十分簡短。無論憂鬱症以何種方式顯現出來，外界的支援都是必要的。沒有罹患憂鬱症的那一方可能必須尋求專業人士的協助，讓他幫助兩個人度過難關。

若你的伴侶已經在接受治療，但你依舊感覺到這種疾病對感情造成影響，或者只是想為伴侶提供更好的支持，你可以尋求專業人士的支援，或是找一本好書，學習怎麼支持患有憂鬱症的親人。

大麻煩

所謂的「大麻煩」包含嚴重且持續的疏離、傷害以及對信任感的破壞，甚至是對人身安全的侵犯。這些情況包括：

- 嚴重背叛，像是外遇或「財務不忠」——其中一方在進行某個財務選擇時沒有告知伴侶，甚至因此使對方的生活穩定度遭受威脅。
- 其中一方對藥物、酒精或賭博重度成癮，這些東西甚至變得比這段感情，還有這個人自身的幸福更重要。

15.「注意力不足過動症」是一種好發於兒童早期的神經發展性疾患，其典型症狀包含注意力不足、過動、衝動等行為。這些症狀通常是慢性且長期的，若未妥善治療，還會導致人際關係障礙、長期挫折感、偏差行為，或焦慮、憂鬱等問題，甚至延續至成年。

- 欺騙或任何形式的虐待（包含身心虐待或性虐待）。
- 一直沒有解決的個人問題，例如無法保有穩定的工作、不肯處理健康問題、不斷觸犯法律、和同事或其他人發生衝突。

多數伴侶都無法在不傷害到這段感情的狀況下，自行克服這樣的大麻煩。這並不代表伴侶們不能從中復原，只要雙方都努力的話還是有可能的，但是想解決這些問題，必須尋求專業人士的協助。

離開一段感情

還有另一種大麻煩，是當其中一個人將自己從一段感情裡抽離出來，並且在心理上「結束」這段關係的時候。這些已經自行「離開」這段感情的人也許會參與諮商，或其他試圖重新建立連結的方法，但他們的心思並不在這上面。心意已決的他們只是敷衍了事，不可能和配偶重修舊好。在《分手》這本書中，美國社會學家黛安·沃恩（Diane Vaughan）這樣說：

基本上，分手的過程會有前後兩個過渡期。一般來說，起先都是其中一個人想離開這段感情，另一個人卻還想繼續下去。儘管為了分開，雙方都必須經歷同樣的階段，對這兩個人而言，這段過渡期會在不同的時間開始、在不同的時間結束。等到還愛著對方的那個人發現，這段感情面臨嚴重的麻煩時，另一個人已經以各種方式離開。此時，被拋下的那個人才會開始體驗這段過渡期。

有些書籍堅決主張，無論伴侶遇到什麼樣的狀況，都應該努力挽救他們的感情，但我持不同的看法。因為有過艱苦的童年，年輕時的我感情觀極度扭曲，無法為自己選擇合適的伴侶。我早年那些感情所面臨的問題，無法透過任何諮商或愛情技巧來加以修正。

只有在努力修復自身痛苦的童年模式之後，我才擁有足夠的自我覺察力，得以理性選擇不同類型的伴侶，並和他長遠地走下去。

我們不可能從旁觀者的角度，對任何人的感情做出籠統的評論，包括該跟誰在一起、不該跟誰在一起。沒有任何局外人能真正了解，兩個人之間究竟發生了什麼事，到底是什麼讓他們緊緊相繫，又是什麼讓曾經緊密的連結鬆脫。我確實知道有些感情是這樣結束的——即便分手令人感到失望又極其痛苦，但這確實也帶來許多可能性，讓人變得更完整，並且有機會經營一段長久的關係。

繼續前行

> 要活在這個世界上，
>
> 你必須做到三件事：
>
> 熱愛平凡的一切，
>
> 好好珍惜它們、
>
> 明白你的生命奠基於此，
>
> 然後，該放手的時候就放手。
>
> ——美國詩人瑪麗・奧利佛（Mary Oliver），〈在黑水樹林〉

我的父母親有兩位好友，我認識他們這五十年來都叫他們「貝蒂阿姨」和「亨利叔叔」。成長過程中，我聽了很多關於亨利叔叔第一任妻子的可怕故事。這位前妻非常痛恨亨利叔叔和貝蒂阿姨，因為在結束跟她的一段短暫婚姻之後，亨利叔叔遇見貝蒂阿姨，兩人結為夫妻。前妻要求他每個月支付一百美金的贍養費，這也代表她無止境的憤怒將伴隨亨利叔叔和貝蒂阿姨一生。前妻甚至告訴兩個孩子，如果他們膽敢喜歡爸爸和他的新任妻子，她絕對不

會原諒他們。在與亨利叔叔疏遠多年後，孩子們終於跟他重修舊好，也因此前妻直到去世前，都和孩子斷絕關係、不相往來。

　　亨利叔叔原本想將贍養費一次付清，但前妻拒絕了。她希望他每個月都寫一張支票給她，藉此不斷提醒亨利叔叔，她這個人還活在這個世界上，而且依舊感到憤怒。當前妻終於離開人世時，沒有任何人在她的身旁，因為她已經和孩子、朋友都變得十分疏遠。

　　雖然這個故事很極端，但它是童年時期影響我最深的故事之一。後來，我在大學時的一門心理學課程上聽到這句話：「怨恨宛如自己吃下毒藥，卻等著別人為此喪命。」我還記得，那時的我心想這位前妻就是這句話的最佳注解。

　　有時候，你已經竭盡所能，卻還是無法克服那些難以解決的問題，於是一段感情就此劃下句點。有時候，雖然其中一方願意做點什麼事，藉此挽救這段關係，但另一方卻已經轉身離開。這件事對兩個人都很痛苦，但對那個被拋下的人更是難受。心碎的感覺將我們擊垮，絕望中的我們可能會覺得人生是場災難……而且一直都會是如此。近年來，有幾項新研究都支持「心碎欲裂」（a broken heart）和「受到沉重打擊」（a kick in the stomach）這樣的說法。這些研究顯示，遭人拋棄會刺激腦部和身體疼痛有關的區域。由此可見，所謂的「心痛」指的不只是心理上的一種感覺，同時也包含了生理上的疼痛。

　　雖然可能令人難以置信，但是就算是最痛苦的分手，如果我們學著用「正念」與「圓滿」兩項重要的愛情技巧來面對它時，所受到的傷害也會比以前小。正念能幫助我們接受分手之後的一切，包含令人難以承受的痛楚在內，但是它也可以防止我們執著於這樣的痛苦。圓滿則使我們得以在最痛苦的時候祝福自己和他人——即便是那些傷害我們的人也是如此，同時藉由原諒的力量，讓嶄新的

故事從舊有的灰燼中浮現出來。

　　我現在建議的事情並不容易，而且當人在感到震驚與悲傷時，恐怕無法做到。通常責怪與怨恨會使我們獲得短暫的安慰，因為這些情緒能保護我們不受到傷害。儘管比起體會分手的悲痛，找個人發怒宣洩可能會讓我們覺得好過一些，然而一直沉溺在憤怒情緒中只會讓自己深陷回憶的泥沼，無法展開新的生活。

　　我並不是要你無視憤怒與痛苦的反應，因為逃避這些情緒是不健康的做法，反而會助長它們。我是在建議你，容許這些情緒穿過你，然後讓它們自行離開。除了在剛分手時否定它們的存在以外，更糟糕的事情是促使它們一再增長，導致你困在自己的怨恨、渴望和別人的決定裡。對此，暢銷傳記作家蘿拉‧孟森（Laura Munson）在她的著作《幸福不是你想的那樣》中做了最好的闡釋：「我聽過最有智慧的話或許是來自一位治療師。那天，我在她的辦公室裡嚎啕大哭……然後她說：『請恕我直言：你把你的快樂建築在完全超出自己控制範圍的事物上。』」

　　為了讓你能在分手時不受到傷害，並且有機會找到一段更好的新感情，同時和自己建立起健康的關係，我在下方列出四項建議：

1. **留意你心中對相關事件有何詮釋。**像是「倘若那時我……就好了」、「我是愛情裡的輸家」、「不能相信女人」之類的說法不僅不符合事實，也會使我們一直覺得自己是受害者。

2. **允許你的情緒湧現，然後讓它們離開。**憤怒、失望、無助都是很正常的情緒，所以不要試圖壓抑它們，但也不要火上加油。你可以跟自己說：「我感受到我內心深處的熊熊怒火正在燃燒。」做幾次深呼吸，然後想像你的怒氣隨著

呼吸進出。接下來，請想像你將它一吐而盡，然後再充分感受並吸收那些能滋養你的事物，例如花圃、寵物或是小提琴協奏曲。請記得運用「PAUSE」技巧，並且出去跑跑步。

3. **你必須記得，願意原諒的人才能真正獲得寬恕的能力。**原諒不等同於遺忘，也不代表對方的行為是對的，而且我們無法馬上做到這件事。我們可以讓自己和緩地接納這樣的可能性。原諒不是為了對方，而是為了我們自己，這樣做使我們得以繼續向前邁進。

4. **尋求支援。**一般來說，精神導師、人生教練或治療師都能協助我們更快地度過這段過程。

　　「當我們感到極度失望時，我們不知道故事是否會就此結束。」著名美籍藏傳佛教比丘尼佩瑪・丘卓在著作《當生命陷落時》這樣提醒我們：「這也許是一趟美好旅程的開端。」圓滿讓我們包容、接納、展現脆弱、懷抱同情，並且使我們在各種衝突與失望中創造雙贏。

當愛情走到盡頭──抑或是新的開始？

　　我曾經讀過許多關於分手時機的文章。這些文章有很多都把某些正常，但具有挑戰性的階段視作無法通融的問題，事實上這些挑戰有的是可以被克服的。像是感到無趣、想念某些朋友、還有覺得你的伴侶很煩人之類的事，都是愛情很正常的一部分。我也看過某些關係非常穩固的夫妻，其實曾經面臨最糟糕的困境，因為當婚姻破裂、信任瓦解，你只能從頭開始、重新建立新的根基。

　　在一段長久的感情中，我們會經歷許多季節轉換與轉變，有時必須重新開始。我們很多人都有能力和同一位伴侶一起這麼做。

你在本章所學到的各種衝突管理技巧，再加上先前學過的自我探索、正念溝通、連結儀式，都將是能帶來轉變的有力工具，就算你們是在一起很多年、做法感覺已經根深柢固的伴侶，也能獲得同樣的效用。當我們誠心誠意地努力，並練習圓滿時，更新與改變就會發生。

　　那麼，所謂的圓滿到底是什麼？在最後一章裡，我們將藉由每一項愛情技巧的核心精神，來仔細分析這種重要特質。

16

圓滿的愛

完整代表的不是完美，而是接納「殘缺」是人生不可或缺的一部分。

——帕克・巴默爾，

美國社會行動家、《隱藏的整全》（Hidden Wholeness）作者

「圓滿的愛」聽起來很美好，我們的腦海中通常會浮現這樣的印象：兩個身處圓滿狀態的人對彼此無條件地支持、包容與關愛。他們有著緊密的關係，不會誤解對方、做出激烈的反應，一同為彼此創造出完美的愛。

這種印象其實並不正確，因為所謂的「圓滿」和愛很像，它是種感受，來了又走。我們可能會努力使自己變得圓滿，就運動一樣，你越努力練習就會越來越熟練。儘管如此，這依舊無法改變我們人類的「共同處境」，其中包括對多數事物（如感情關係）所抱持的矛盾心態，以及那些我們覺得自己支離破碎的時候。我在某部卡通裡聽到一個正在做瑜伽的女人說：「我冥想、我做瑜伽、我種花、我喝綠茶，但我還是很想揍某些人。」這句話也能說明這樣的狀況。

要探究「全心去愛」代表什麼意義，我們就必須先探討，有

哪些心態問題會妨礙我們這麼做。

各種心態問題

借用英國浪漫主義詩人華茲華斯的說法，我們「帶著萬丈霞光」來到這個世界上，但這樣的光芒很快就熄滅，於是我們忘記了人類是完整且具有靈性的生物。我們過著枯燥、貧乏、一無所獲的生活，並且因為我們的不快樂而責怪身旁的伴侶。

——漢瑞克斯博士，《相愛一生》

彼此融為一體

我們都知道愛情週期第一個階段所呈現的主題，那就是「融合」。這個階段的種種渴望、折磨與狂喜，會導致我們表現出最愚蠢、最具毀滅性或最英勇的一面。在墜入愛河的最初階段，我們確信眼前這個迷人的對象就是自己失落已久的另一半。漸漸地，我們會脫離這種狀態，在痛苦中逐步想起我們並不是任何人的「另一半」。有了這樣的認知，我們開始勇敢地找回自己，這是一段必要的過程。

就像已經長大成人的孩子不願意離開家、獨立生活一樣，有些人不肯或無法放下那個關於靈魂伴侶的夢想。他們一直停留在「融合」階段，監控彼此的一舉一動，堅持用「我的另一半」來稱呼伴侶，同時不停把呈現完美感情生活的照片上傳到社群媒體。深陷在此一階段的人通常會避免任何衝突或爭吵，而且也很討厭讓伴侶一個人獨處，停留在第一階段的人很容易因此產生另一種心態問題——對感情極度沉迷。

對感情極度沉迷

一九八〇年代，研究成癮行為的學者提出了「相互依存」這個詞，用來描述那些對酒精、藥物或賭博成癮的人和伴侶之間的不健康關係。對於這樣的關係，曾經有句出處不詳的話很犀利地說：「和他人相互依存意味著，臨死前你眼前閃現的是別人的人生。」這句令人毛骨悚然的話將這種狀態形容得很貼切，因為在相互依存的狀態下，一個人的人生意義會和另一個人的人生變得密不可分。

相互依存的感情往往會以這樣的關係動態呈現出來：其中一方把另一方的快樂放在第一位，盡可能避免衝突，並且逃避找到真實自我的個人任務。而這一切都只是為了滿足「兩個人融為一體」的幻想。這種人可能會為了這段感情，或「我們」這樣的概念，犧牲自己的朋友、家人、夢想、自我認同。對一段感情如此沉溺，同樣也會讓融為一體的兩個人陷入困境。

沉迷於愛情時，你深信自己需要另一個人才能變得完整，或者是活下去。這種關係通常都是有害的，甚至會帶來危險。「從行為模式和大腦機制的角度來看，愛情成癮和其他成癮行為如出一轍。」美國生物人類學家海倫・費雪在《探索》雜誌的一篇文章裡如此表示：「那些處於痴迷狀態的戀人會表現出成癮行為的四種基本特徵：渴求、忍耐、戒癮，然後故態復萌。」

封閉自己的心

在童年時遭受某種創傷，或因為過去的戀愛帶來很大的痛苦，都可能會使我們把自己的心封閉起來。為了避免再度受到傷害，所以拒絕接受新的可能性，我們築起一道道心牆、對愛情與人生抱持懷疑的態度，不再本能地信任他人，並渴望與人建立緊密的連結。然而，封閉自我、讓心麻木並不會使我們變得安全，因為和

冒險敞開心扉相比，這麼做只會令我們感到更孤單與痛苦。

沒有全心投入

沒有全心投入會讓我們缺乏熱情、不懂感謝，而且心不甘情不願。這往往代表我們並非真正進入一段感情，而是只覺得受困其中、身不由己，或者是認為要離開這段關係太過困難。愛不是一種永恆不變的狀態，它必須全心付出、持續經營，特別是當我們感覺沮喪時更是如此。沒有全心投入意味著，我們只是「勉強接受」一段感情，同時也沒有機會讓它變得更好，無論這是因為這段感情已經嚴重失衡，還是因為我們不夠在意，所以不願意為此付出心力。我們只是置身其中，卻沒有將自己的心完全投入。

了解何謂「圓滿」

在談論「圓滿的愛」之前，我們必須先了解何謂「圓滿」。我在撰寫本章內容，並思考這個詞代表什麼意義時，正好遇到「政府停擺」[16]使全國陷入混亂。這種現象在機場尤其明顯，我剛從華盛頓特區的飯店退房，準備搭飛機前往底特律，在隔壁排隊的男人也正要前往機場，我還記得他說：「這將會是一場惡夢。機場裡有數百人，卻沒有人替他們辦理報到手續。」

他說對了一部分。當時整個機場內大排長龍，服務人員卻很少，無法消化這樣的人流。我們可以看到帶著塞爆的背包和手提行李的印度家庭、來自奈及利亞的三兄弟、舉止優雅但不會說英文的

---

16. government shutdown，指美國在國會無法通過足夠預算案的情況下，暫時關閉某些政府機構、不提供「非必要服務」，並停止發放相關員工的工資，以便減少開支。

泰國女人、包著頭巾的女人、頂著爆炸頭的男人，以及穿著西裝的商務人士等。這肯定是個「大熔爐」，但在那個早晨，竟然沒有人露出憤怒的表情、大聲抗議，反而可以明顯感受到大家的互助精神，即便錯過自己的班機或航班被取消，也沒有任何人抱怨。

在我排隊的那九十分鐘裡，有幾件事在我眼前發生。一個穆斯林女人拿出一些杏桃糖果，分送給瓜地馬拉家庭的四個孩子。旅客彼此交談，訴說自己對錯過班機的焦慮，並分享各自的人生故事，這是我在陌生人之間聽過最真誠而深刻的談話。那三個來自奈及利亞的兄弟堅持要一對年長的夫妻走在他們前面，並且在隊伍緩慢移動時幫忙提大型行李。現場的幾位安檢人員在不支薪的情況下前來工作，很多人都向他們表示感謝。此時，俗稱「愛情荷爾蒙」的催產素彌漫在空氣中，到處都可以感受到善意。

這就是圓滿：在面對人生的種種殘缺、困難與不可能時，我們一起真誠、用心地相互關懷與支持。那一天，身處機場的我們面臨同樣的困境，因此連結在一起——這樣的困窘局面為我們的人生帶來紛亂、使我們感到脆弱，而我們都向彼此展現了善心。

我們都誤解了「自愛」這個詞

在自我成長的領域裡，一直流傳著這句陳腔濫調：「你有多愛自己，你才能多愛別人。」我並不認同這一點。

「自愛」是一種複雜的概念，無法用很簡單的方式來理解它的涵義。可以確定的是，自愛必須包含自我尊重，而向他人表達我們的愛，可以幫助我們變得更重視自己。就像那些在機場的人一樣，當我們能為他人帶來正面影響時，我們的自尊就會跟著提高。

無數研究都顯示，「幫助別人」跟我們對自己的看法有著密

切的關聯，眾所周知，那些更常幫助鄰居和陌生人的人通常都擁有比較高的自尊，而且助人的好處不僅止於此。英國艾克斯特大學醫學院教授——理查茲博士（Dr. Suzanne Richards）在檢視過去二十年來的四十項研究後發現，擔任志工甚至會直接影響人的身心健康，例如比較不容易感覺沮喪、幸福感獲得提升，以及早死風險因此降低了百分之二十二。那一天，在華盛頓特區的機場裡，我很清楚地了解到，關懷他人會讓人們對自己的遭遇變得不那麼在意與焦慮。

請把圓滿想成一種正向回饋循環。因為可以為相處一段時間的某個人帶來改變，我們獲得了某種力量，並因此感到滿足。這使我們更能面帶笑容，同時也讓我們的心變得柔軟。

自我關愛並非只關注自己，它指的是維持身心靈平衡，這樣你才能對這個世界和感情保持專注。重點不在於你是置身擁擠的機場，或只是坐著和伴侶一起喝茶。我們永遠都能選擇要如何對待彼此，而這樣的善意是具有感染力的。它會傳播出去，然後再回到我們身上，若要說什麼是構成自愛的重要元素，這當中肯定包含了我們給予他人的愛。

為什麼這種狀態不會持續下去？

即便那天機場裡的互助精神是如此動人，那些停下來對不支薪安檢人員表示由衷謝意的人很快就會回到各自的世界，然後又忘了要感謝別人，並且抱怨服務速度太慢。就如同我先前提過的，圓滿不是一種永恆不變的狀態。

為什麼我們會經歷「真心關懷他人」的圓滿時刻，卻又再次變得自私自利、心懷怨懟，並做出激烈的反應？這是因為圓滿是一

種「做法」，我們必須持續有意識地選擇它，否則就會採取那些比較容易的方式——由於恐懼而做出某些下意識反應，同時落入舊有的行為模式。

我們越常練習圓滿，就越能將它表現出來。你只要記得，這種狀態有時會消失不見，因為它是我們種種體驗當中的一部分。

能讓我們變得圓滿的各種方法

就像任何想要精進的東西一樣，我們當然可以透過方法讓自己變得更加圓滿。下方列出四種最重要的方法，讓你能在邁向圓滿境界的過程中使用。

方法1：認可生命裡的一切遭遇，無論好壞

請想像一下，有兩個人在同一天誕生，其中一個人出生在鄉下，另一個人則出生在都市裡。他們都有很棒的父母親，童年都充滿了愛、歡笑與安全感。他們在長大成人之後相識、相戀，並且用心生活。他們不曾對彼此說過任何一句生氣的話，會預先考慮到對方的需求，也為彼此付出大量的時間、心力與關愛。他們熱情地做愛，在工作與社群裡感到滿足，同時也對這個地球懷抱深刻而長久的愛。在滿一百歲的那一天，他們醒來了一會兒、相互擁抱，接著又再度沉沉睡去，並安詳地死在對方的懷中。

誰會想看這麼完美的故事？我們想看的是真實人物的故事，因為自己可以感同身受。我們想要在故事裡看到主角遭逢各種破碎、損失與不幸，最後堅強地從中復原。沒有彼此傷害，就不會原諒；沒有失去，就不會對富足心存感激。在生活的各個層面，威脅與生存、恐懼與勇氣、愛與恨造就了許多偉大的故事，因為真實人

生就是如此。克服不幸使我們變得強韌；面對困境讓我們得以對一切懷抱同情，而接納自身的挫敗則使我們懂得謙虛。

布芮尼·布朗博士在她的著作《不完美的禮物》裡這樣寫道：

認可生命裡的一切遭遇也許很困難，但遠比不上一輩子逃避來得辛苦。接受自己的弱點必須承擔風險，但遠不如放棄愛、喜樂與歸屬感這些使我們變得無比柔軟的體驗來得危險。唯有在勇於探索內心的黑暗面時，我們才能發掘自身光明面的強大力量。

正是這樣的勇氣，讓我們能接納並分享人生旅程中的一切遭遇——包含所有的不完美、失望、艱難與成就——並且變得圓滿。

方法2：在水平世界裡保持垂直

你生命裡的一切都只發生在此時此刻；當下就是人生。然而，人們的生活方式卻正好相反。他們把眼前這一刻視作通往下一刻的墊腳石——一種達成目的的手段。

——艾克哈特·托勒，《當下的力量》

於一九九四～一九九九年擔任南非總統的尼爾森·曼德拉，曾經在監獄裡度過二十七年的歲月，而且這段時間多半都處於單獨監禁的狀態。儘管置身惡劣的生活環境、失去自由與家人，同時不確定自己的未來如何，他還是在這種狀態下存活下來，甚至獲得成長，因此啟發了數百萬人。他認為自己之所以具備這樣的力量，是因為他每天都會冥想十五分鐘，這使他得以活在當下。

就像艾克哈特·托勒提醒我們的一樣，我們生命裡的一切都只發生在眼前的這一刻，而不是發生在過去或未來。我把這種專注於當下的能力稱為「在水平世界裡保持垂直」。

為了更清楚地理解這一點，請想像一下你的生命中有兩條

線：一條水平線與一條垂直線。水平線代表你的一生，其起點是你出生的那一刻，終點則是死亡的那一刻。在這兩個點之間，有著你人生裡發生的所有事件，以及你對它們的想法與感受。這些想法與感受源自於你怎麼解讀已經發生，或將要發生的事（也就是你告訴自己的那些故事）。然而，這些故事並不是真的，只是你基於過去某個時刻自己所產生的感受，對這些事件做出的「詮釋」。

至於那條垂直線，它則既非過去，也不是未來，更不是你對過去與未來的詮釋。它代表的是當下正在發生的事。比方說，尼爾森‧曼德拉被囚禁時，他所身處的世界充滿各種痛苦與威脅，他透過冥想來到自己的內心深處。到最後，即便不冥想，他也能讓自己專注於當下，只要有意識地深呼吸，他就可以把自己帶回眼前的這一刻。

靈修、正念修習（甚至是散步）都能提醒我們，自己所遭遇的那些事件、創傷，抑或是日常生活中上演的種種戲碼都不足以代表我們。舉例來說，在感情裡面臨衝突的我們用正念使自己平靜下來，就能懂得不要把伴侶的壞心情，或令人沮喪的事放在心上。我們可以快速調節自身的情緒反應，因此更能對彼此懷抱同理心，而不是責怪與批判對方。畢竟，責備和批評總是只會帶來更多麻煩。

最近，我和一位癌症第四期的好友共度一天。他已經用盡所有的治療方法，這讓人很哀傷，但我很驚訝朋友說他現在過得比以前更快樂，同時也覺得自己對生命變得更投入。他說，每次想到發生在自己身上的事，都會感到很恐慌，甚至是既恐懼又痛苦。然而，當他緩慢地深呼吸時，就會想起此時此刻的自己還活著，於是就不再感到惶恐。他會提醒自己，眼前的這一刻就是他的所有，而這個當下通常都很美好。

儘管我活在水平線上，並且被生活和感情裡發生的各種事件

影響，我也同時身處眼前的「這一刻」，這也就是托勒所謂的「當下」。即便人生中的種種失望與挑戰不斷帶來考驗，想圓滿地活著，我們就必須尋得內心的平靜。這使我們得以謹慎地控制如何回應他人，而不是直接做出那些下意識的情緒反應。最重要的是，我們是藉由正念來達到這樣的境界，它能幫助我們用不同的方式看待一切事物，即便在陷入混亂和舊有的循環時也是如此。

用曼德拉的話來說，就是：「當一個人回到某個未曾改變的地方，卻發現自己已經轉變時，沒有任何事比這更美妙。」

方法3：深呼吸，並感受當下

請忘掉開悟這件事。在你所在之處坐下來，並聆聽自己體內血液的流動。請感受你心中的愛、渴望以及恐懼。敞開心胸、坦然接納你此時此刻的真實樣貌，而不是你希望自己變成的那種模樣，那個你努力想成為的聖人。舉凡你的一切都是神聖的。你已經超乎你的想像。吐氣、向內觀照自己的心，然後放手。

——美國臨床心理學家與作家約翰·威爾伍德

呼吸很重要，也很奇妙，它是我們出生時做的第一件事，也是離開這個世界之前做的最後一件事。也許這就是為什麼，很多身心療癒法都把調整呼吸當成找回心靈平靜的基礎。在練習各種瑜伽、冥想、武術以及進行生理回饋[17]時，我們可以有意識地呼吸。當我們感到害怕時，身體會變得緊繃，呼吸也會變得急促；當我們放鬆下來，呼吸則會變得和緩。

---

17. biofeedback，指透過電子儀器，偵測個體的各種生理指標，例如心跳、呼吸速率等，同時將這些生理數據回饋給該個體，讓他得以監控自己的生理反應，並藉由各種方式來練習調節情緒與舒緩壓力。

大家都聽過這個觀念：感覺不開心的時候，可以在做出激烈反應之前先「深呼吸」。此外，也有許多正念導師會說，我們「就是」我們的呼吸。它讓我們在面對自身的外在處境（那條水平線）的同時，內心依舊保持堅定與平靜的狀態（那條垂直線）。它可以協助我們「活在當下」。

我發現如果早上先進行呼吸訓練，自己能夠更冷靜、沉著地應付接下來發生的事，而「平靜」與「沉著」正是達到圓滿境界的兩大關鍵。下方步驟是我本身最喜歡的一種練習法：

1. 站直身體，並將膝蓋微微彎曲。然後，請向前彎腰，並讓你的手臂自然下垂。
2. 當你慢慢起身時，請深吸一口氣，最後才把頭抬起來。
3. 當你回復原本的姿勢時，請緩慢地吐氣。
4. 輕柔地伸展你的全身。
5. 請將以上動作重複三次。

方法4：展現仁慈

在佛教裡，「仁慈」或「慈愛」是給予他人祝福的一種方式，也就是透過誠摯的祈禱，向他們展現無條件的愛。我們不只要對那些喜歡的人，而是要對所有眾生都懷抱仁慈。在世界最主要的幾個宗教中，包含基督教、猶太教、印度教和伊斯蘭教都可以找到這樣的情操。在各種靈性教導裡，我們都會聽到「互敬互愛」很重要。這當然並不代表任何行為都是正確的，或者我們不該設立明確的界限，以及對不公義的事感到憤怒。我們有權利，同時也有責任對那些不道德或傷人的行為提出抗議。但「慈愛」提醒了我們，每一個想法、舉動與回應都能表現出善意。

二〇一九年，紐西蘭基督城的兩座清真寺內發生了槍擊案，

造成五十人死亡，以及多人受傷。這起事件發生之後，紐西蘭城市「尼爾森」某家禪修中心的成員在一場追悼活動中朗誦了以下祈禱文。朋友將這篇祈禱文寄了一份給我，其內容體現的正是仁慈的本質：

願我們能喚醒佛家的智慧與同情。我們燃香、焚燭、誦經，並獻上鮮花，藉由一切良善與慈愛，願那天事件中的所有亡者得著安息、幸福，一路好走。願所有傷者與遭受波及者重獲平靜與安康。這起事件的策畫者與行凶者帶來無止境的痛苦，願他們破碎且被蒙蔽的心獲得治癒。願我們所有人都能身體力行，共同為了和平而努力。

請特別注意，這篇祈禱文也祈求行凶者能被治癒，無論如何，它都祈願眾生平安。

實作練習：重新進行「圓滿的愛」測驗

為了了解你在閱讀過程裡學到哪些東西，現在你應該回到第一章，並重新進行「圓滿的愛」測驗。請比較一下，在剛開始閱讀這本書時，以及讀完整本書之後，你的得分有何差異。

思考

請問問自己：「我學到了些什麼？」你或許可以藉這個機會，整理書中對你來說最重要的部分。如果是和伴侶一起閱讀這本書，請花點時間分享你們各自整理出的重點。此外，你們也應該感謝自己和對方為這段感情投注時間與心力，認真學習怎麼更聰明、勇敢且更有技巧地去愛。

「圓滿的愛」兩大支柱：連結和個體化

你們要彼此相愛，切莫使愛變成束縛；讓愛成為你們靈魂之岸間的奔流大海。

——紀伯倫，黎巴嫩裔美籍詩人、哲學家與畫家

　　要邁向圓滿境界有很多方法，親密關係也包含在內。就我所知，伴侶關係是最充實、最具意義與挑戰性的一種途徑。就如同知名心靈導師拉姆·達斯在其經典著作《活在當下》裡寫道：「我們都只是在陪彼此走回家。」我衷心希望，因為你從本書中學會這些愛情技巧，再加上對愛情周期有所了解，能讓這段路程變得更輕鬆、友好，同時也更愉快。

致謝辭

可以再次和「新世界圖書」（New World Library）合作，我很開心。編輯傑森・加德納（Jason Gardner）、公關行銷金・寇賓（Kim Corbin），還有其他工作人員都充滿智慧，提供我許多實質幫助，大家既親切又專業。我的經紀人芭芭拉・摩爾頓（Barbara Moulton）也給了我很多鼓勵。我很幸運能和所有人一起工作，謝謝你們。

我的「線下」編輯耐心地用他們的專業知識與技能，協助我將腦中的構想清楚、流暢地呈現出來。儘管作家兼編輯瑪麗安・桑德邁爾（Marian Sandmaier）自己也行程滿檔，她還是全權負責這項專案。傑出的性別與文化作家凱莉・岡薩維斯（Kelly Gonsalves）幫助我把我的想法以練習手冊的形式呈現，並且將理論轉變成具體、易懂的文字。謝謝雷伊・溫格斯（Leigh Weingus）和喬安・馬欽（Joanne Machin）所提供的編輯協助。

我的心理治療界同事們總是十分慷慨。當我詢問哈維爾・漢瑞克斯，我能否引用他說過的話，並使用他所創建的各項練習時，他回答：「你儘管拿去用，不需要經過我的同意。」感謝作家麗塔・賈可布斯（日誌書寫）和安・加德（九型人格）大方讓我在這本書裡節錄她們的作品。我還要謝謝社會學家尼可拉斯・維洛塔

（Nicholas Velotta），他撰寫了「愛情周期」測驗、「圓滿的愛」測驗，以及聆聽測驗的第一個版本。

最早讓我明白「愛只是一種感覺，想擁有健康的關係則必須具備某一套技巧」這個觀念的人，是「PAIRS國際」（PAIRS International）創辦人蘿蕊・高登博士。為此，我非常感謝她。

當我詢問艾莉西亞・姆諾茲，我能否引用她書中的內容時，我沒有想到，我會交到這麼棒的一位新朋友。對我來說，她的智慧、支持與友誼都極其美好。

此外，我也想感謝我的這群好友和支持者，他們引導我、和我一起嬉笑玩鬧、考驗我，同時不停地聽我訴說，我在撰寫本書過程中所經歷的各種挑戰與樂趣；他們分別是：德布・萊曼（Deb Lyman）、瑪格麗特・隆達（Margaret Ronda）、馬克・艾倫（Mark Aron）、凱倫・蘭道（Karen Randall）和凱琳・坎貝爾（Kaylene Campbell）。我想感謝我的「Rancho La Puerta」家族成員，他們總是用各種方式帶給我啟發。謝謝你們。

我要謝謝和我在「西北地區諮詢暨研討會」（Northwest Seminars and Consulting）進行合作教學的老師們。這二十多年來，我們將愛情技巧傳授給數百人。對此，我深表感謝。戴夫・隆恩（Dave Long）和德布・萊曼與我一起四處奔波、不斷創新，同時將我們在婚姻裡的切身體悟傳遞給他人，他們一直都是忠實可靠、富有耐心，並能帶來鼓舞的朋友。如果少了他們的耐心、甘願付出，以及許多小時的辛勤工作，這本書就不會誕生在這個世界上；若少了他們的寶貴情誼，我和提姆之前的感情也無法近乎圓滿。

我也十分感謝和我合作幾十年的安・拉德博士（Dr. Ann Ladd）。她率先提出「衝突迴圈」的概念，並且慷慨地將「迴圈模型」跟我以及數百人分享。數十年來，戴爾・羅茲為期一天的九型

人格課程啟發，並教育了我們的很多學生。謝謝他仔細地閱讀本書中關於九型人格的章節。

我想感謝我的客戶，謝謝他們信任我、願意展現出自己脆弱的一面，並學習新的存在方式。是他們持續教導我堅強與勇敢。這本書裡所提到的故事混合了許多人的體驗，它們不代表某個人或某對伴侶的狀況。在少數案例中，我確實以真實存在的人物作為例子，但已經澈底修改相關細節，所以讀者無法辨識它們的實際來源（除了我自身的人生經驗以外）。對於那些發生在我婚姻裡的故事，我都如實呈現，同時也充分取得我的伴侶——提姆的同意。

此外，我也非常感謝我的繼父馬丁·葛林柏格（Martin Greenberg），他是一位作家，而且經常鼓勵我。他對我的作品很感興趣。看著他長久且蓬勃發展的寫作生涯，使我深受啟發。

但無論如何，我最想感謝提姆，當我進行一項又一項的專案時，他總是抱持著無比的耐心。他讓我保持堅定，同時也每天提醒我，什麼才是人生中真正重要的事。

國家圖書館出版品預行編目 (CIP) 資料

愛的技巧：讓自己成為命定之人的 16 個方法 / 琳達・卡洛爾著；実瑠茜譯. -- 初版. -- 臺北市：遠流出版事業股份有限公司, 2023.05
面； 公分
譯自：Love skills.
ISBN 978-626-361-048-4(平裝)

1.CST: 戀愛 2.CST: 兩性關係

544.37   112003828

Love Skills: The Keys to Unlocking Lasting,
Wholehearted Love
by Linda Carroll
Copyright © 2020 by Linda Carroll
First published in the United States of America
by New World Library.
This edition arranged with New World Library
through The Artemis Agency.
Complex Chinese edition copyright ©2023
YUAN-LIOU PUBLISHING CO., LTD.
All rights reserved.

愛的技巧
讓自己成為命定之人的16個方法

作　　者｜琳達・卡洛爾
譯　　者｜実瑠茜
總 編 輯｜盧春旭
執行編輯｜黃婉華
行銷企劃｜鍾湘晴
美術設計｜王瓊瑤

發 行 人｜王榮文
出版發行｜遠流出版事業股份有限公司
地　　址｜台北市中山北路 1 段 11 號 13 樓
客服電話｜02-2571-0297
傳　　真｜02-2571-0197
郵　　撥｜0189456-1
著作權顧問｜蕭雄淋律師
ISBN　｜978-626-361-048-4

2023 年 5 月 1 日初版一刷
定　　價｜新台幣 480 元
（如有缺頁或破損，請寄回更換）
有著作權・侵害必究 Printed in Taiwan

遠流博識網　http://www.ylib.com
Email: ylib@ylib.com